古地図で楽しむ
三河《みかわ》

松岡敬二 編著
Keiji Matsuoka

風媒社

はじめに

松岡敬二

愛知県は、尾張と三河地方に分けられ、衣浦湾に注ぐ境川が境界となっている。面積で愛知県の3分の2を占める三河は、西三河（9市1町）と東三河（8市町村）に分けられている。西南日本を縦断する大断層である中央構造線を挟んで北側と南側で地質が大きく異なっている。さまざまな地質からなる山々、矢作川や豊川がうるおす岡崎平野や豊橋平野、渥美半島で遠州灘と隔てられた三河湾は、三河の特徴的な自然環境を形成している。

三河の地は、北は信州、東は遠州と接し、東海道、脇街道としての姫街道、伊那街道、別所街道、伊勢街道など陸と海の東西南北の街道が交差する交通の要所であり中継地点でもあった。そのため、街道の宿場や城下には人口が集中し、文化面で盛んに交流がおこなわれた。その一方、主街道から離れた山間集落は、独自の文化も育んできている。

河川により運ばれた土砂が堆積してできた平野は、肥沃で昔から耕作地として利用され、集落も形成されてきた。洪水などの自然災害を受けやすい場でありながら人口集中してきた。それにともなって、住宅地、耕作地、港湾整備・工場用地の確保のため、浅瀬の海が埋め立てられ、人工の陸地が造成された。

私たちの住む大地は時代とともに移り変わり、原風景や歴史上の災害痕跡は徐々に希薄なものになっている。ふだんの生活の中では、土地開発の変遷や災害の歴史について忘れがちである。

本書は、地域ごとの大地の記録や、古文書、古地図、古絵図に描かれている情報を読み取ることで、忘れがちであった過去から現在への時空の旅にいざなう入門書になることを願っている。

尾張
信州
遠州
猿投山
茶臼山
奥矢作湖
矢作川
豊田市
鷹ノ巣山
豊根村
みどり湖
猿投
みよし市
設楽町
北設楽郡
東栄町
豊田市
大千瀬川
六所山
巴川
境川
刈谷市
知立市
新安城
三河湖
鳳来湖
鳳来寺山
三河安城
東岡崎
岡崎市
巴山
新城市
飯田線
高浜市
安城市
岡崎
本宮山
新城
碧南市
明治用水
名鉄名古屋本線
豊川用水
豊川
西尾
幸田町
幸田
蒲郡市
豊川市
国府
西尾市
蒲郡
豊川
豊橋
三河湾
豊橋市
蔵王山
田原市
豊川用水
太平洋
凡例
三河地域
市郡町村界
主な用水路
ＪＲ線
私鉄（一部省略）
三河位置図

古地図で楽しむ三河［目次］

Part1

古地図の楽しみ
——時空への旅

松岡敬二 編

日本の地図として現存する最古のものは、京都にある仁和寺所蔵の1305年（嘉元3）行基作の『行基図』である。

次の地図発行時期は、江戸時代になってからである。三代将軍徳川家光は、1644年（正保元）に全国の地勢を把握するために六寸一里（2万1600分の1）の縮尺の国絵図作成を諸国に命じた。幕府の集成により完成した代表的な国絵図には、慶長・正保・元禄・天保年間のものがある。

現存する「三河国絵図」としては、正保のもの（『正保国絵図』とする）が古い。『正保国絵図』（岡崎市美術博物館所蔵）については、『愛知県史』資料編18付録に「三河国の絵図元は、岡崎城主水野監物忠善、吉田藩城主の小笠原隠岐守忠知、刈谷城主の松平主殿守忠房、三河代官の鈴木八右衛門隆政・鳥山牛之助精明」と説明がある。それ以降は、元禄、天保の「三河国絵図」が確認されている。

絵図から地図への脱皮は、伊能忠敬の実測図に基づく『大日本沿海輿地全図《だいにほんえんかいよちぜんず》』（1821年〔文政4〕）の完成したことによる。明治時代になると、政府は地籍調査のために民部官戸籍地図掛が1869年に設置した。その後、1877年に設置された国の基本地形図を発行する国土地理院の前身である内務省地理局と、1878年から地図課・測量課が拡充された参謀本部により地図づくりは進められた。

一方、東京大学の設立にともない、地勢の成り立ちを明らかにする日本の地質調査がエドムント・ナウマンやエドワード・S・モース等により開始された。さらに、地質調査の推進母体となる地質調査所が1882年に設立され、1887年には20万分の1の地質図作成が開始された。

◉元禄の『三河國繪圖』

1701年（元禄14）の『三河國繪圖』（『元禄国絵図』とする）は、幕府の命により岡崎藩の水野監物と西尾藩の土井式部少輔が作成にあたった（図1）。地図の凡例には8郡（額田郡、賀茂郡、碧海郡、幡豆郡、宝飯郡、設楽郡、八名郡、渥美郡）を色分けしてある（図1a）。愛知県図書館に所蔵されている『元禄国絵図』は、『愛知県史』資料編18付録として添付されている。ここでは、愛知大学綜合郷土研究所蔵の復刻元禄『三河國繪圖』も参考にしつつ『正保国絵図』（図2）と比較し、およそ60年間の地形変化を見てみる。

矢作川の下流にあった入り江（北浦）は堰きとめられ、大きな池となっている（図1b）。これは1605年（慶長10）に徳川家康の命により深溝城主の松平忠利指揮のもと台地を掘削して北浦のある三河湾に矢作川の流れを変えたことに関係している。結果として、新しい流路が矢作川と呼ばれ、以前の流路が矢作古川となった。矢作古川の中間地点で分岐していた西側の川は消え、東側の流路が矢作古川となり三河湾に注いでいる（図1）。

額田郡の青木川は矢作川に合流せず伊賀川に合流していたが、『元録国絵図』では矢作川に直接合流している。矢作川本流と足助川が合流する

図1　『三河国元禄国絵図』愛知県図書館所蔵

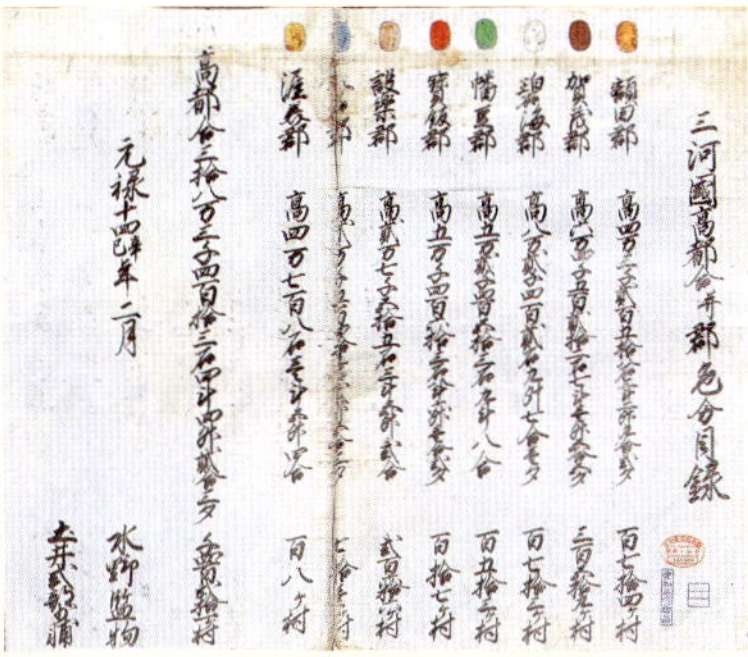

図1a　『三河国元禄国絵図』の凡例

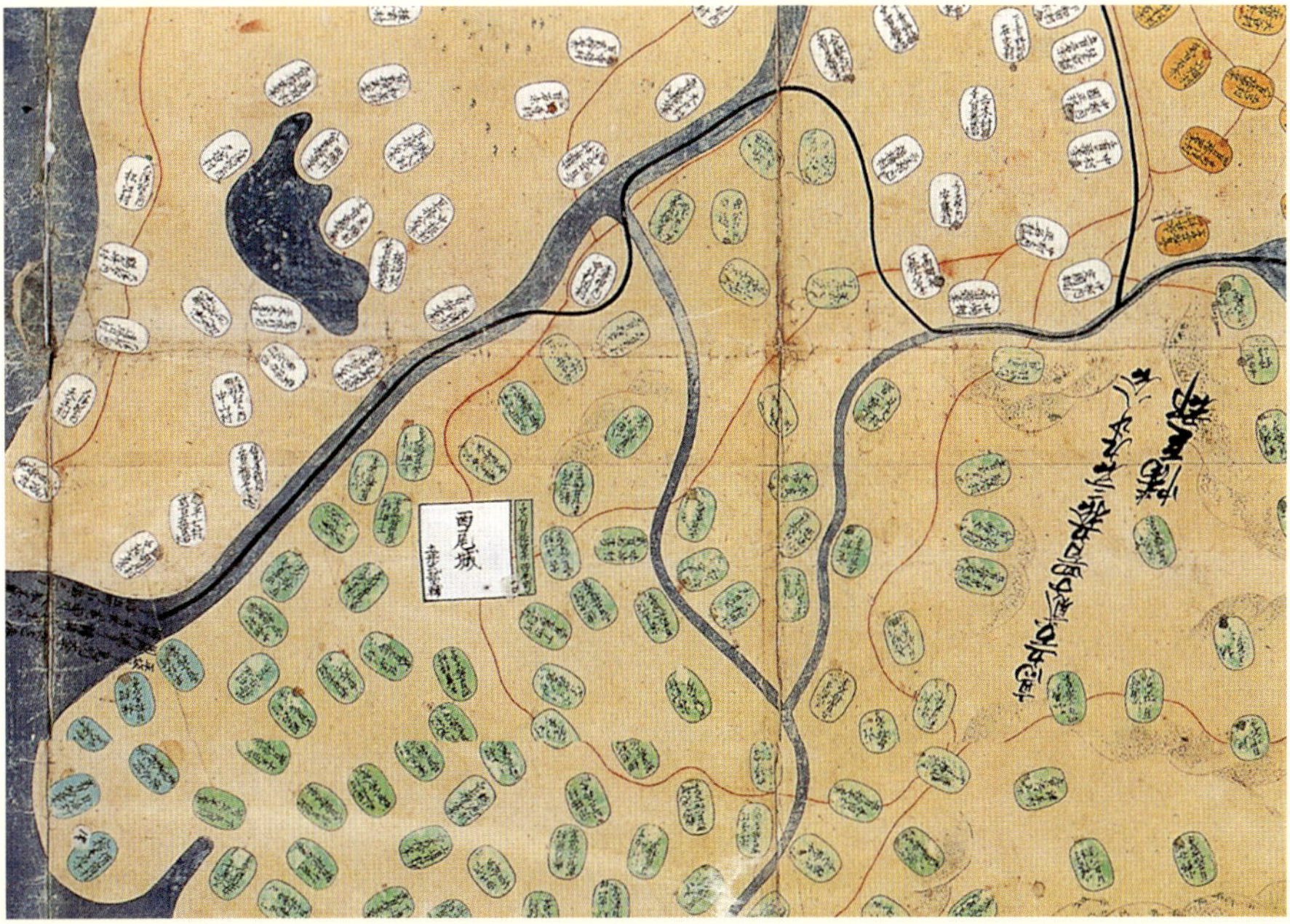

図1b　矢作川下流の西方の池（のちに油ヶ淵）と河道の変化

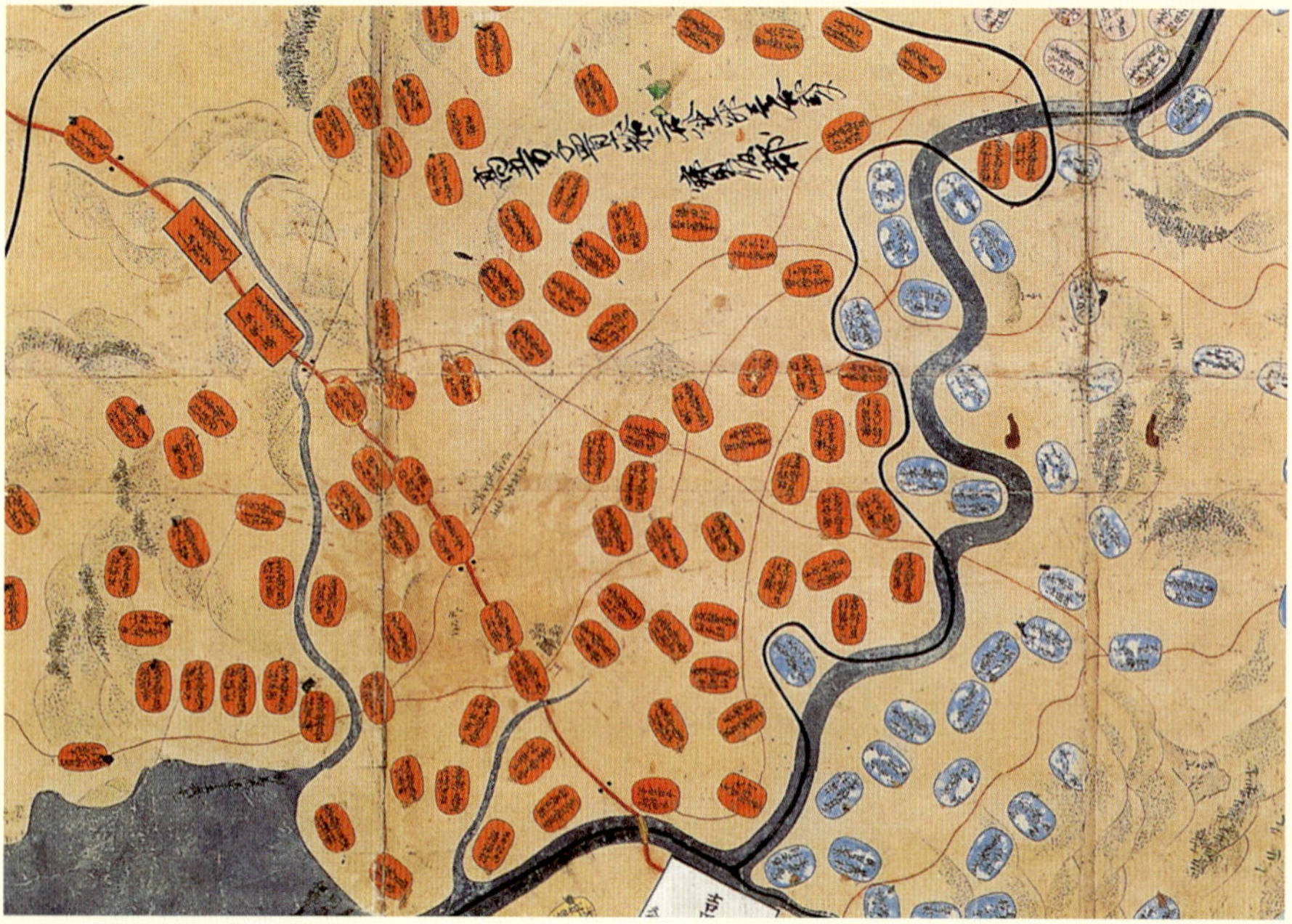

図 1c　豊川下流の蛇行と郡境のづれ

下流域にあった中州の西側が埋め立てられ、陸続きとなった4集落は碧海郡に属すこととなった。また、『正保国絵図』の「岩堀池」は「菱池」と名前が変わっており、池の中央部が幡豆郡と額田郡の境界になっている。もともとは50haもあった池沼であったが、現在は干拓され水田等になっている。「菱池干拓」については本書98ページを参考にされるといい。幸田町歴史資料館には、慶安期の池周辺の集落や流入河川も描かれている菱池の地図がある。さらに、池の新田開発により埋め立てが進んでいく様子がわかる1785年（天明5）、1854年（安政元）、1875年（明治8）の地図が展示されている。

図 2　『三河国正保国絵図』岡崎市美術博物館所蔵

　『正保国絵図』には、池鯉鮒の東側の東海道の南北には

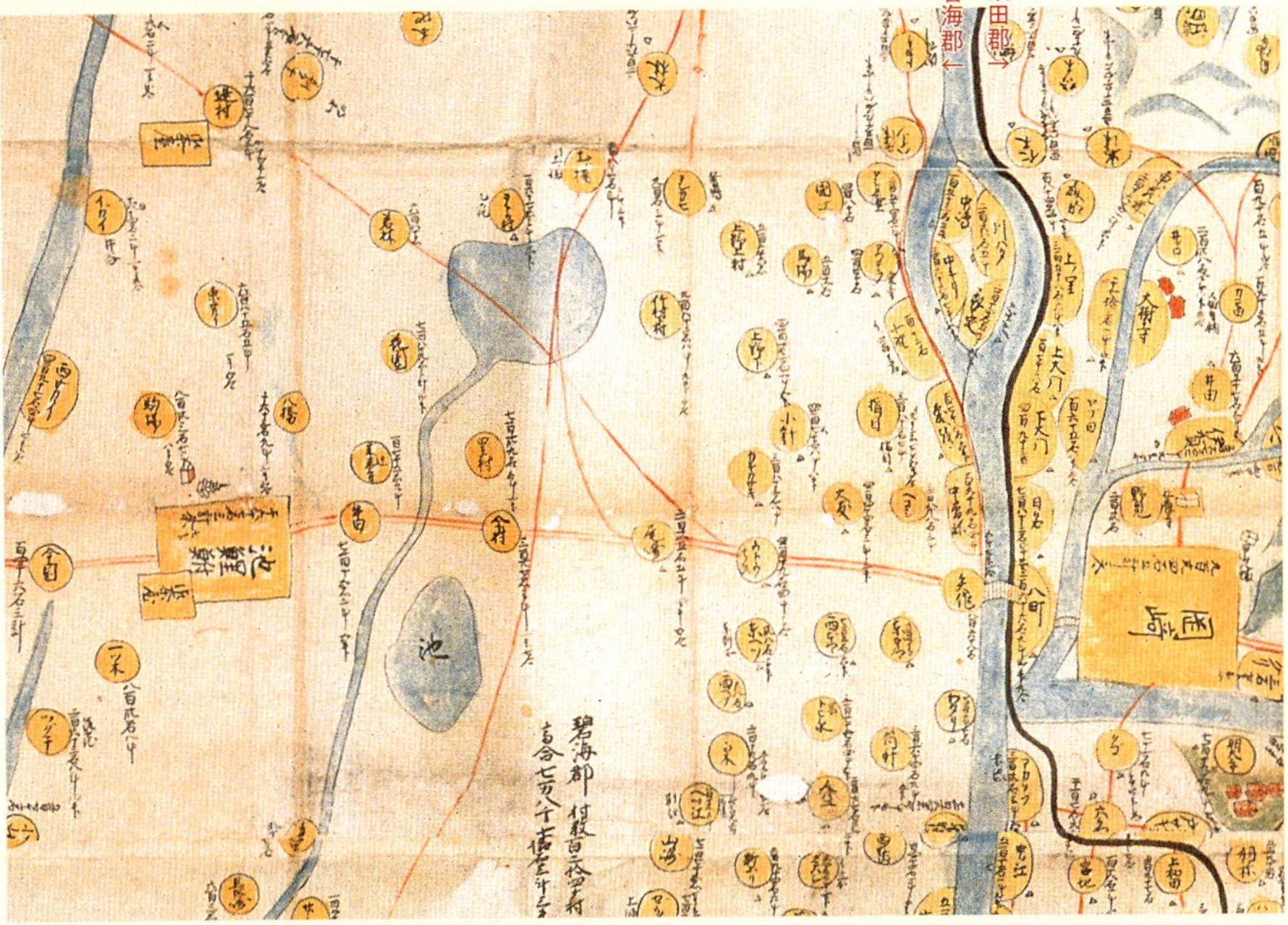

図 2a　池鯉鮒の東側の南北にそれぞれ池が描かれている

図 2b　渥美半島中央部。右上に砂州状の大津嶋が描かれている

池が描かれ、北の池が八橋カキツバタ園にあたる（図2a）。

　尾張国と三河国の境界は『元禄国絵図』では下流域は確かに境川となっているが、上流域では境川本流が境とはなっていない。この国境をめぐる内容については、本書96ページに関連記事がある。宝飯郡と八名郡の郡境は、豊川が使われている。しかし、豊川の下流域は大雨による濁流によって、しばしば河道の変更をもたらした。宝飯郡側（豊川の右岸）に八名郡が入り込んでいる場所は、豊川の流路変更前の蛇行流路のように見える（図1c）。下流域には旧河道に沿って洪水対策でつくられた「霞堤」が今も残っている。霞堤のある内側の古川は元の豊川の流路である。本書48ページ「豊川の流路変遷」を読み、「霞堤」とともに、現地を訪れるのも楽しみである。八名郡と渥美郡の境界は、豊川の支流である朝倉川となっている。

　渥美湾の島では、佐久島、梶島、蒲郡市の竹島、大島と田原市白谷沖の姫島、奥部には砂洲状の大津嶋がある（図2b）。しかし、『元禄国絵図』では、大津嶋が大津島、青木島、座敷島の3島に分かれている。渥美半島の池は、中央部に池（後に芦ヶ池）が一つ記入されていたが、『元禄国絵図』では戸島池が加えられている。『元禄国絵図』には堀切村から和地村の太平洋岸に大岩が11描かれている。

　設楽郡の北東部の「タント山」と記入されていた山並みが、『元禄国絵図』では段戸山となっている。そのほか、『元禄国絵図』には大八山、大谷山、神田山、川會山、大津槇原山、双瀬山、本宮山（『正保国絵図』では「ホンクウ山」）、大多賀山、駒山、大ヶ蔵連山の山々が加えられている。

◉『懐玉三河州地理圖鑑』

　1741年（寛保元）の巌谿散人編『懐玉《かいぎょく》三河州地理圖鑑』は、岡崎市の西方寺の出版とされ、地図の右上には『三州八郡地理之図』とある（図3）。この地図は一色刷りであるが、携帯に便利なように折られ、街道に沿った郡内の集落の記述が中心である。地図の上側を北にして描かれており実用的になっている。豊橋市美術博物館に所蔵

図３ 『懐玉三河州地理圖鑑』（愛知大学綜合郷土研究所蔵）

されている『三州八郡地理之図』は、吉田藩士の柴田善仲が収集したものとされ、海の部分が薄い水色で、赤色の書き込みのある木版彩色絵図である。

東海道は太く書き、宿場町、城下町などの集落が並んでいる。本書で紹介されている城下は、東から吉田（吉田城、40ページ参照）、田原（田原城、66ページ参照）、刈谷（刈谷城、82ページ参照）、西尾（西尾城、102ページ参照）、衣《ころも》（挙母城、90ページ参照）がある。岡崎城下から入った瀧山寺への道もある。ランドマークであっただろう山は、東から八名郡石巻山、宝飯郡本宮山が載っている。白谷沖の姫島はヒメ島、蒲郡沖には大嶋と竹とだけ書いた島がある。この竹はもちろん竹島にあたるもので、江州琵琶湖に浮かぶ竹生島から藤原俊成により植栽されたことによる名前らしい。幡豆郡宮崎からの距離を記した佐久嶌も記入されている。奥三河の山のなかでは、大谷山、大多賀山、段戸山、平山、雙瀬山、川合山、神田山、鳶ヶ巣山がある。『懐玉三河州地理圖鑑』と『改正参河国全図』には段戸山はあるが、天保の『三河国絵図』では山並み全体が「タントサン」と2カ所に記入されている。『元禄国絵図』では、矢作川が流れ込む西側に入り江を堰き止めて現在の油ヶ淵の原型ができていた。しかし、40年経過して発行された『懐玉三河州地理圖鑑』ではあるが、入り江として残っており、入り江口に「鷲塚」という村名の島がある。渥美半島の池には戸島池と芦ヶ池がある。太平洋側の集落の地名で、日出《ヒイ》、越戸《ヲツト》と、現在と漢字が異なる茱萸原《グミハラ》（久美原）がルビ付で表記されている。中山湊（現在福江港）は、知多半島や伊勢などへの拠点港としての位置にあった（64ページ参照）。現在の伊良湖港はまだ整備されていない。

●『改正参河国全図』

天保国絵図の作成は1833年（天保4）に始まり、何回かの改訂を経て1838年（天保9）12月に完成版となった。今回紹介している1837年（天保8）3月発行の『改正参河国全図』は、岡《おか》田啓《だけい》編によるものである（図4）。岡田啓（1780~1860）は尾張藩士で、『尾張志』（1843）や『尾張名所図会』（1844）の編纂にも携わっている。この『改正参河国全図』の特徴は、ほぼ上側を北に向け描かれていること。また、地図余白には『風土記』を引用して参河国の三河の起源について、男川、豊川、矢作川の三川とあり、矢作川男川の上流には白鬚明神があると解説がある（56ページ参照）。しかし、須山の西の山に白鬚神社があると思えるが表記がない（図4a）この地図の凡例は、これまでの郡名区分（ここでは幡豆郡が幡頭郡）に加え、城下、在所、村里、路肩の一里塚や

図 4 『改正参河国全図』愛知大学綜合郷土研究所蔵

神社が書き込まれている。さらに、山林と海、川、池が色分けされている。神社は本宮山、猿投山の大明神がある。

完成版とされる『愛知県史』資料編19付録に独立行政法人国立公文書館所蔵の『天保国絵図三河国』の複製がある（図5）。作成には勘定奉行の3人、明楽《あけら》飛騨守茂村、田口五郎左衛門、大沢主馬が携わっている。岡田の『改正参河国全図』に比べると、地図は上が北で描かれ、凡例の8郡ごとの集落が色分けされ、地形の精度もあがり、絵地図

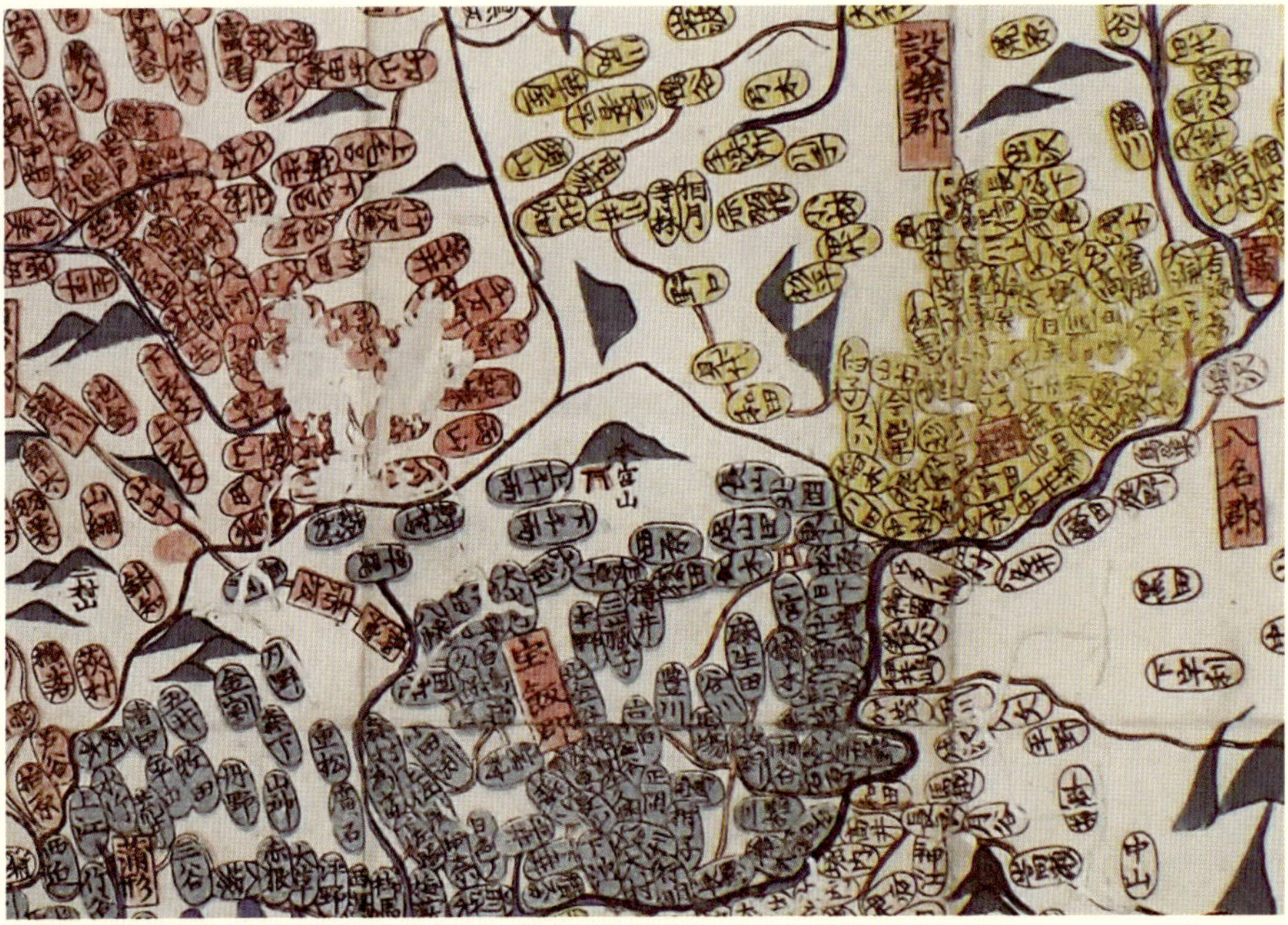

図 4a 現在の巴山（三川分流碑）にある白鬚神社周辺

図５　『天保国絵図三河国』国立公文書館所蔵

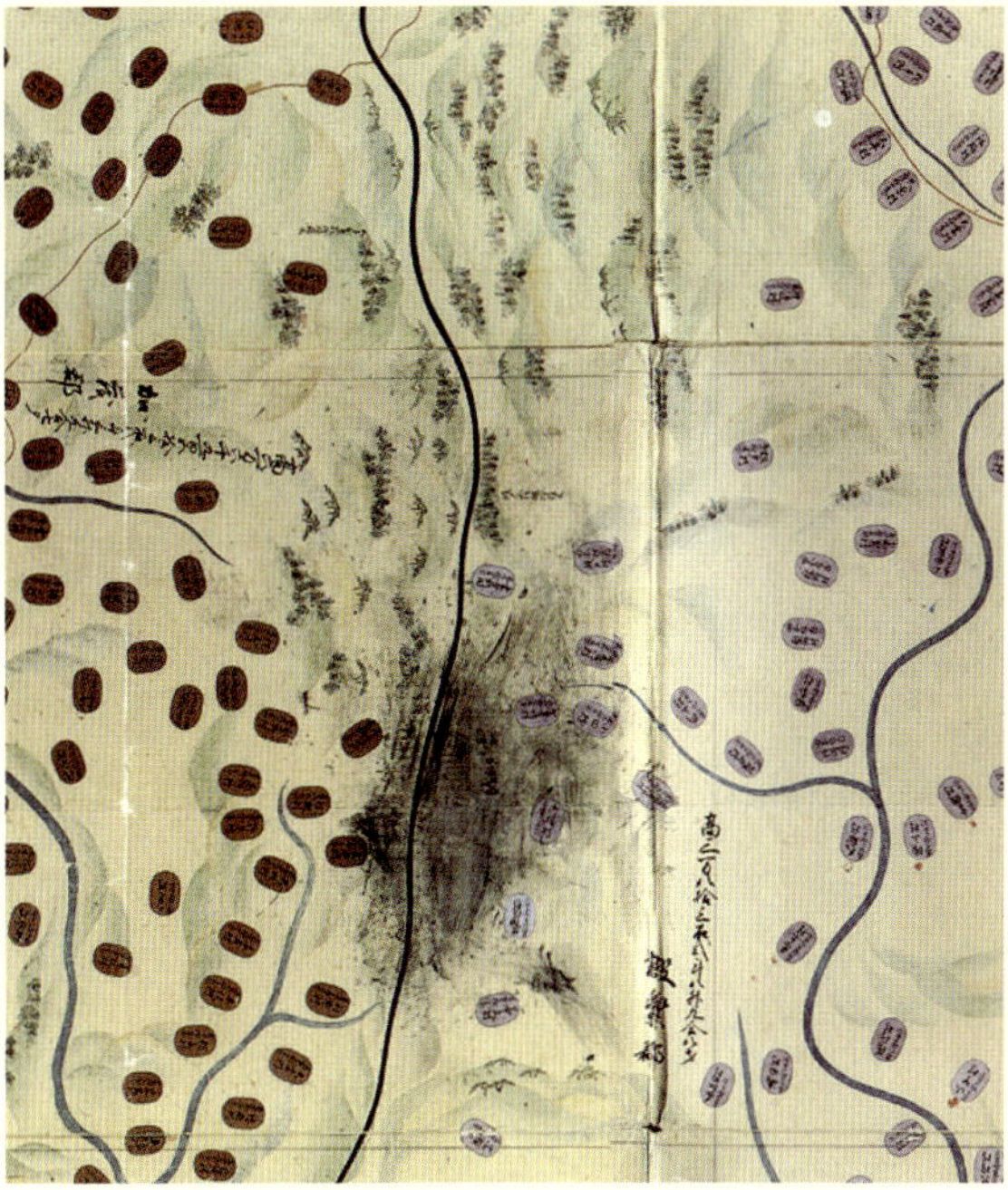

図 5a　加茂郡・設楽郡の山々と段戸山の林（中央やや上）

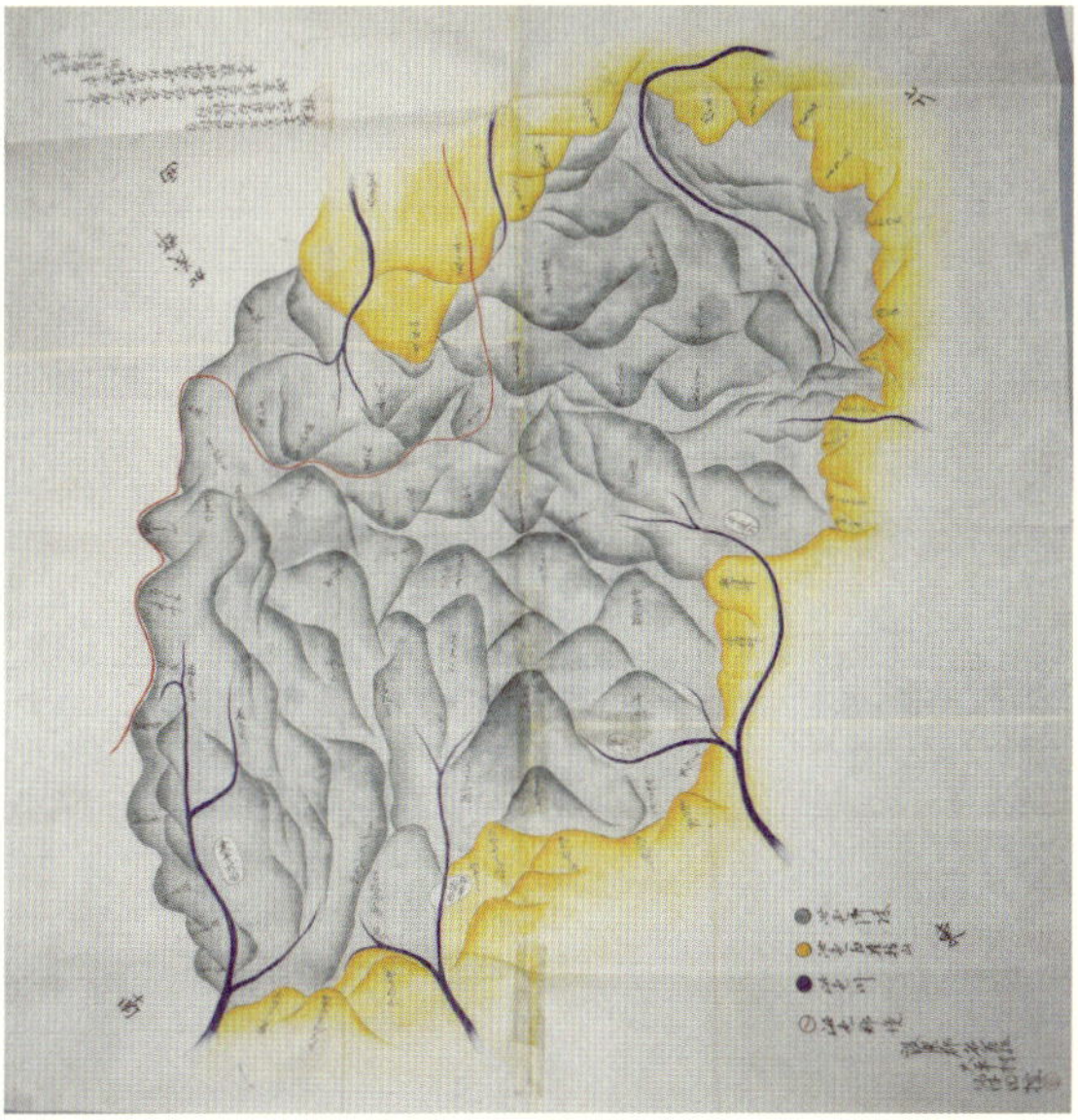

図 6　段戸御林内地名図（幕末〜明治初年）（『設楽町誌「近世村絵図」』1999、設楽町奥三河郷土館所蔵）

としての仕上がりがよくなっている。神社仏閣は、設楽郡の鳳来寺（52ページ参照）、額田郡の法蔵寺、大樹寺、加茂郡の猿投神社等が読みとれる。山は樹木を入れた山容となっている。美濃との県境に近い加茂郡駒山（旧稲武町の駒山）、大多賀山（寧比曾岳）、設楽郡の段戸山、神田山（平山明神山）、川合山（明神山）、雙瀬山（棚山）、八名郡の石巻山（豊橋市石巻山）が描かれている。括弧内の山名は、著者が推定した現在の呼び名である。『改正参河国全図』にも記されている段戸山は、設楽町の地元では特定の山をさした使い方ではないとして（図5a）、2014年に長く使われていた段戸山から「鷹ノ巣山」に変更になった（93ページ参照）。その根拠の一つが、『設楽町誌「近世村絵図」』（1999）にある段戸御林内地名図にある山「タカノス」である（図6）。

三河湾の島は、蒲郡沖の竹島、大島、小島、東幡豆の2つの島、宮崎沖の梶島と佐久島が描かれている。矢作川の下流部にあった入り江は、完全に池となり、そこから衣浦湾側に流れ出る河川が描かれている。

『三河国全図』

この『三河国全図』は、幕末から明治にかけて活躍した浮世絵師であった五雲亭定秀の作である（図7）。この五雲亭の絵図は、豊橋市二川宿本陣資料館で2011年に開催された企画展『絵図から地図へ』において展示された。これまでの絵図に比べ郡境が凸凹線で区切られ、境界線は見やすくなっている。また、二川、豊橋、田原、豊川、御油、赤坂、岡崎、松平、衣、池鯉鮒、刈谷、西尾などの城下町・宿場町を四角で囲み、そこから道でつながっている各村里

図 7 『三河国全図』五雲亭定秀（明治初期）豊橋市美術博物館所蔵

（小判型の丸印）の関係もわかりやすい。東海道の御油から鳳来寺への道や、豊橋から観音山と松明峠の間の火打坂を通り白須賀への道もたどれる。

山地、河などの主要な地形については、距離や景観を強調した鳥瞰図風に表現されている。山地では県の北東部と北西部の山々、鳳来寺山、鳶巣山、本宮山、石巻山、宮地山、万燈山、田原山が描かれている。河川では豊川と矢作川を大きく描いている。大島や佐久島の位置は、特にずれが大きくなっている。これまでは菱池の中央部が幡豆郡と額田郡の境界であったが、境界が池西岸に移り、池全体が額田郡となっている。

また、五雲亭定秀の絵図製作年は、菱池が描かれているので新田開発のために干拓される1885年（明治18）以前の明治前期である。岡崎と池鯉鮒の間の東海道の北側に八橋山と無量寺があり、池沼部分も描かれている。その様子は『三河国（八橋山無量寺紫燕山在原寺）八景之図』で詳しくわかる（図8）。八橋への道標は、池鯉鮒の東方の牛田村にあった（115ページ参照）。浮世絵画家らしく文人趣味の「池鯉鮒」が使われているが、今使われている「知立」名の方が古いようである。

もう一つのこの絵図の特徴は、地図の左側に拡大図が4枚付いていること。上の大きな図は、遠州側から来た道が大野で板ハシ（三河国善衛板（版）『三河國輿地全図』（高柴三雄 誌）では板弘川）を渡り、鳳来寺山への参道にある難所「行者越」が描かれている。上から二枚目の図は、大平村から藤川宿へ向かう間に大屋川（大谷川、乙川）に架かる橋を描いている。大平村側に小橋、中央の大きな大橋、そして東側に高橋がある。3番目の図、矢矧川（矢作川）にかかる大橋（矢作橋）は、東海道随一で、シーボルトが『江戸参府紀行』（1826）3月30日の部分に「全国屈指の橋が架かっている。この頑丈な橋は藩主の命によって日本でも大変貴重な木材のケヤキとヒノキでつくられている」と記述している。一番下段の図は、吉田城の見える豊川にかかる橋（吉田大橋）が描かれ、現在の吉田大橋より下流側に掛かっている構図となっている。

図８　『三河国八橋山無量寺紫燕山在原寺八景之図』（江戸時代後期）
西尾市岩瀬文庫所蔵

『尾三両国図』

『尾三両国図』（図9）は、1875年（明治8）に官許可のもと、編輯者小田切《おだぎり》春江《しゅんこう》、発行人栗田東平により1877年に印刷されたものである。小田切春江（1810〜1888）は、尾張藩の藩士で、『尾張志』、『美濃志』のほか、『改正参河国全図』の岡田啓とともに『尾張名所図会』を残している。『尾三両国図』は、凡例（図9a）に示されているように、これまでの絵地図にはない県庁、師範学校、英語学校、中学場所、郵便所などがある。山の名前、滝の名前、名所、勝地、古戦場、城跡、温泉などもある。

これまでの絵図と同様に、「尾三両国」の自然地形を中心に読み取ってみる。山名の記述は、『改正参河国全図』よりも増えている。郡ごとに見てみると設楽郡では、漆間山、貝原山、東園目山、尾々山、白鳥山、古戸山、御殿山、月山、神田山、明神山、ミツセ山、川井山、ウレ山、段戸山、彦坊山、御嶽山、川路山がある。鳳来寺山は煙巌山（勝地の記号付）とある。八名郡では、吉川山、一色山、細川山、鳶巣山、石巻山（勝地の記号付）がある。渥美郡では笠山がある。宝飯（飫）郡では共に勝地の記号付の宮路山、本宮山がある。幡豆郡では三ツ峯山。額田郡では花園山。加茂郡ではホウロク山（焙烙山）、十明山、金蔵連山、八ケ嶽、駒山、月原山、川下山、大草山、富田山、猿投山（勝地の記号付）などがある。現在までつながる山の名

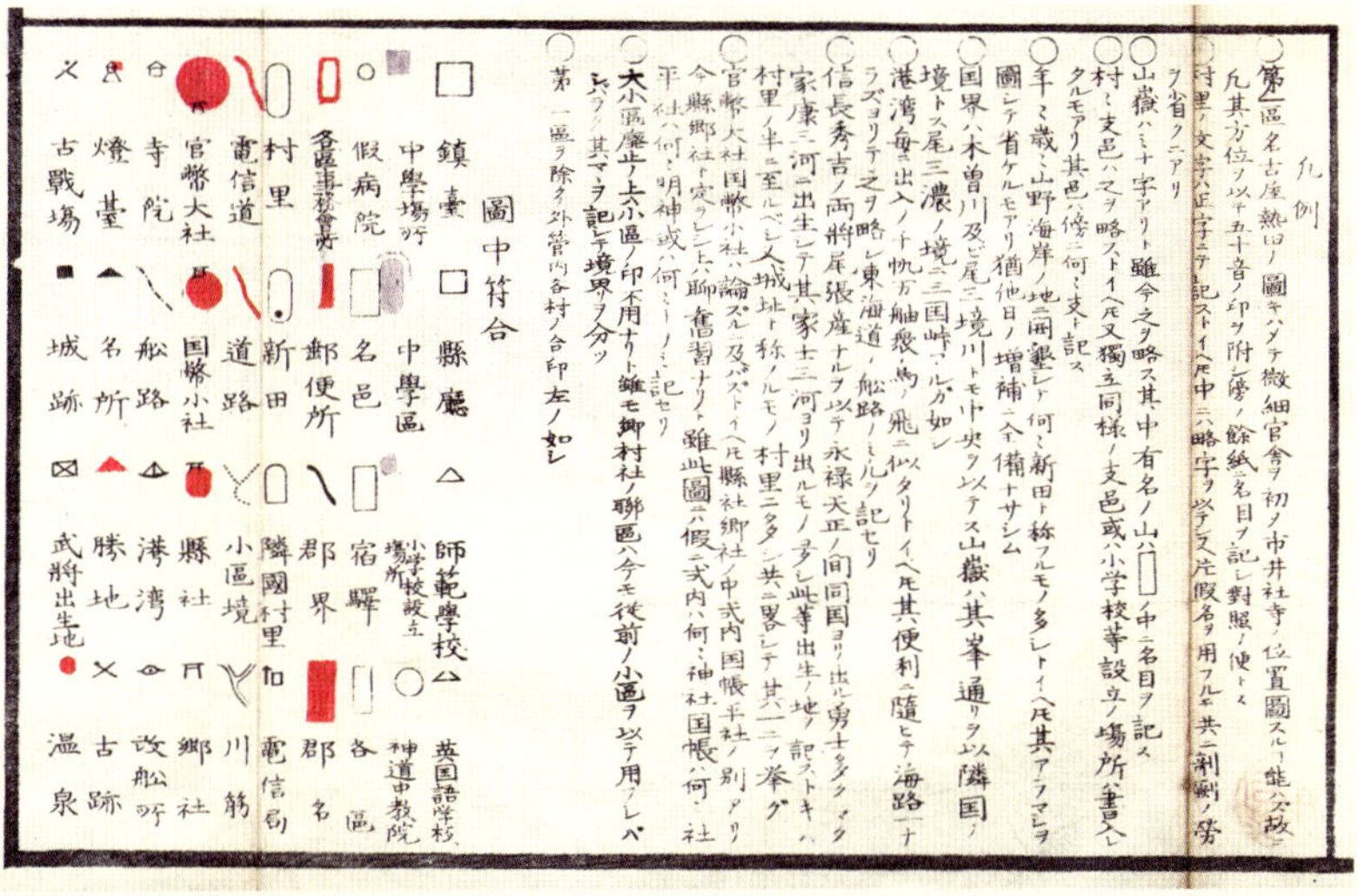

図9a　『尾三両国図』の凡例

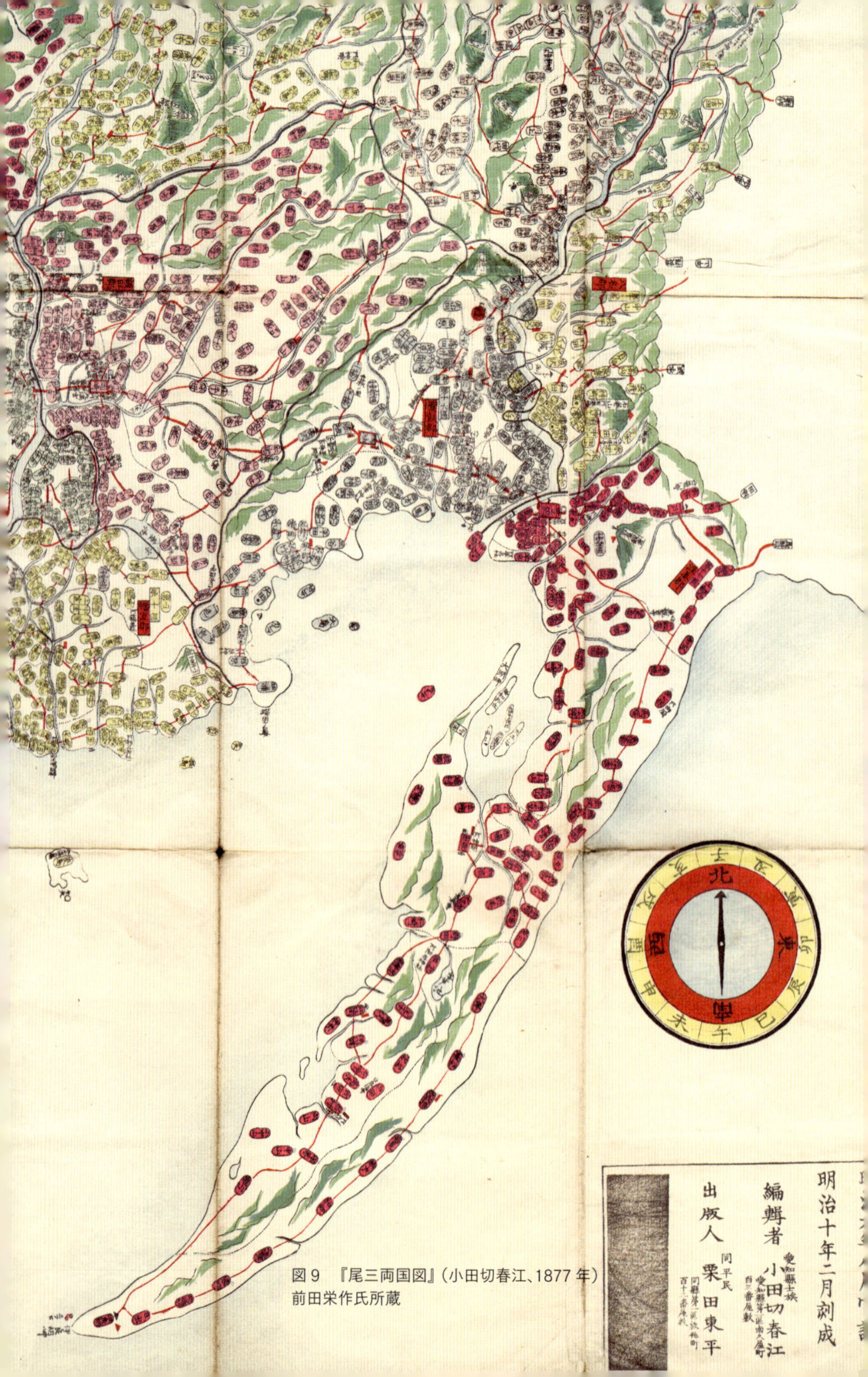

図9　『尾三両国図』（小田切春江、1877 年）
前田栄作氏所蔵

前も多く記されている。川の名前は、東からトヨ川、矢作川、大平川、名所の八橋の北から知立神社の西側を流れるアヒツマ川（逢妻川）、尾張と三河の境界の境川（名所記号付）が記入されている。

　滝では加茂郡の猿投七滝の一つ廣沢滝、設楽郡の煙巌山の妙法滝、今の野田川の上流に白滝がある。八名郡の阿寺七滝（勝地の記号付）、大野にある不動ダキ、多米の奥にある不動滝がある。温泉では、設楽郡能登瀬に赤丸印があり、鳳液泉（湯谷温泉）にあたる。

　名所では、間川が流入する豊川左岸にあった河跡湖、ミドリ池が記入されている。『天保国絵図三河国』で碧海郡の池は、油ヶ淵の原型が完成しているが、北浦と記されている。流出河川は南下し、衣浦湾側に流失している。

　渥美郡の大洲岬に囲まれた内湾の中洲は天王シマ、海和松立、大サキ長松、仏シマ、大ツ長マツの5つが記入されている。また、渥美郡の西端、伊良胡（伊良湖）は名所、勝地の両方の記号が付いており、この時にはすでに景勝地であったことがわかる。伊良胡岬の北側には三ツ石（岩礁）があるが、位置が実際より北に寄り過ぎている。

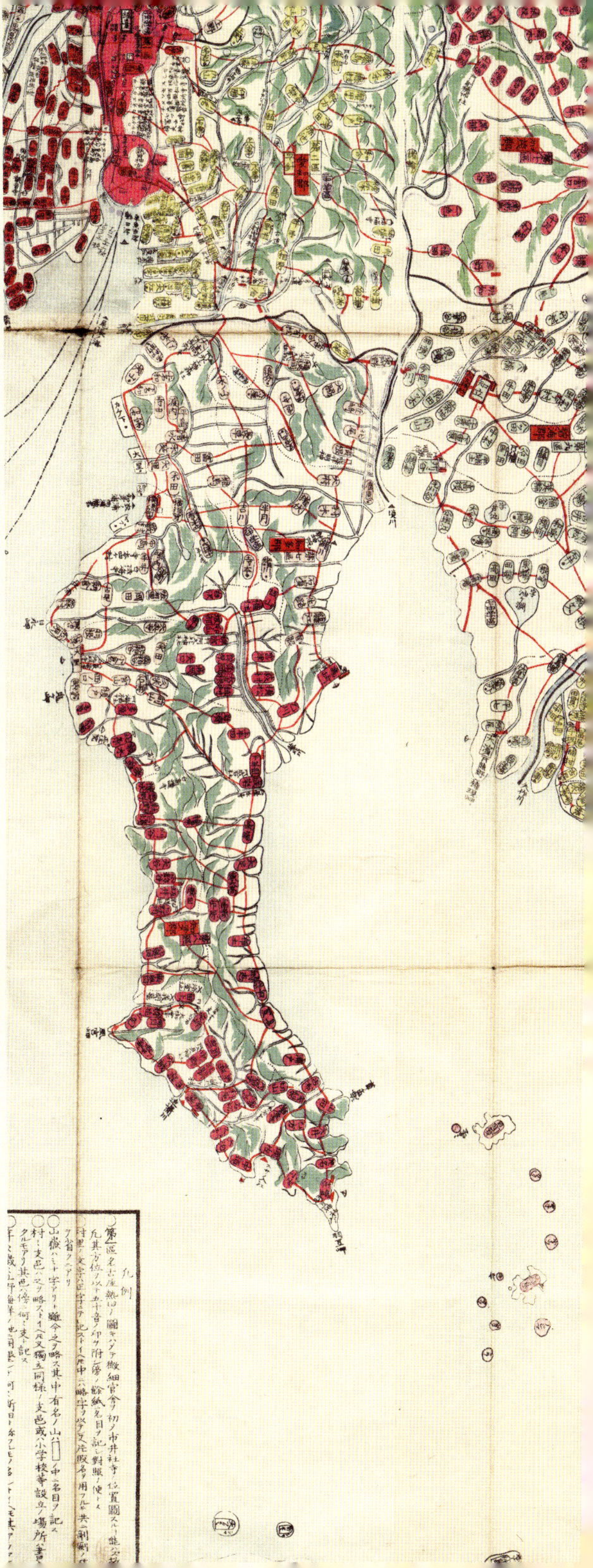

吉田初三郎の鳥瞰図

「陸軍特別大演習記念」愛知縣鳥瞰図は、1927 年 11 月の愛知県で開催された軍事演習に合わせて県が吉田初三郎に依頼して製作したものである。ここに示した鳥瞰図は、豊川と矢作川で囲まれた三河部分で、豊橋市と岡崎市、北側に鳳来寺山、その南側に豊川稲荷が配置されている。鳳来寺山の東側の三輪川に鳳来峡の名がある。交通網も整備され、東海道にほぼ並行して鉄道が敷設されている。渥美半島の伊良湖には、試砲場、高師には高師原演習場がある。

吉田初三郎の愛知縣鳥瞰図は 1934 年にも発行され、市街地の発展と渥美湾の干拓が進んだ様子が描かれている。

図10 『愛知懸鳥瞰図』(三河部分)松岡敬二所蔵

岡崎観光協会が吉田初三郎に依頼し 1936 年に発行したものである。中心に市役所、乙川に伊賀川が合流地点に堀に囲まれた岡崎城址・岡崎公園を配置している。段戸山、本宮山、鳳来寺山の山並みを背後に、矢作川に囲まれた地域の中央に乙川の流れを描き、岡崎市全容を表現している。

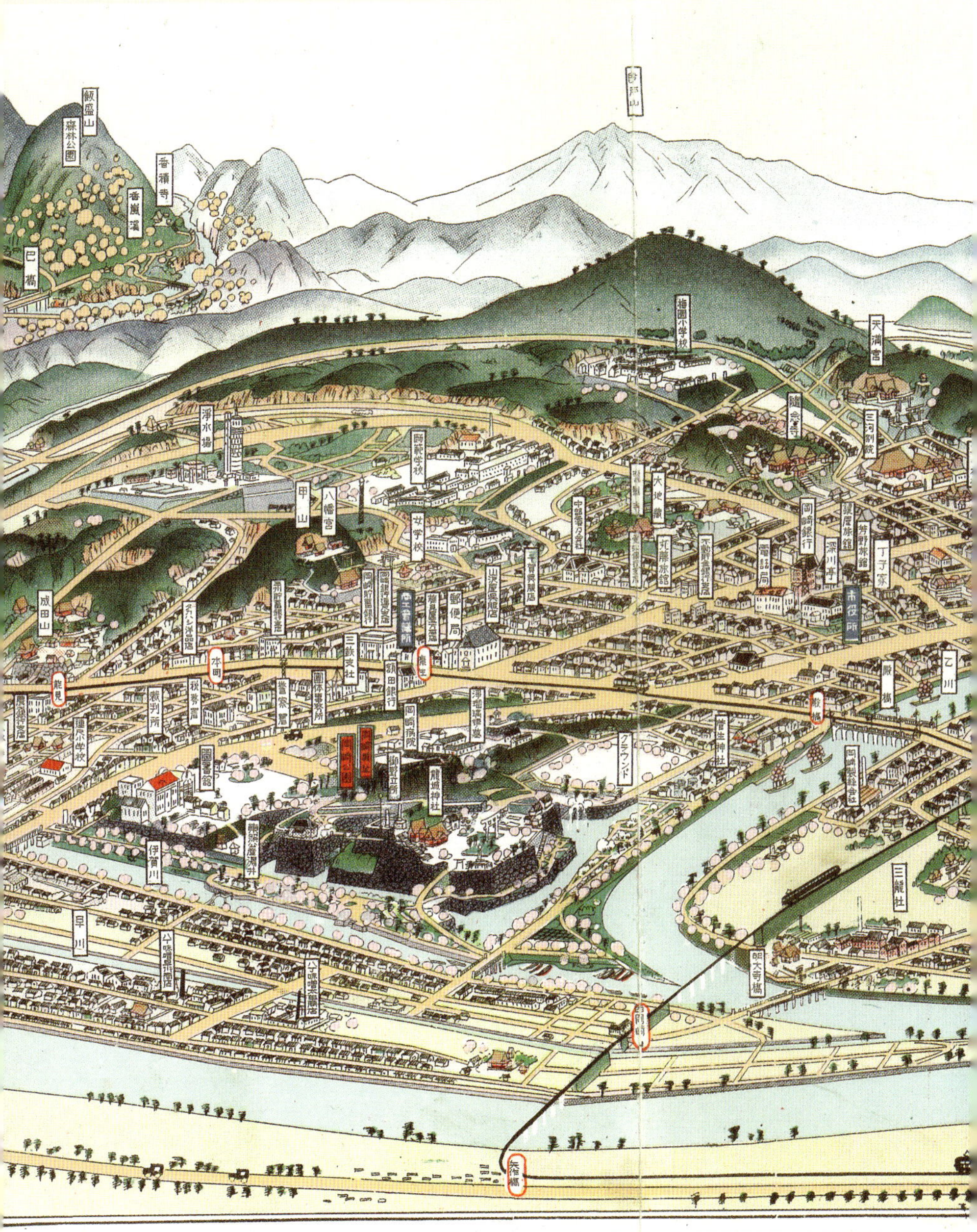

図 11 『産業と観光の岡崎市とその附近』岡崎市中央図書館所蔵

伊能忠敬の地図『伊能図』

国土地理院地理空間情報部の『伊能図』については、次のように解説がある。『伊能図』は、伊能忠敬により1800年（寛政12）から1816年（文化13）まで、日本初の実測による全国測量を実施し、それを基に、幕府天文方の手で『大日本沿海輿地全図』として1821年（文政4）に完成したものである。『大日本沿海輿地全図』の大図（縮尺3万6千分1）は国内保存分の多くは関東大震災などで消失した。大図は実測図で、これを縮小して中図（1/216,000）、小図（1/432,000）がつくられた。三河地域を含む地図は、彩色の中図である（図12）。大図作成のための測量は、方位と距離を野帳に記録しながら沿岸や街道を進行する方法でおこなわれた。渥美半島踏査は1803年（享和3）のことで、

図 12 『伊能中図』（中部近畿のうち三河部分）国土地理院所蔵

鈴木源一郎著『東三河――郷土散策』には、「忠敬一行二十六人はその年の二月二十五日に江戸表を出立ち、道中測量を重ね、一ヶ月後の三月二十八日に、この地に到着。直ちに渥美半島の付け根、伊古部海岸より測量をはじめ、太平洋岸の田原・赤羽根・伊良湖と進み、都合十日間の日程で半島の全域の海岸の測量をしおえた」と紹介されている。その時の田原藩の対応の様子も書かれている。

『伊能図』は実測が難しい場所である山間部、海上の島や河川については、空白部分や位置にずれが見られる。たとえば、愛知県最高峰である茶臼山（１４１６ｍ）は記されていないが、額田郡の茶臼山（２６０ｍ）、幡豆郡と宝飯郡境界の茶臼山（２９１ｍ）はある。三河高原や八名郡の山地は空白となっている。

吉田の牟呂村から伸びた砂洲が波瀬村沖まで伸びている（１４６ページ参照）。渥美半島では伊良古崎（伊良湖崎）沖にイラコサキ小シマが8島描かれている。

尾張と三河の境界である境川の記入がない。大海村で豊川の支流（宇連川）が分岐していない。矢作川はあるが、矢作古川はない。三谷村（蒲郡市）の竹島が弁天島、その沖の2島があり一つが大島となっている。西浦半島の西の海には琵琶島のほか2島があり、現在の前島、沖島、松島の配列と一致しない。乙川村・宮崎村の沖の梶島と西側に小さな島が描かれている。

一方では、沿岸地域の海岸線はかなり精度がよく記入されている。矢作川の河口付近は、すでに新田開発が始まり西側の伏見屋外新田、東側の西小栁新田、さらに東側の細川新田が記入されている。豊川河口近くには、高須新田が記入されている。

額田郡の菱池や渥美半島の戸島池はない。

◉豊橋・名古屋（20万分の1）地図

米国で発見された『伊能大図』は、国土地理院の前身である「参謀本部陸地測量部の輯製20万分1図作成のための骨格的基図として模写されたもの」とされている。地形図「豊橋」・「名古屋」の三河部分をみてみる（図13）。これまで三河は8郡に分かれていたが、設楽郡は１８７８年（明治11）に北設楽郡と南設楽郡に細分され、加茂郡も東

図 13　参謀本部陸軍部測量局発行 20 万分の 1（「豊橋」・「名古屋」1887 年の一部を合成）

加茂郡と西加茂郡に分かれている。

渥美湾の陸地輪郭と島の並びは『伊能図』に似ている。しかし、佐久島の形状が現状に近く修正され、蒲郡の鹿島沖になかった亀岩（江戸時代の絵図はほとんどが亀嶋）が記されている。大きな違いは、吉田の牟呂村から伸びた砂洲はなく、田原側から伸びている部分が大洲岬となっている点である。杉山沖の湾奥部には、破線で砂洲が記入されている。矢作川の河口の北西側に伸びる『伊能図』に記されていた「伏見屋外新田」部分が権現岬と記されている。

川は、豊橋近くでは豊川、朝倉川、高足川（梅田川）、幡豆では矢作川、矢作古川、長篠で支流が分かれる豊川本流が瀧川、支流が寒狭川（現在は豊川本流が寒狭川）となっている。矢作川に岡崎の南で大平川が、上流側で足助川が合流している。

山では渥美半島の大山、東加茂郡の十明山、宝飯郡・額田郡・南設楽郡境界の本宮山、宝飯郡の宮地山、南設楽郡の御岳信仰の山である御獄山（御岳山）、彦坊山、鳳来寺山、川會山（明神山）、龍頭山、額田郡の御殿山、北設楽郡では戸山、日原山（碁盤石山）、尾力山（日本ヶ塚山）、漆間山（旧富山村の無名峰）、八名郡では石巻山、吉祥山、幡豆郡の矢作川と矢作古川分岐点の南に位置する八面山（別名雲母山）が記入されている。

渥美郡の東部一帯は天白原が記入され、後に陸軍第十五師団の軍事演習場となる。伊良湖岬の沖の海上には三ツ岩が、渥美湾側に流れ出る豊嶋池も記入されている。

豊橋地質図（20万分の1）

1882年（明治15）には地質調査所が設立され、東京大学では箕作佳吉による邦人初の動物学の講義が始まっている。1886年（明治19）4月にはメートル法条約が交付され、7月には東経135度の子午線を標準時と定められた。1887年には20万分の1の地質図幅の調査が進められ、1888年には『東京地質図及び同説明書』が完成している。

日本の標高を測定する基準となる日本水準点は、東京都千代田区永田町に1891年

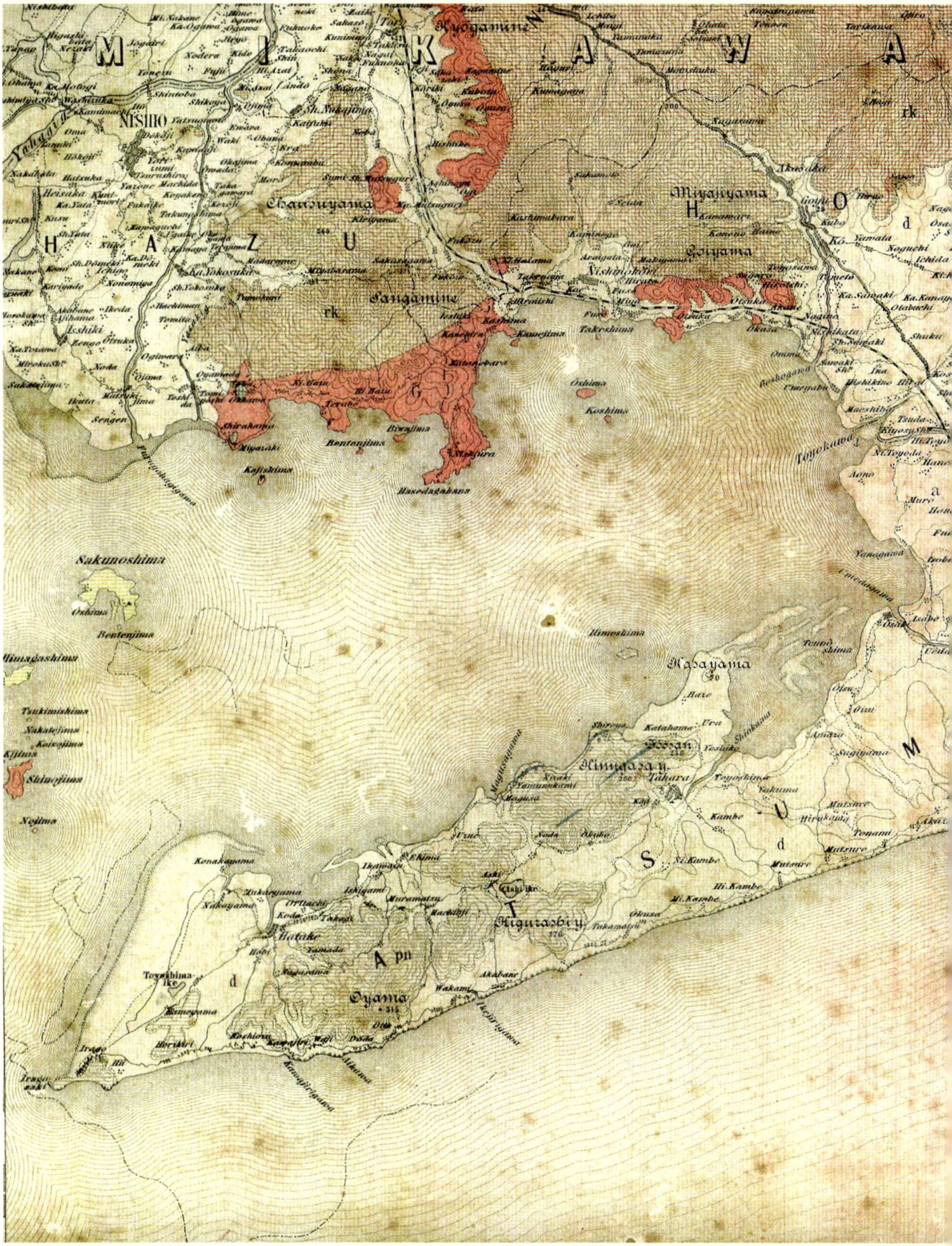

図 14　20 万分の 1 地質図「豊橋」（三浦、1889）の一部

（明治24）5月に設置された（本書93ページ参照）。『豊橋地質図及び同説明書』は、農商務技師試補であった三浦宗次郎により作成された（図14）。当時地質調査所の所管は農商務省であった。三浦宗次郎は1862年（文久2）に上野国沼田城（群馬県沼田市）に生まれ、東京大学理学部地質学科を卒業した。静岡県師範学校等に勤めたあとに、1887年（明治20）に地質調査所に移り、地質図作成のための地質調査の任についた。1893年（明治26）5月に吾妻山の爆発が起こり、調査中の同年6月7日に殉死した。『豊橋地質図及び同説明書』は、彼の代表的な業績の一つとなった。

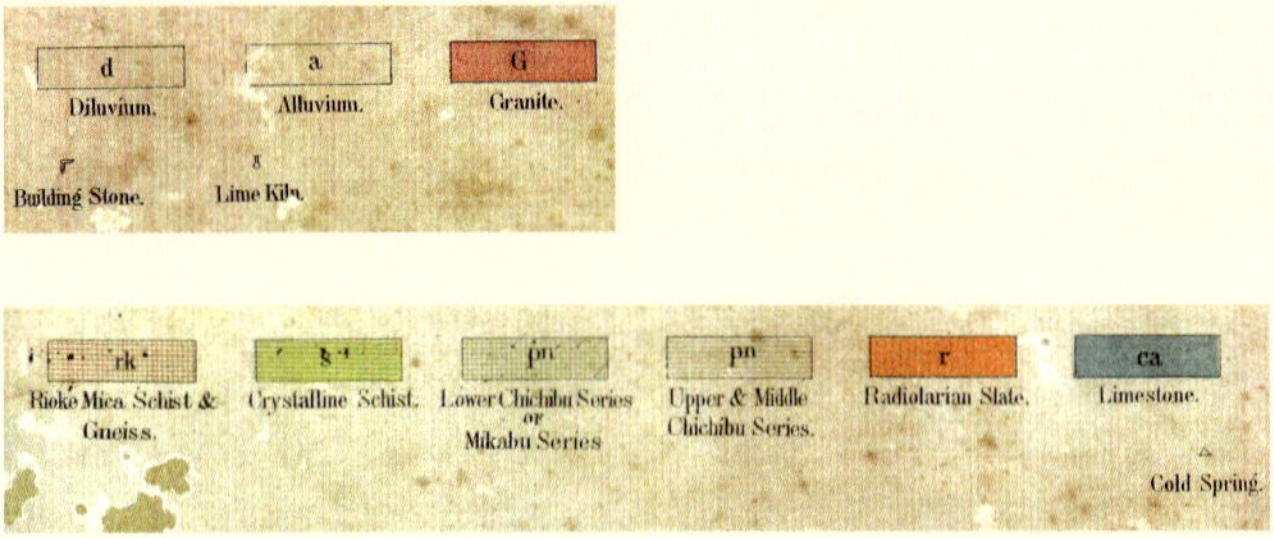

図15　凡例（三浦、1889）

　地質図は、これまでの絵図とは異なり、大地の岩石の分布を色分けした地図である。

地質図は地形図に岩石の分布や地質構造を書き込むために、先に紹介した陸軍部測量局発行の20万分の1の地形図は不可欠のものであった。豊橋地質図は、東経137～138度、北緯34度30～35分の範囲であり、三河を中心に、遠州、尾張の一部を含んでいる。本書で図示した蒲郡市周辺の赤い色は花崗岩類（図15上段右G）を、その北の縞のある薄い茶色部分は領家の雲母片岩・片麻岩（図15下段rk）を表している。渥美半島の山と豊橋の東側の山々は秩父帯の岩石の分布を薄い茶色の横線で表している（図15下段pn）。豊川の左岸側の縞のある薄い緑色は御荷鉾帯の岩石（図15下段s）からできている山を示している。渥美半島や豊橋平野の薄い色の部分は第四紀の堆積物（図15上段d,a）からなっていることを表している。

　地形や地名はローマ字表記となっており、図幅の説明書を参考にして山地を中心に地名を漢字にして以下紹介する。静岡県との県境に南北に伸びる赤石山系の弓張山脈には弓張山、大森山、神石山、船着山、風切山、吉祥山、石巻山、渥美半島には越戸の大山（315m→327・9m）、衣笠山、蔵王山がある。木曽山系としては南設楽郡、額田郡、宝飯郡、幡豆郡に属す三ヶ峯、巴山、宮地山、五井山、本宮山（494m→789・2m）、三州で有名な鳳来寺山（590m→695m）がある。主な山の標高も入れてあるが、矢印の下に記入した現在の標高と比べると数値に開きがあり、測量の精度の差を感じる。

　豊川は新城市河合で西南に流れ、有海村で瀧川と合流して豊橋の南に至り、三河湾に注ぐとある。現行の河川法に基づく豊川は、長篠付近に北側から合流する支流が豊川本流となった。よって、古く使われてきた瀧川は消え、別称の寒狭川が残ることとなった。長篠から北東方向にのびる元の本流は宇連川（旧称：三輪川）と呼ばれている。

Part2

地図で見る三河の歴史

豊橋

東田遊廓跡を歩く

増山真一郎

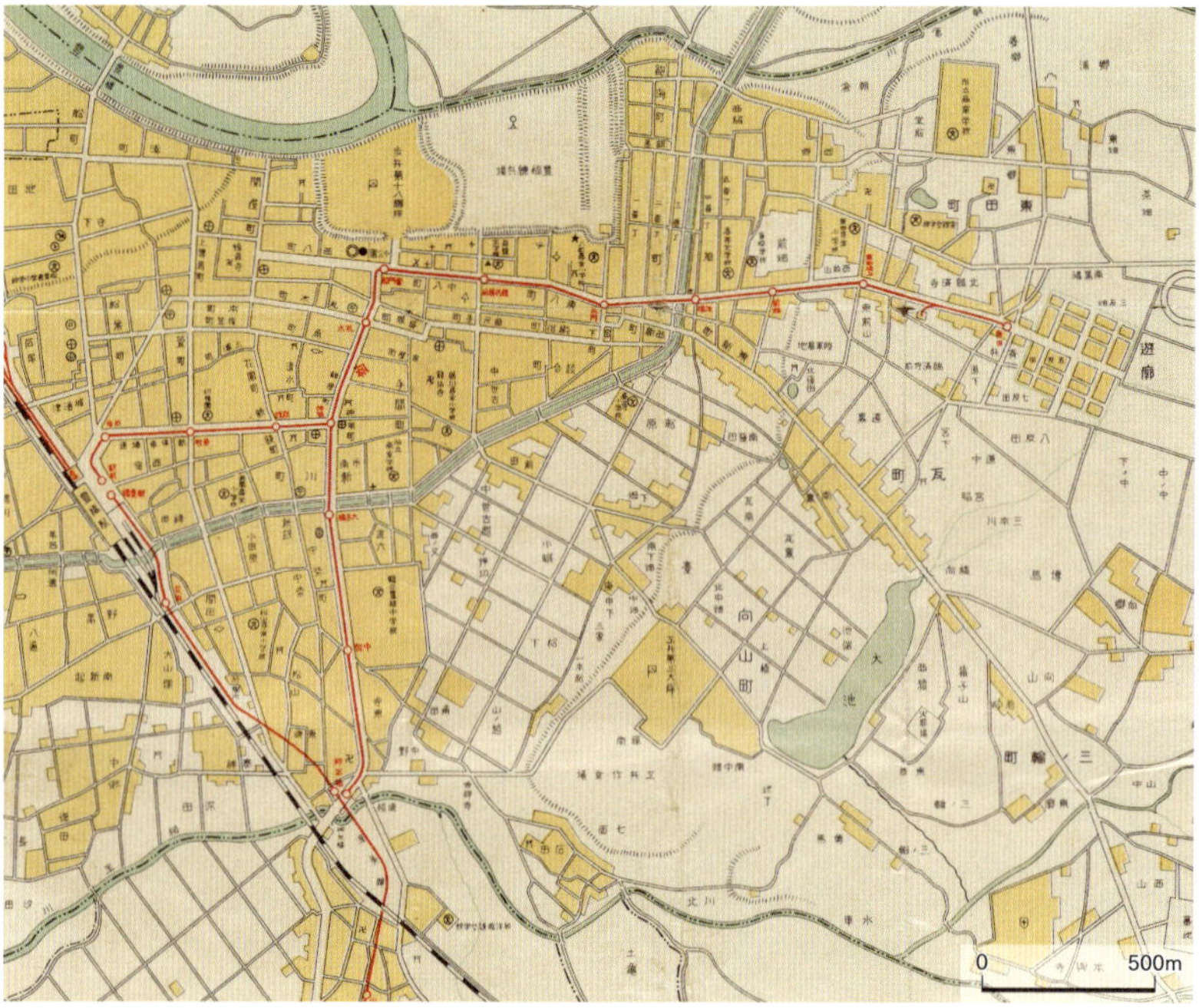

図1 『最新豊橋市街地図』（1927年）豊橋市美術博物館所蔵

いまに残る当時の区画

豊橋の市内電車は、豊橋駅を起点に国道1号線から県道4号豊橋大知波線を東へ多米町方面にむかっているが、戦前には東田坂上から現在の市道八町線（東雲通り）を南東方向へと進んだ。その終着駅の先にあったのが、東田遊廓である（図1）。

三浦源八著『くるわの子』によると、遊廓の様子は次のようなものであった。東田終点の約50m先に遊廓の「大門」があったが、そのように呼んでいるだけで門があるわけではなかった。遊廓は、入り口の大門を除いてほぼ正方形の外周を幅約2m、深さ約1mの堀で囲われ、一般社会から隔絶されていた。大門か

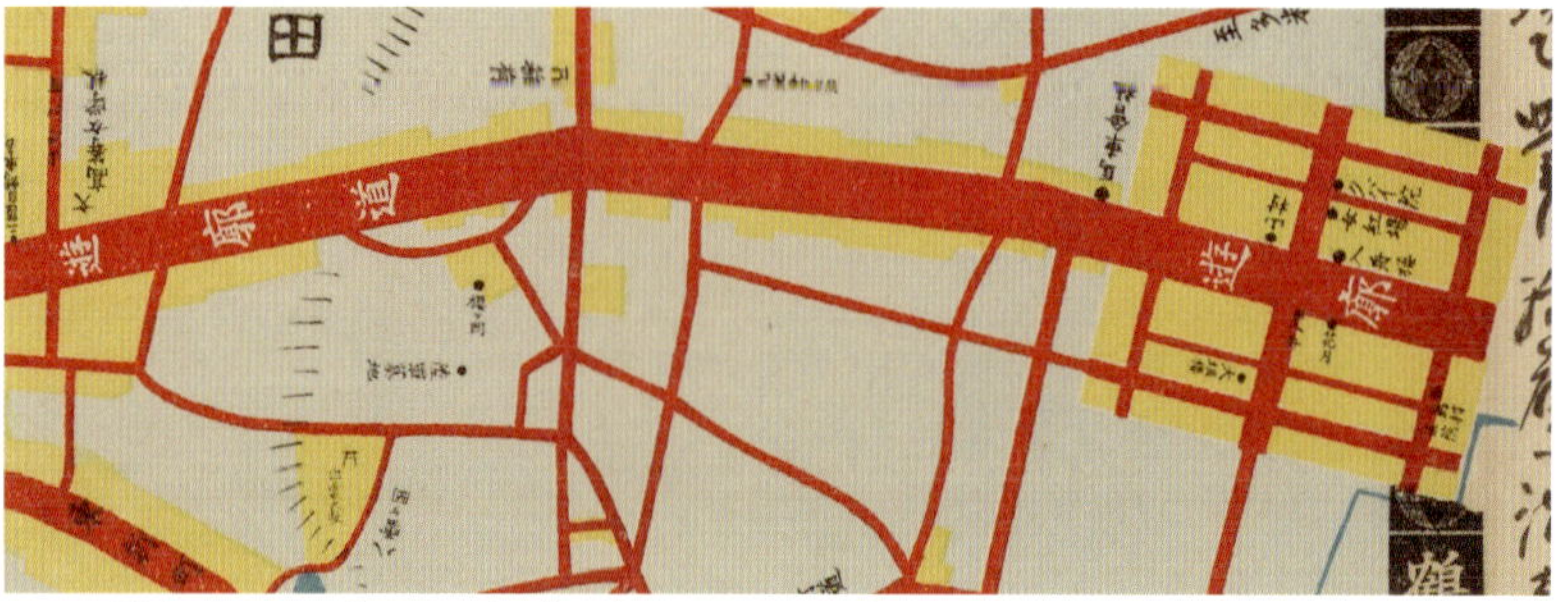

図2 『豊橋市街図』（1914年）豊橋市美術博物館所蔵

ら東西に通じるメインストリートがあり、東西に2本、南北に3本の大通りがあって（図2）、女郎屋の大部分はこれらの大路に面していたという（図3、4）。ほかにも東西に通じるせまい道があって、芸者置屋や小料理屋が並んでいた。

　現在の豊橋市吾妻町がその範囲である。営業はしていないが玄関が破風造りとなった旅館がいくつか残っている。古い地図とスマホをたよりに歩いてみると、堀こそ埋められてはいるが、当時の区画はそのままのところが多いようだった。ひとまわりすると時はすでに夕刻で、廓内北東にあたる豊光稲荷神社には明かりが灯っていた。お札配りの準備をしていた氏子の方に、この神社は遊廓にともなって旧吉田宿内から移ってきたものだと教えられた（図5）。

図３　吾妻遊廓ヨリ石巻山之遠望（明治後期～大正前期）
豊橋市美術博物館所蔵

図４　吾妻遊廓（大正後期～昭和初期）
豊橋市美術博物館所蔵

大正初めには貸座敷が58軒

　豊橋では、江戸時代に飯盛女の置かれた旅籠屋があった札木町・上伝馬町が遊廓の地域として認められていた。明治の終わり頃豊橋南郊の高師村に陸軍の一師団が設置されることになったため、1910年（明治43）に当時郊外であったこの東田の地が認可地となり、拡張して移転したのだ。1909年には貸座敷55軒、娼妓216人がおり、東田移転後の1912年（大正元）には58軒、308人となった。1936年（昭和11）発行の『豊橋市案内・市制三拾周年記念』によれば55軒、480人余りと増え、廓付近は芸妓置屋・カフェー・遊技場などが軒をつらねたという。

図５　豊光稲荷神社

　公娼制は国家が認めた売春であり、貧しい家計を助けるために身を売ってでも家を助けることが美談とされるような風潮がその背景にはあった。前借金によってしばられる人身売買でもあった。廃娼運動を展開した廓清会の機関誌には、大正期豊橋の遊廓で平均20時間従事した娼妓があった、あるいは親の病気見舞に行った女性が無断外出ということで戒告されたという記事も掲載されている。

豊橋

大崎島――かつての日本海軍飛行場

高橋洋充

図1 『大崎村・大津村干潟境論裁許絵図』（1671年）豊橋市美術博物館所蔵

変貌する豊橋南部地区

豊橋市の南部は、三河港大橋へとつながる通称ベイブリッジウェイの整備拡張、国道23号バイパスの開通、公共施設の新設、宅地造成による人口増加など、日々変化を遂げている地域である。

ここでは大崎島を一例として見てみよう。まず、江戸時代の絵図（図1）、明治時代の地形図（図2）では、人工的な変化のない干潟や沿岸部

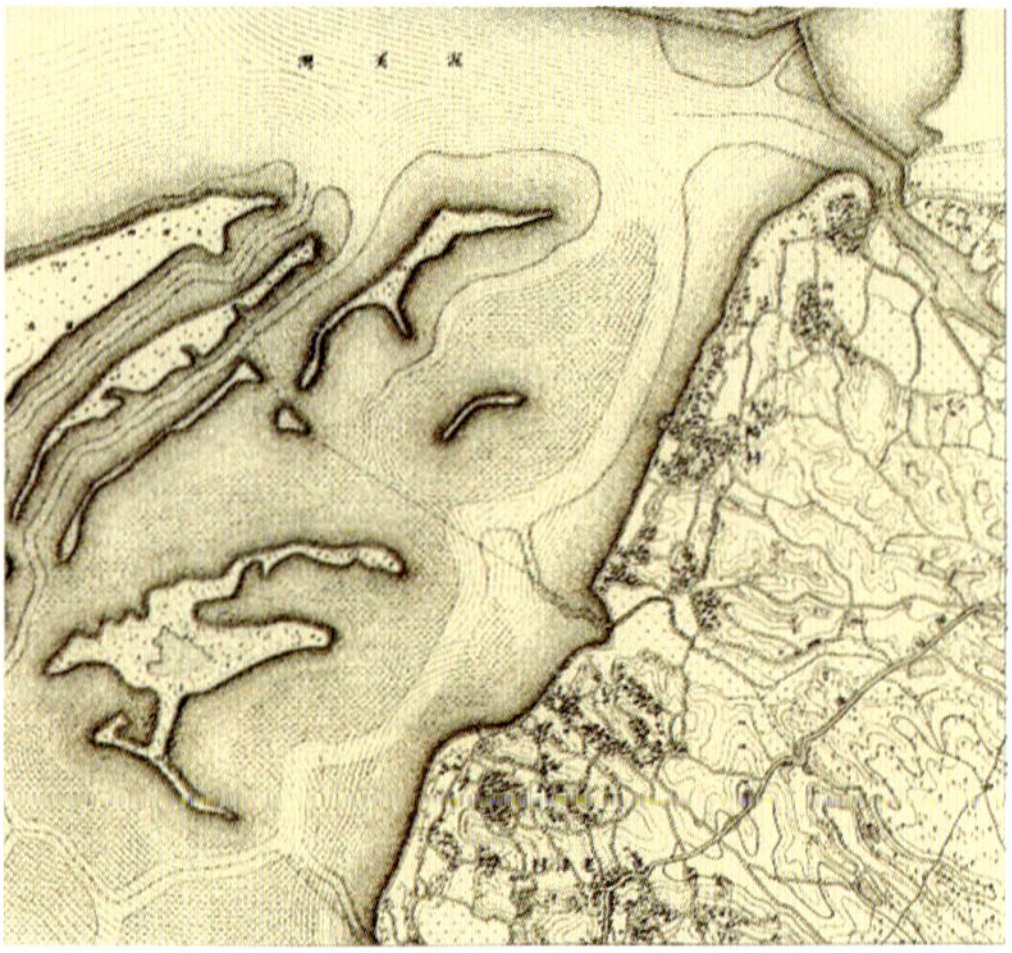

図2 陸地測量部2万分の1「老津村」（1894年）
豊橋市二川宿本陣資料館所蔵

の様子が確認できる。その後、1939年（昭和14）から造成が始められ、1943年（昭和18）には長さ1500mの主滑走路3本、1000mの滑走路その他を備えた豊橋海軍航空隊基地としての、ほぼ八角形からなる大崎島が完成した。

また同じく1943年頃には、ここから東へ約3・5km離れた現在の豊橋鉄道渥美線植田駅付近から大崎島への物資輸送のための引き込み線敷設計画もあったがこれは途中で中止となった。しかし、この時計画されたルートのほとんどは、現在の豊橋市大崎町と植田町を東西に結ぶ主要道となっており、今でもその跡をおおむねたどることができる。

1961年（昭和36）の航空写真（図3）からは、役割を終えた滑走路跡も確認することができる。大崎島と写真右側の大崎町を一直線に結ぶ橋は海軍橋である。

さらに時を経て、三河港整備計画の一環として埋め立て工事が進められ、現在では明海工業団地として、多くの工場が建ち並ぶ工業・物流地区へと姿を変えた（図4）。

そこがかつて島であったこと、そして「日本海軍屈指の大飛行場」であったという面影こそないものの、「海軍橋」の名を残す交差点が、わずかに残る欄干と橋の一部とともに当時を物語っている。

図3　大崎・老津地区航空写真（1961年撮影）
豊橋市役所都市計画課所蔵（承認番号27豊都計（測）第7号）

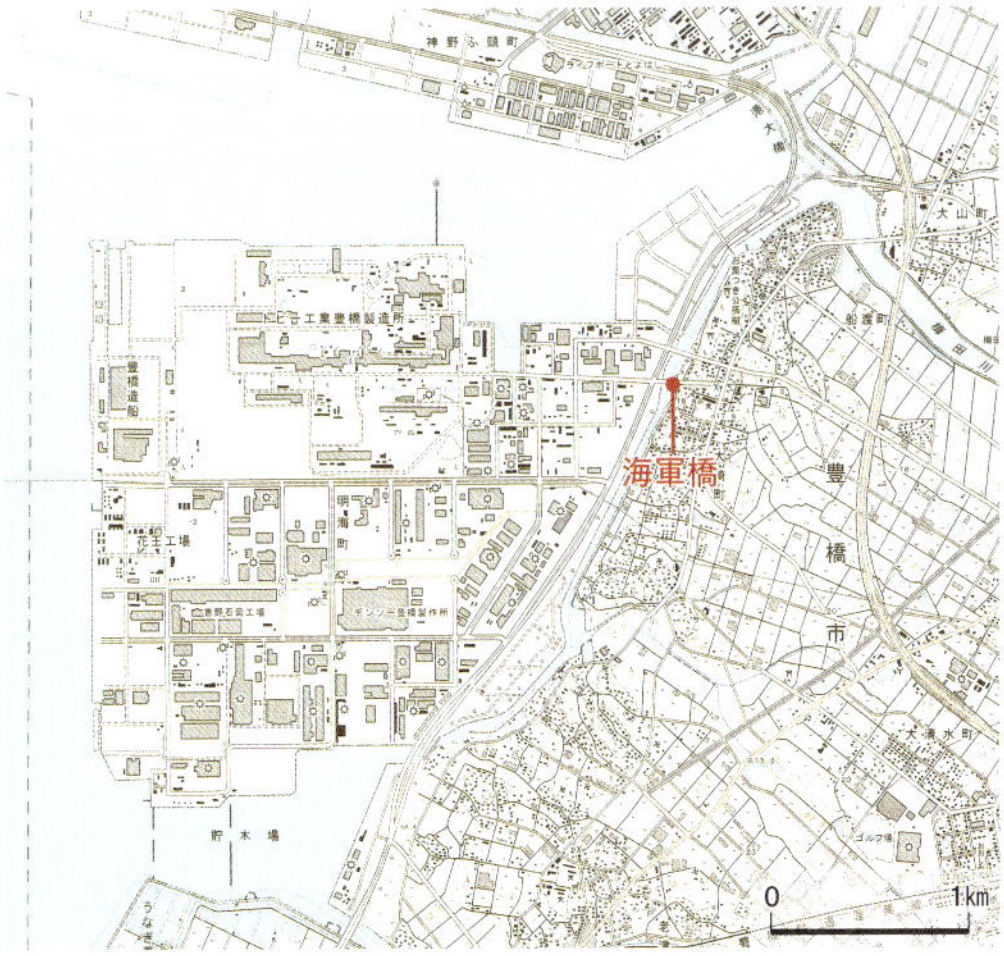

図4　2.5万分の1「老津」2010年更新

豊橋

描かれた吉田城

高橋洋充

図１　『吉田城本丸二之丸略絵図』（豊橋市指定文化財）
豊橋市中央図書館所蔵

石垣刻印残る城

1505年（永正2）、牧野古白がその前身の今橋城を築いたことに始まる吉田城の歴史は、戦国時代を経て、徳川家康の三河統一による酒井忠次配置、1590年（天正18）の家康関東移封による池田輝政入城と続き、輝政時代に大規模な城や城下町の整備拡張をおこない、現在豊橋公園などに見られる城跡の基礎を築いた。江戸時代以後は、竹谷松平、深溝松平、水野、水野、小笠原、久世、牧野、大河内松平、本庄松平、大河内松平（再封）の各氏がそれぞれ在城した。

吉田城の縄張りは、豊川・朝倉川を背に、本丸を基点とし、二の丸、三の丸を配した半輪郭式の後堅固の城であり（図1）、円形の縄張りとして知られる田中城（藤枝市）とともに城郭ファンの間で注目を集めている。

また、石垣に○、△、トサなど多くの刻印が施されていることでも知られ、これまでに大名や家臣などの印が、本丸の南北御多門付近を中心に約60種確認されている。じっくりと石垣を眺めれば現在も

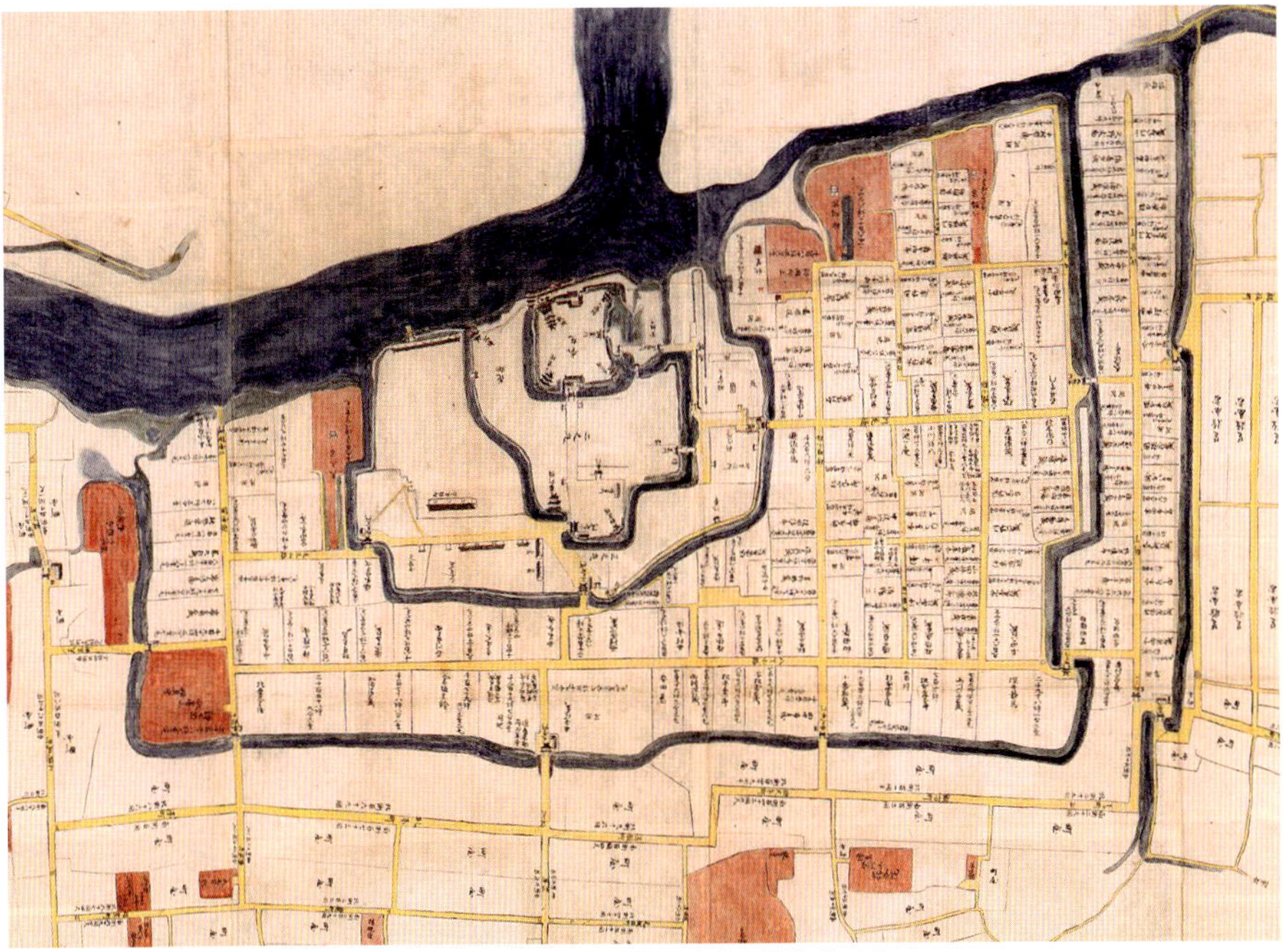

図２ 『吉田藩士屋敷図』（部分）豊橋市指定文化財・豊橋市美術博物館所蔵

30程度は比較的簡単に確認することができる。

各地の城の多くの刻印は幕命による天下普請の城に見られるものであるが、吉田城に見られるのは名古屋城築城用の残石を転用したためと考えられている。散策とあわせて石垣刻印探しもおもしろいのでは。

浮世絵に描かれた吉田城

ところで、江戸時代、吉田城は多くの浮世絵に描かれたが、そのほとんどが吉田大橋とセットで描かれている（図3）。現在、吉田大橋というと国道1号線に架かる橋、豊橋市役所と吉田城の西側の橋をいうが、これは1959年（昭和34）に供用開始した橋であり、江戸時代の吉田大橋は、その下流約500mにある現在の豊橋《とよばし》の付近に架けられていた。浮世絵では城と橋が近く感じるが、実際に豊橋付近から吉田城を眺めると、思いのほか城が小さく見え、広重の構成力の素晴らしさに驚かされる。

図３ 『東海道五拾三次之内　吉田』（保永堂版）豊橋市二川宿本陣資料館所蔵

豊橋

豊橋市街の変遷

久住祐一郎

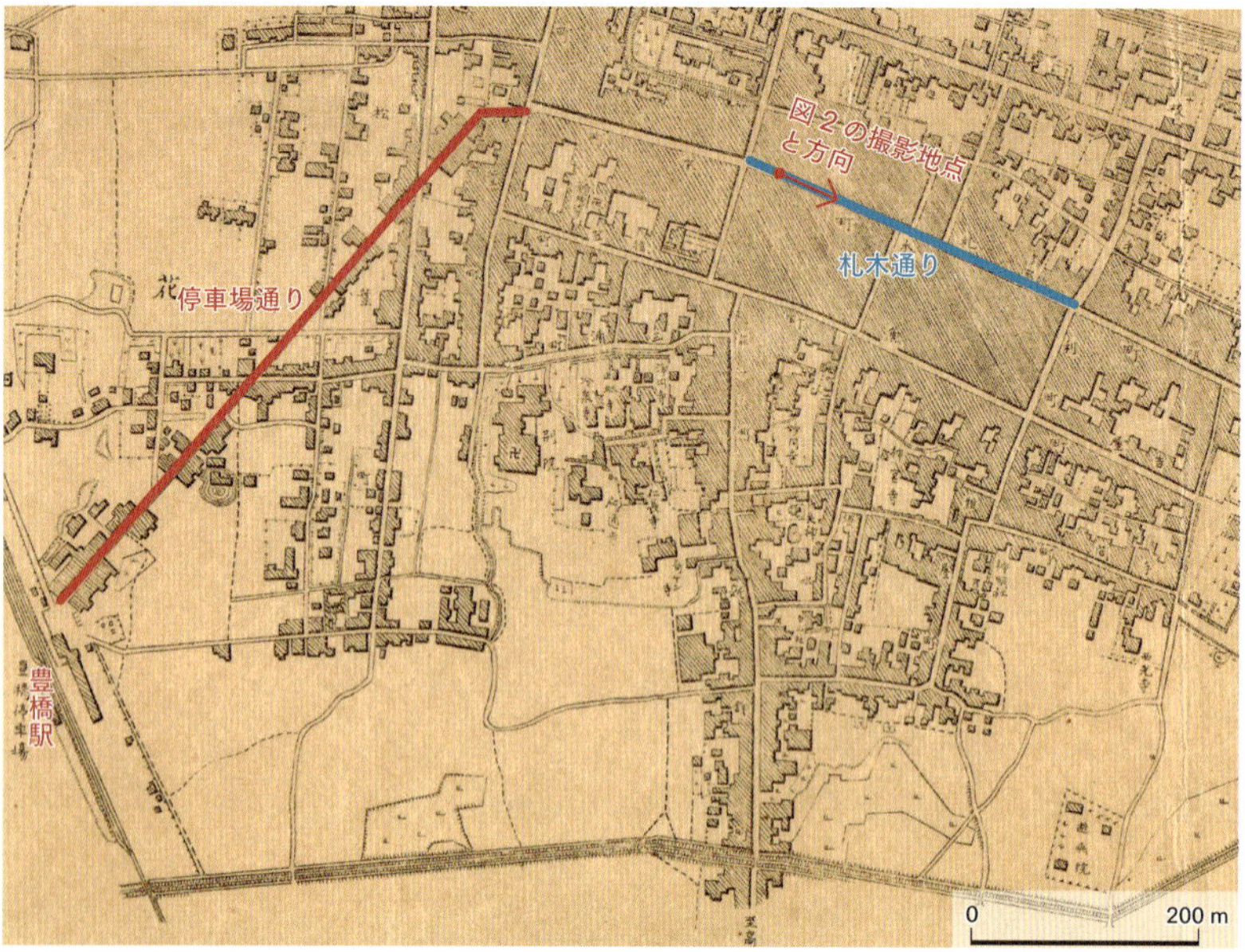

図1　『豊橋町』（1892年）豊橋市美術博物館所蔵

図2　豊橋市札木通り（絵はがき）明治末〜大正初年
豊橋市美術博物館所蔵

江戸から明治へ

江戸時代の吉田（現在の豊橋市）は、吉田藩7万石の城下町であると同時に、東海道の宿場町としても栄えた。吉田宿は東海道沿いの表町12町と東海道に面していない裏町12町の24町で構成されていた。宿場の中心は問屋場・本陣・脇本陣・旅籠屋・商家などがあった札木町であり、町名は町の東端北側に高札場があったことに由来する。

明治時代になると、札木通りは愛知県豊橋支庁・警察署・郵便局などの官公庁が設置されるとともに、旅館や席貸茶屋・商店などが建ちならび、官庁街・遊廓として賑わった。1908年（明治41）に第十五師団が設置されると、遊廓が移転拡張されることになったため、札木町と上伝馬町にあった席貸茶屋は東田遊廓へ移転、あるいは廃業し、銀行や蚕糸業者・芸妓置屋・各種商店に変わった。図2は、現在の「本町」バス停留所付近から東に向かって撮影された写真で、宿場町の面影を感じさせる。

分断された札木通り

1888年（明治21）に豊橋駅が開業すると、これに伴って旧東海道の本町通り西端から駅前まで延びる長さ約600mの停車場通り（後に常盤通り）がつくられ、市街地と駅前を結ぶメイン道路として発展した。

大正時代以降、豊橋市の商業の中心は豊橋駅前や、1912年（明治45）に開通した新停車場通り（後に広小路通り）、市街地と第十五師団を結ぶ大手通りなどに移り、旧東海道や停車場通りは落ち着いた街並みになった。

札木通りは、1925年（大正14）に立案された豊橋市の都市計画により、新規につくられる道路によって東西に分断されることになった（図3）。この道路建設は戦争により中断されたが、戦後に戦災復興事業として実現し、国道259号線になった。

停車場通りは、戦後の土地区画整理により大きく街区が変わり、豊橋駅に近い部分はアーケード商店街になった。かつての通りは、松葉町内を北東から南西方向に通る斜めの道がわずかに120mほど残るのみである。

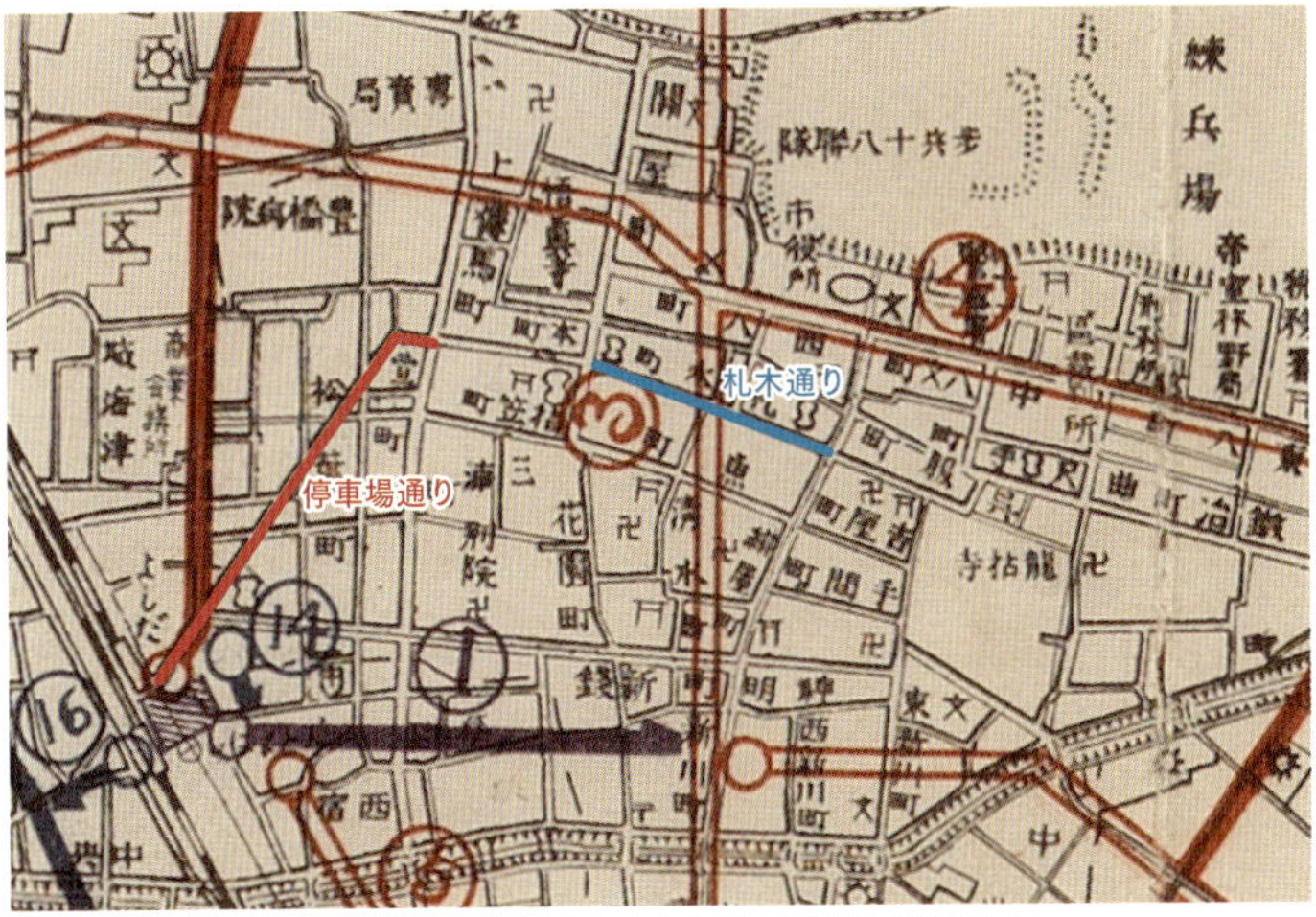

図3 『豊橋都市計画街路網図』（1928年）豊橋市美術博物館所蔵

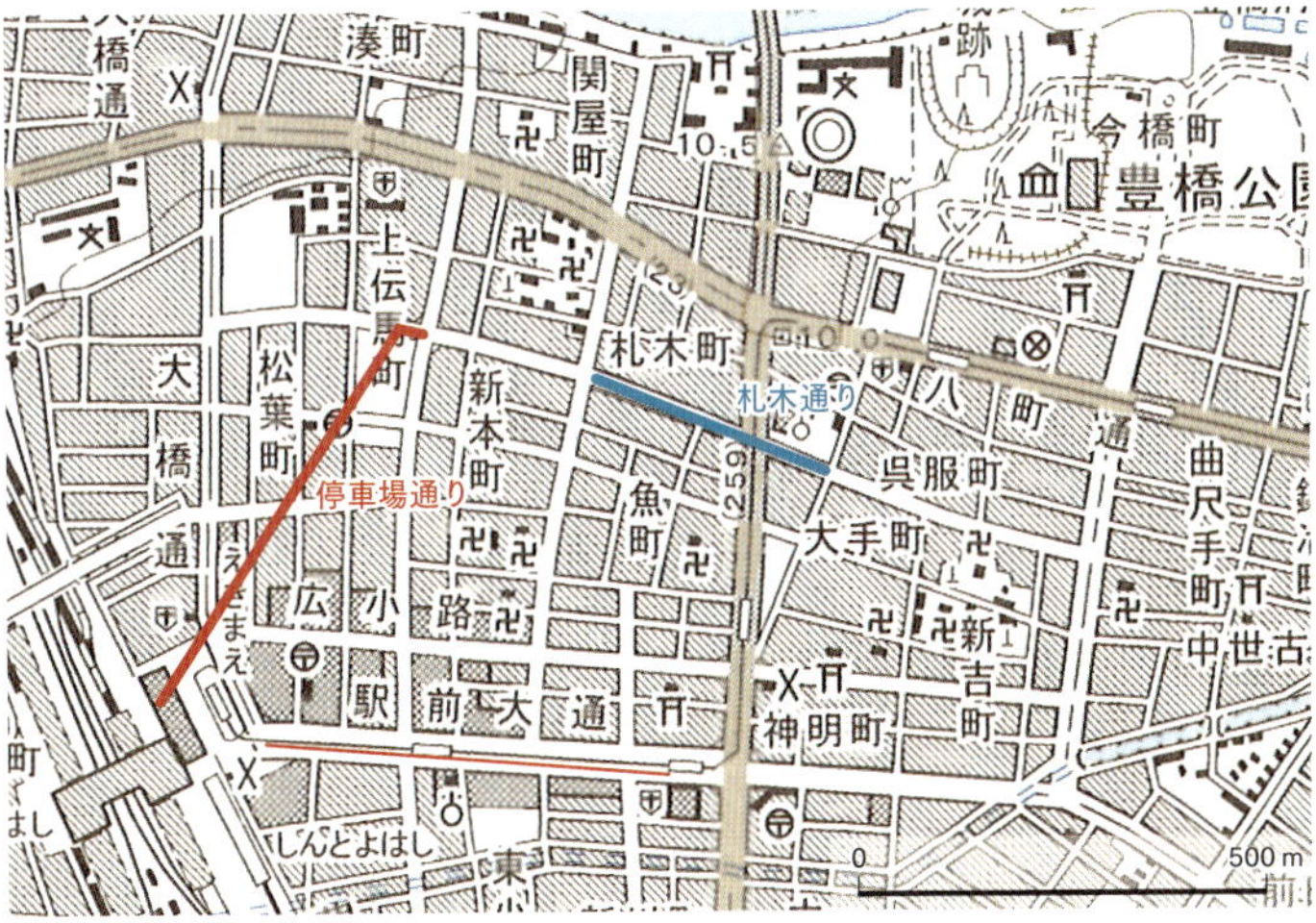

図4 2.5万分の1「豊橋」2007年更新

鉄道会社と野球場——大清水球場

高橋洋充

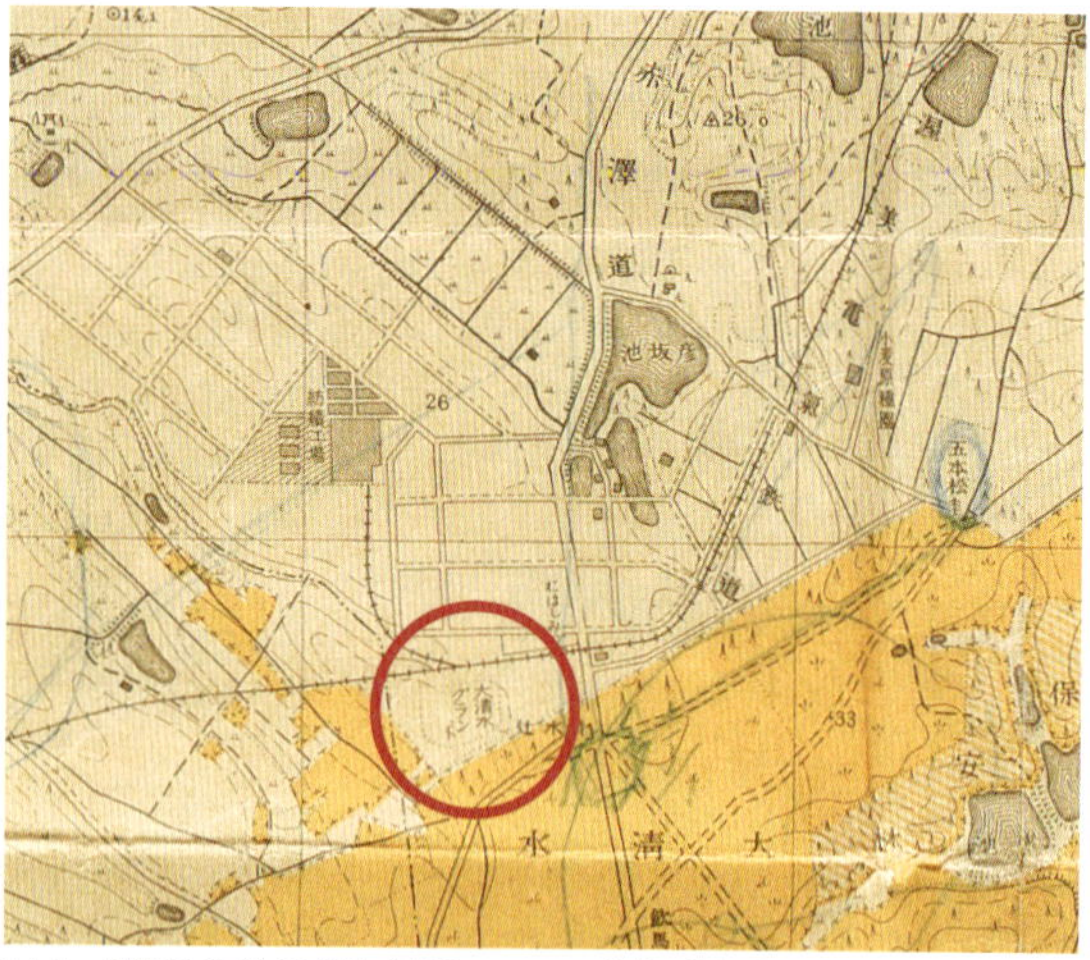

図1 『豊橋及其近郊』（部分、1939年）豊橋市美術博物館所蔵

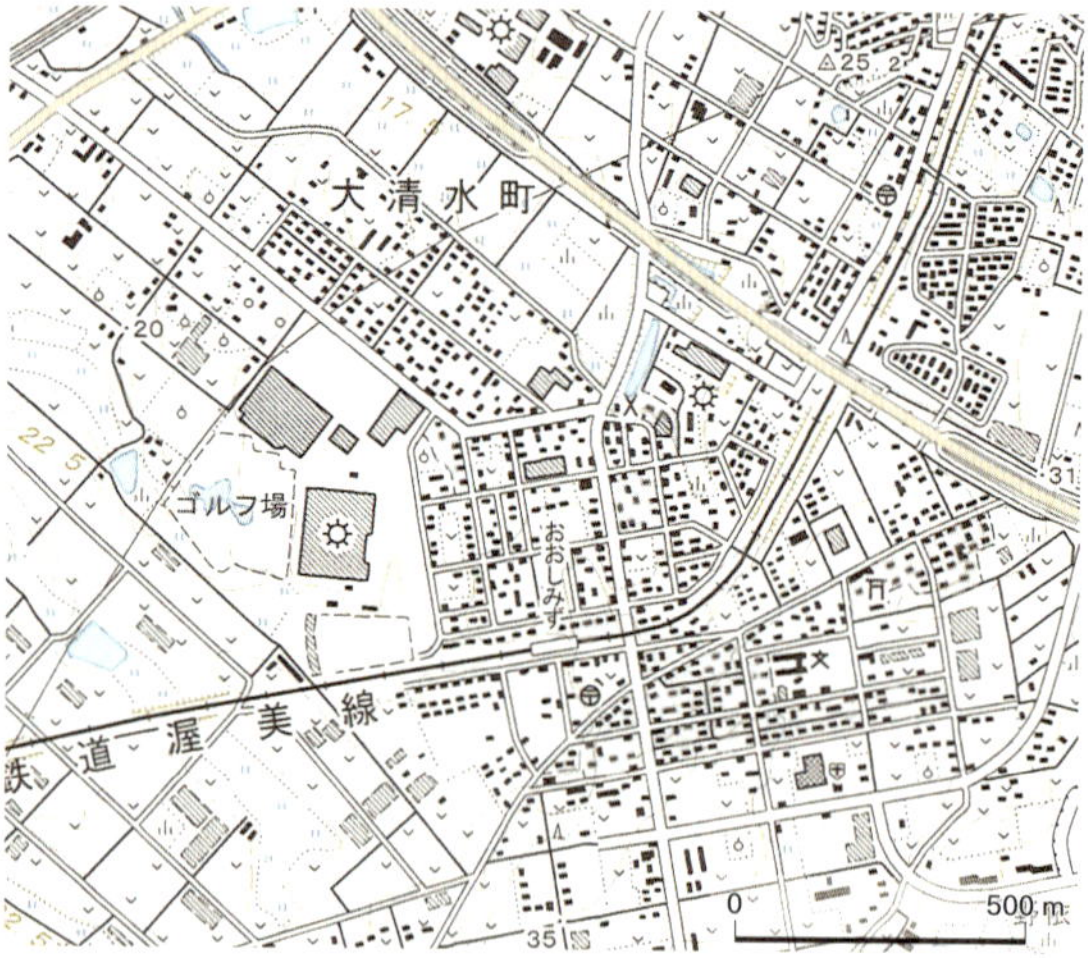

図2 2.5万分の1「老津」2010年更新

球場からの絶景

豊橋市営球場、豊川いなり外苑球場、刈谷市営グラウンド、挙母球場、豊橋市民球場。これらは、三河におけるプロ野球一軍公式戦が開催された球場である。そして、他にも多くの野球場が各地に存在している。しかし、中には消滅の運命をたどった球場もある。今はなき大清水球場（豊橋市大清水町）は1925年（大正14）にオープンした（図1）。

プロ野球公式戦開催などの記録こそないものの、鉄道会社の野球場建設という当時の全国的な流れの中で建設されたことがわかっている。現在、跡地にはそこがかつて野球場であったことを示すものは何もないが、地図、新聞記事などから当時の様子を紹介しよう。

「渥美電鉄沿線、広漠たる高師原南端に新設されし大清水グラウンド。面を西南にすれば白砂に彩る松の緑に続きて大崎の浜の波や静かに近く浜づたいの真帆片帆遠く水煙にかすむ島、脊を転ずれば赤石山脈の群峰一望の中にあり。此の景、此の雄、豊橋の大球場として誇號する敢て過称と言ふべけんや」（『時習館野球部一〇〇年史』）とあり、球場規模、観客席の様子などは不明であるが、周囲の景色のよい状況がわかる。豊橋市大清水町、富士見台付近はもともと起伏の多い台地となっており、確かに現在でも球場跡地周辺から周囲を見渡せばその見通しはよく、当時の絶景も想像に難くない。

理想は阪神甲子園球場

建設にあたっては甲子園球場を視察するなど、当時の球場建設への意欲を窺い知ることができる。

1925年（大正14）8月1日の『新朝報』には、「来る九日—渥美電鉄　大清水の野球場開き　名鉄、岐阜中の二チーム来豊し豊中の先輩並に現役軍と戦ふ」の見出しで、「渥美電鉄株式会社では豊橋市内乗入線開通以来、沿線大清水停留所附近の原野をトして大野球グラウンド建設を計画し、会社員をして坂神沿線の甲子園グラウンド並に名古屋郊外の尾電グラウンド等を視察せしめた上、専門家の意見を参酌した上、完全とまでは行かないが理想に近い大グラウンドを新設したのでこれがグラウンド開きを来る八月九日に行ふこととなった。（中略）会社側では大清水行き往復乗車客には乗車賃を三割引となす由である」とある。

記事からもわかるように、この球場は渥美電鉄会社の建設である。オープン前年の1924年1月には高師～豊島間を開業し、その後少しずつ開業区間を延ばし、翌1925年5月には新豊橋～三河田原間が全通となっている。戦前期建設の野球場には、鉄道会社建設のものが少なくない。鉄道敷設後、乗客増を見込んで野球場などの体育施設建設、住宅販売などを沿線に展開していたのである。よってこの時期の設置者は、必ずしも現在のように自治体中心ではなかった。

大清水球場とはまったく規模は異なるが、全国の主だった鉄道会社設置のプロ野球関連球場を挙げれば、すでに消滅した西宮球場、藤井寺球場などいくつかあるが、その中で今もなおその姿を残す阪神甲子園球場はその最たる成功例であろう。

また、同じく1926年2月17日の『新朝報』には、「満目荒涼たる大清水に桜、ポプラ、柳を植える　廳ては理想的住宅にしようと渥美電鉄の素晴らしいもくろみ」の見出しで、「渥美電鉄新豊橋、田原駅の中間大清水停留場附近にある会社の所有地一万数千坪が如何に利用されるかは各方面で注視されていたが会社では利用の第一着手として一大野球場を設置し昨夏来各地のチームを招聘してしばしば野球試合を催し地方運動界に貢献する處あったが、野球場に使用されたのは三千坪で、其の他の一萬数千坪は依然として原野のままである。そこで会社ではこの原野に取敢えず植樹することとなり、桜、ポプラ、柳等の苗木六萬本を購入し目下植樹中であるが、ここ数年後には満目荒寥たる現在の大清水も桜の名所となるであらうと期待されている。尚ほ会社では将来大清水を住宅地にする計画らしく、その準備事業として陸上競技のトラック、フイルド、庭球コートは云ふに及ばず各種の運動競技場を設置する筈であると云ふ」とある。

現在、大清水は住宅地となり、駅周辺には、高等学校、地区体育館、図書館（地区市民館、窓口センターとの複合施設）、菖蒲園などが開設され発展を続けている。

昭和 20 年代末の豊橋 広小路通 商店街イラストマップ

「名古屋タイムズ」（1953年〔昭和 28〕7 月19日）の紙面から

豊橋駅を降りてすぐ目の前にあるのが広小路通。戦災から8年後の商店街の姿を紹介する。「舗装された道路の両側の柳が夏の陽をあびて目にいたい、柳の美しい町だ」と、取材記者は記事のリードに書いている

（名古屋タイムズアーカイブス委員会提供）

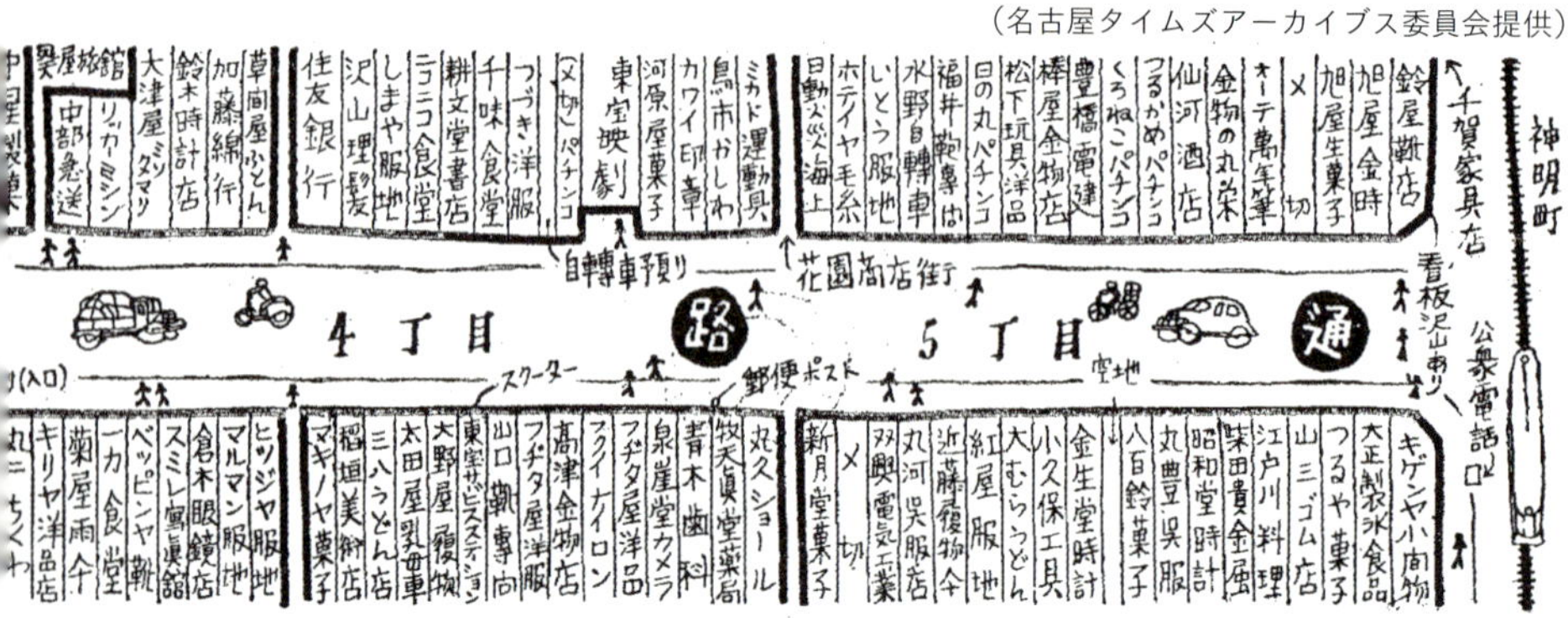

柳のなびく広小路　（「名古屋タイムズ」紙面から）

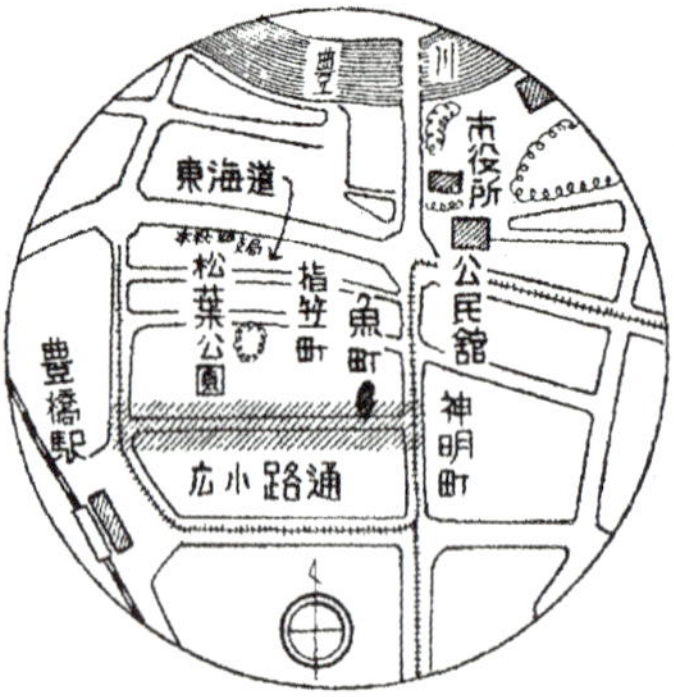

広小路通位置図（「名古屋タイムズ」紙面から）

広小路は一丁目から五丁目まで、店構えも大きくて立派だし、さすが十五万の都市の盛り場だけのことはある、だがサラリーマンらしき者の姿は見ない、昔は宿場で城下町、今は生糸も衰えて海産加工や菓子製造などの中小企業で生きている町であれば通る人も何となくノンビリした表情である、さらに付近の渥美、宝飯、額田からの農村漁村も大きな購買層となっている、日曜ともなれば土地柄豊川の保安隊の外出の制服姿があふれる、街の人は好意も悪意も示さない、中年の隊員などが面会の妻さんとともに子供を抱いて歩くような光景にもぶつかって、カーキ色の制服の背にひかえている生活を思わせる、その保安隊も近く宇都宮に移転するらしい（「名古屋タイムズ」紙面から）

❶戦後復興土地区画整理事業が完了した広小路（昭和 30 年代、豊橋市役所提供）
左端に麻屋旅館の看板が見える。アーチの左奥が精文館書店

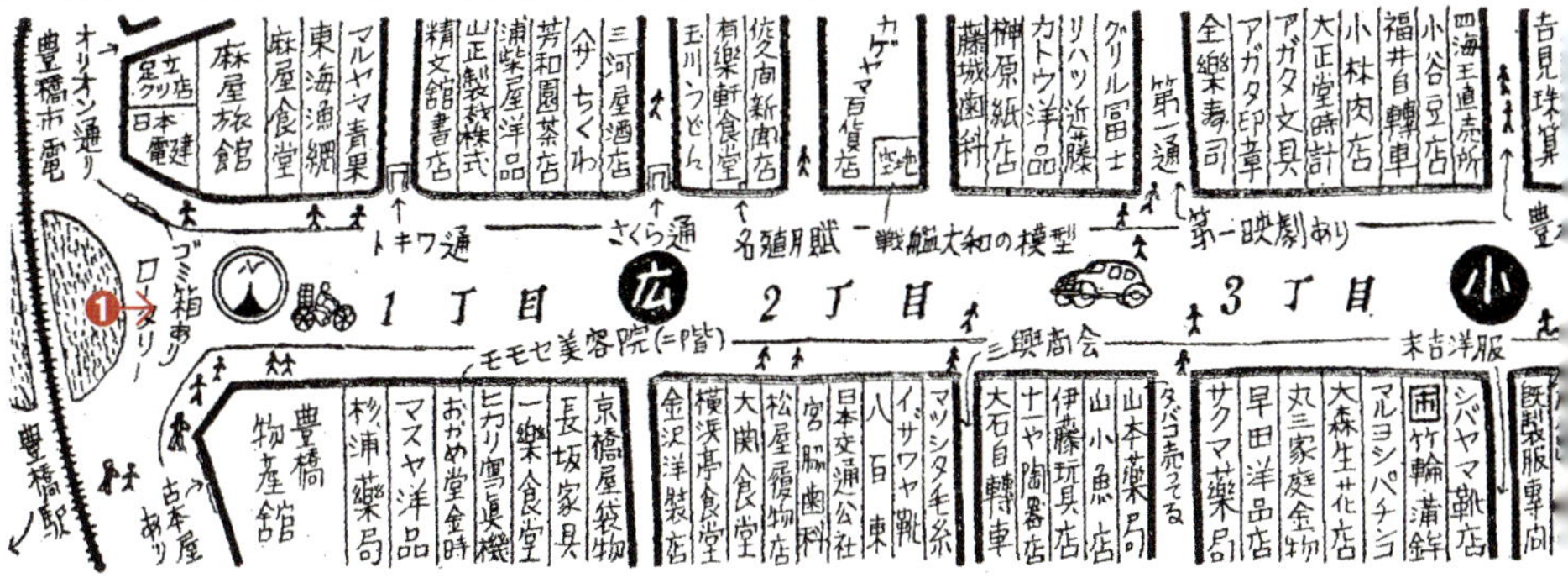

広小路から二本東、魚町にあるヤマサ本店の外観。当時の記事見出しには「軒を並べて海産問屋、“アサリ、竹輪はいらんかね”潮の香りがむせ返る」とあり、そのにぎわいを伝えている

二丁目に有名なヤマサのチクワの売店がある、駅の食堂はヤマサの経営だし、駅前にもヤマサの売店兼喫茶店がある、本店は魚町にデンとかまえている、オール・ヤマサ・チェーンでこの盛り場を包囲しているようだ、精文館はちょっと珍しい大きな本屋兼文房具屋、親父は市会議員である、高津金物店の親父は市会議長、ひつじ屋は洋品店、ベッピン屋は靴屋、おそろしき名前ではある、全楽はトンカツ屋でらく楽が食堂であとは五十円のカレーライス級の大衆食堂ばかりワンサとある、江戸川はうなぎ屋、うなぎは本場である故に安くて旨い、牟呂方面のうなぎは浜松とともに全国的に有名である、土用も近く書き入れ時とあって東京、関西方面へドシドシ出荷しているときく（以下、略）
（「名古屋タイムズ」紙面から）

豊川

豊川の流路の変遷——ちのふ河原と古川

桒原将人

豊川は、現在の流路に至るまでに、幾度となく河道を変えてきた。洪水のたびに川筋を変えた痕跡が、各地に旧流路の地形として残っている。

　具体例を見ていこう。豊川市瀬木町には自然堤防上に築いた城（瀬木城）がある（図1）。この城の古図（浅野文庫所蔵「諸国古城之図」）を見ると、城の東側を流れる川について次のような書き込みがある。「吉田ノ大橋ノ河也。今ハ古川ト成。幅ハ二十五六間」。つまり、「この川はかつての豊川本流で、今は古川となっている。川幅は45～47ｍ」だというのである。この古川は、現在も城跡の東側を流れているけれど、3ｍほどの川幅しかない。

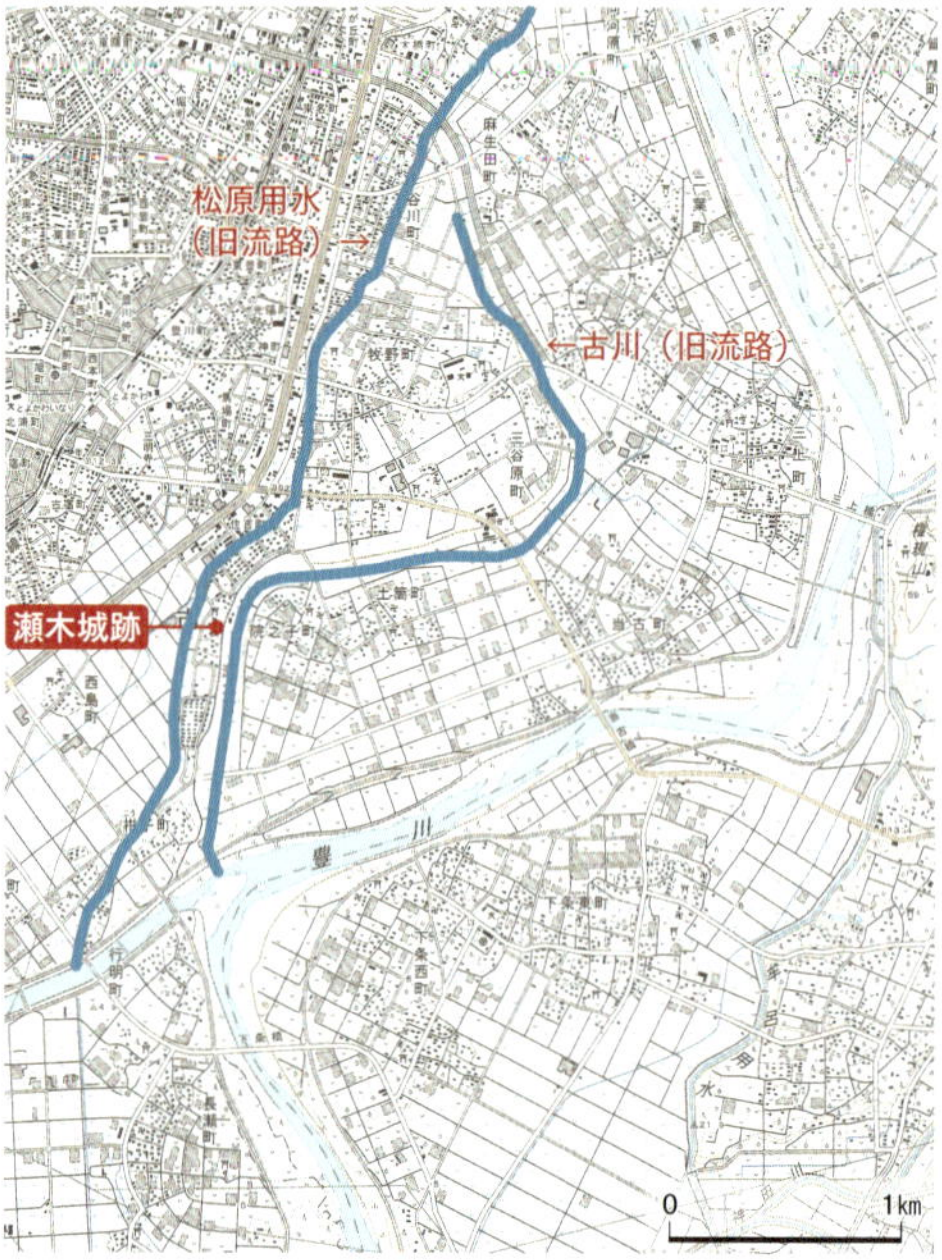

図１　旧流路の川筋と瀬木城跡（2.5万分の１「豊橋」2007年）

　城跡を挟んで反対側（西側）に目をやると、現在そこには松原用水が流れている。この用水も豊川の廃渠を利用して開かれたものだ。

　古川も松原用水も今では小さな水路だが、かつては大きな川筋だった。瀬木城は、この流れが変わったために廃城になったのかもしれない。

　このように、豊川の流路は時代とともに変遷した。幾筋にも分かれて流れたこともあっただろう。しかし、いつ頃どのように川筋を変えたのか、具体的な河道の変化を知るのは難しい。

　それでも、手がかりはある。豊川の一部区間（金沢橋から東名高速道路豊川橋にかけての区間）では、流路が変わった記録が残されている。

　ここに取り上げたのは豊川市豊津町の全昌寺が所蔵する「ちのふ河原の絵図の写し」である（図2）。この絵図には、新旧の川筋が描かれていて、河道の変化がひと目でわかる。すなわち、「ちのふ河原」を迂回していた蛇行流路が、直線的な短絡流路になったのだ。この絵図が描かれた1668年（寛文8）は江戸時代前期末だから、流路の変更があったのは、おそらく江戸時代初頭の頃だろう。

　河道の変更は村境争いを引き起こした。というのも、もとは豊川右岸に位置した「ちのふ河原」が、右岸から切り離されて、左岸になってしまったからだ（図2）。左岸の村（賀茂村）は「ちのふ河原は賀茂村の土地になった」と言い出した。右岸の村（日下部村）は腹を立てた。「ちのふ河原は、もともと日下部村と地続きの土地だった」と。結局この争いは、同地を入会地とすることで決着した。

「ちのふ河原」の苦難はまだ続く。1791年（寛政3）は春から長雨が続き、5月には集中豪雨に見舞われた。ここを支配していた岡部藩の史料（半原陣屋御用状留）によると、「大小川々出水」（大小の河川が氾濫）し、「ちのふ河原」は「欠所」（土地の一部が流失）する被害を受けた。

ところで現在、「ちのふ河原」はもう無くなったという人もいるけれど、実はちゃんと残っている（現在の地名は「知野」）（図3）。河原というから、大雨ですぐ水浸しになるような低い土地を想像するが、実際の「ちのふ河原」はそうではない。川岸に土砂が堆積してできた小高い河畔丘で、頂部の高さは川面から約4mもある（図4）。

かつて「ちのふ河原」の東を曲流していた旧流路も残っている。川幅3mほどの小川で、水の流れは緩やかだ。水深は浅いが、途中で流れが澱み、深くなっているところもある。残念ながら、現在の地図にこの川の名称は載っていない。けれども、1884年（明治17）の地籍図には「古川」とあり、その名を残している。

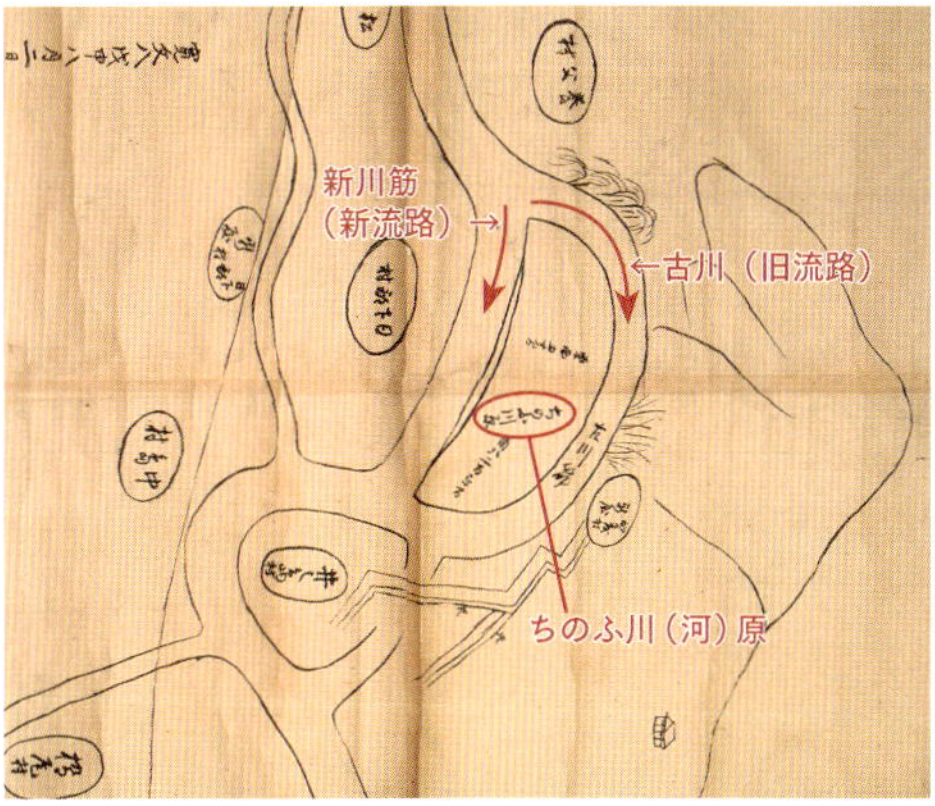

図2　ちのふ河原の絵図の写し（部分）。北を上にして配置（全昌寺所蔵／『川とくらし』に加筆）

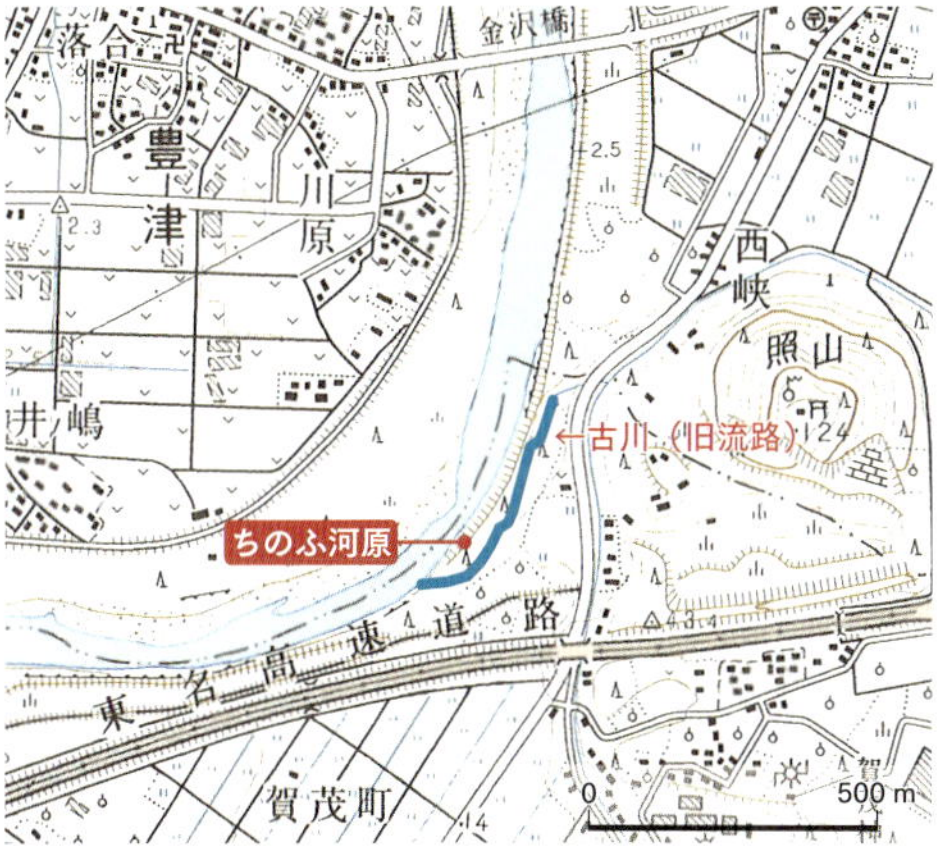

図3　ちのふ河原と旧流路（2.5 万分の 1「新城」2001 年）

図4　現在も残る「ちのふ河原」と旧流路（古川）
女性の背後の河畔丘が「ちのふ河原」。写真奥が下流方向

豊川

絵図にみる豊川稲荷の移り変わり

熊澤美弓

●平八稲荷

豊川稲荷は、曹洞宗円福山妙厳寺《みょうごんじ》のことであるが、稲荷信仰はその境内に鎮守として祀られたことが始まりである。その縁起は寒巌義尹《かんがんぎいん》が1264年（文永元）に大陸で仏教を学び、帰国する際に海上において吒枳尼天《だきにてん》を感見し、その神呪を感得したため、帰朝後その姿を自ら刻み護法の善神とし、その6代の法孫である東海義易《とうかいぎえき》が妙厳寺開創に当たってこれを山門の鎮守としたとされる。

　この稲荷は、俗に平八稲荷とも称された。これは、妙厳寺開創の折にあらわれ、東海義易の手伝いをした老人の名前であるとも、この地方で最も古い稲荷とされ豊川稲荷以前に栄えていた豊川市西島町の西島稲荷から移った社守の名であるともいわれる。

　1775年（安永4）成立の『三河刪補松《さんぽのまつ》』には「当寺境内ニ平八ト云名狐有、近年祠ヲ建、稲荷明神ト崇」とある。また、寛政年間の風聞を書いたとされる『梅翁随筆』には、「吉田在稲荷の事」として、「三州よし田の在に豊川といふところあり。爰に平八いなりとて、近来はやりの神あり。霊験もつともあらたにして、其利生はかるべからず。国中はいふに及ばず、遠州、信州の辺まで、ことの外信仰厚くして、参詣のもの多し。ことさらに落しもの紛失ものの類は、利生眼前に明らかにして、盗賊など逃去ことあたはず。おのづから立戻るなりとて、信心の輩多く、本社も近来あらたに建立せり。当時流行の神なり」とあり、近世後期には流行神として人々の信仰が集まっていた。

●妙厳寺の変遷

明治維新の際、神仏分離令

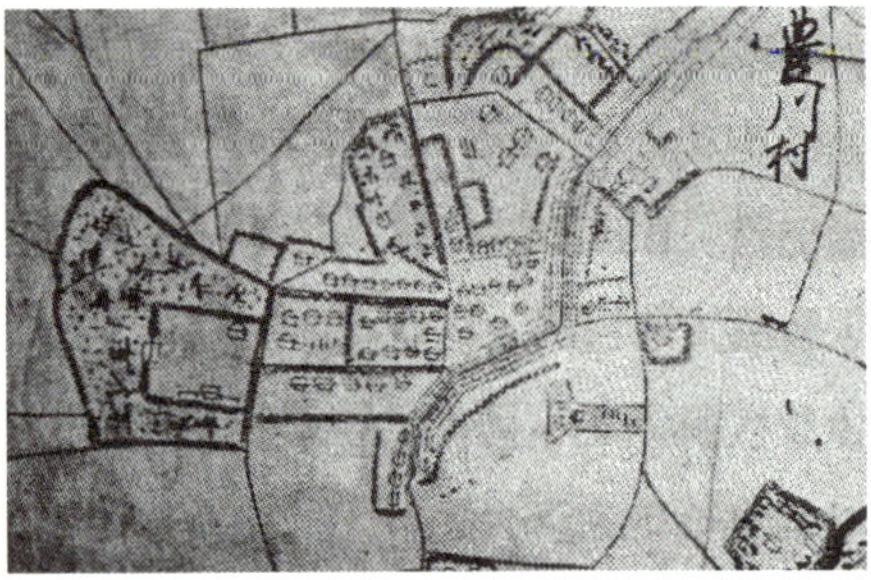

図1 『豊川村絵図』（1689年）豊川進雄神社所蔵（出典：豊川市史編纂委員会『豊川市史』）

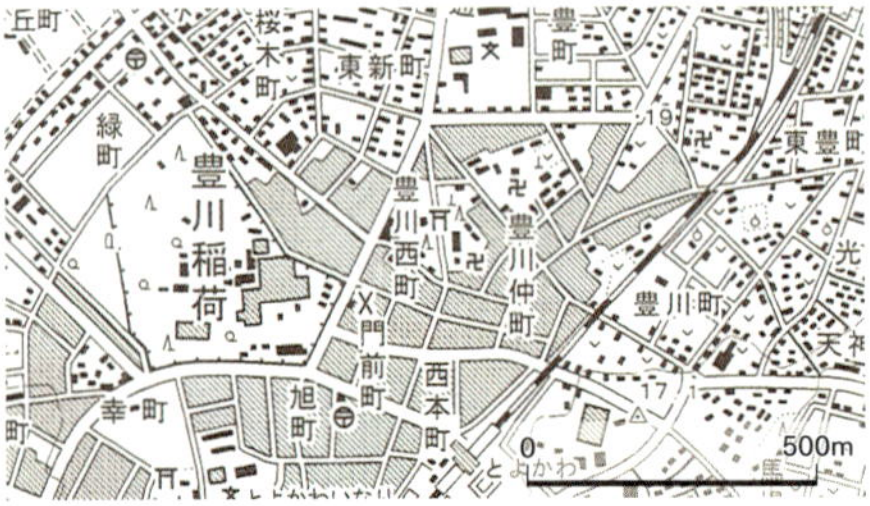

図2 豊川稲荷周辺図（2.5万分の1「豊橋」2007年更新）

図3 妙厳寺の石垣（西側）

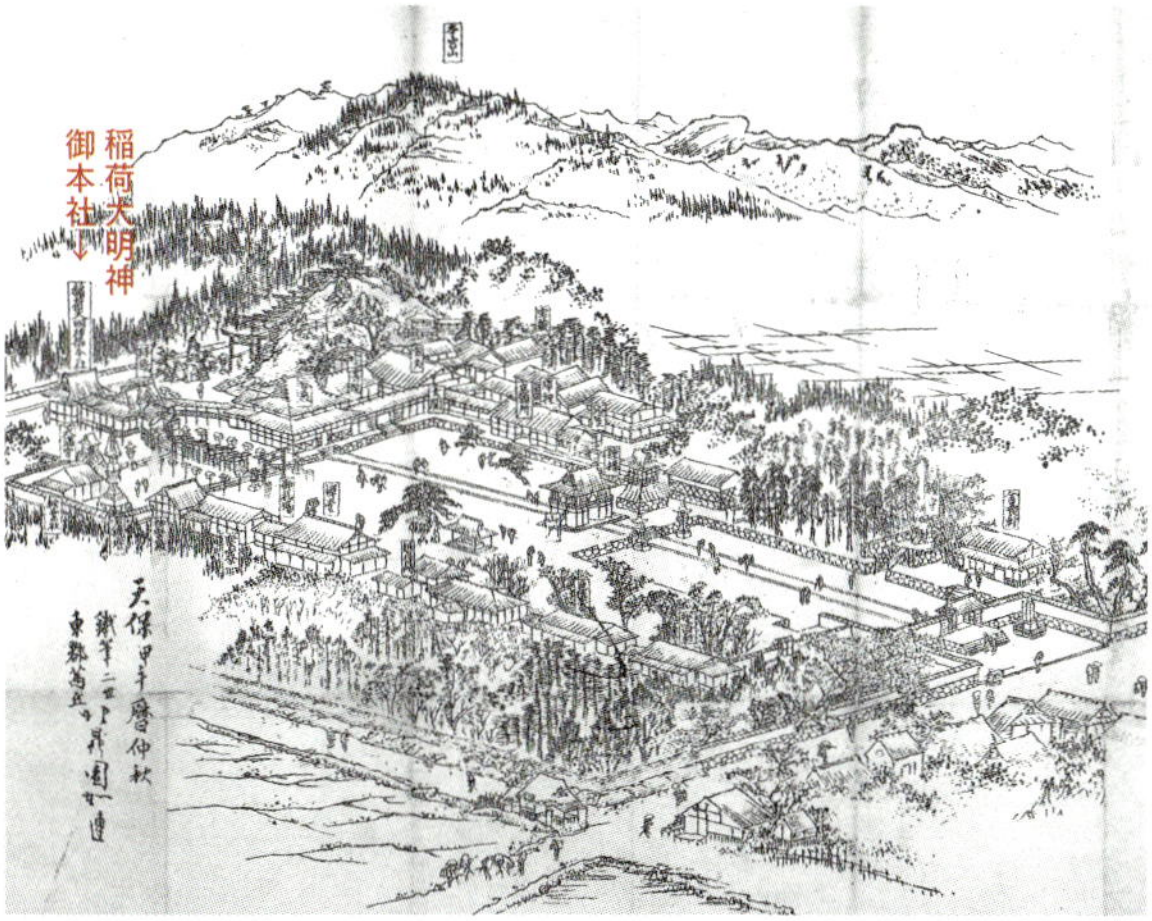

図4 『三河国豊川村円福山妙厳寺境内図』(1834年) 佐溝力氏所蔵

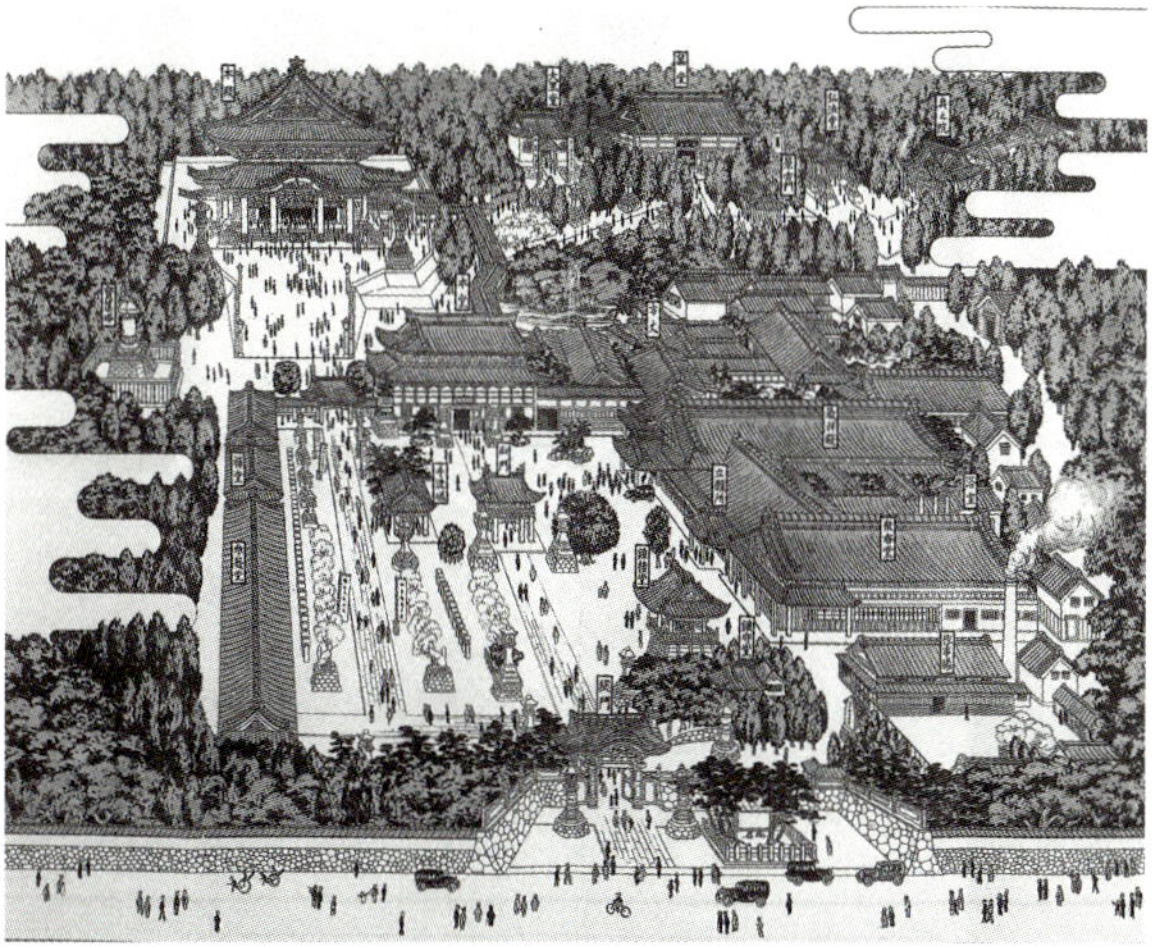

図5 『参州豊川閣境内全図』(1933年) 佐溝力氏所蔵

による廃仏毀釈にて稲荷社は妙厳寺と切り離されそうになったが、吒枳尼天信仰により、仏法の守護神として存続することになった。1884年(明治17)の『宝飯郡地誌略』では、「妙厳寺ハ、豊川村にあり、寺中に、吒枳尼天を祭る、賽客常に多く、客舎茶店、軒を連ね、郡中第一繁華の地とす」として、吒枳尼天信仰が前面に押し出されている。

1689年(元禄2)の『豊川村絵図』ではすでに現在の道を彷彿とさせる図が描かれている(図1)。その後、明治時代にはほぼ現在と同じ区画となっている。しかし、昔は石垣に沿った周囲を道路として利用していたが、現在は区画整理や道路・公園の設置・植樹などで道路の位置が変わってしまっている部分もある(図2)。このため、当時の道そのままをたどることは難しい。石垣に沿って周囲をたどることはできるが、たとえば豊川海軍工廠慰霊碑のある西側は敷地内を徒歩で横断することとなる(図3)。

境内の絵図としては、妙厳寺の本社は天保6年に完成するため完成予想図かもしれないが、1834年(天保5)『三河国豊川村円福山妙厳寺境内図』(図4)があり、稲荷大明神が祀られ、奥にも鳥居が連なっている。時代を経て、廃仏毀釈も乗り越えた後の1933年(昭和8)の『参州豊川閣境内全図』(図5)では連なった鳥居はなくなり、最祥殿や本堂、新本殿など、建立・改築された社殿が描かれており、江戸後期から現在への変遷が見て取れる。

奥三河の霊峰　鳳来寺山を散策する

湯浅大司

●麓から石段を昇ろう

戦国時代、岡崎城主であった松平広忠と於大の二人は跡継ぎを願うため鳳来寺山に参籠した。その後、この二人から徳川家康が誕生したと伝えられている。こうした伝承がもととなって、鳳来寺山には東照宮が造立されるなど徳川幕府より大きな庇護をうけることとなり、大いに発展した。

現在では自動車で鳳来寺の本堂や東照宮の近くまで行くことができるが、昔の繁栄の様子を知るには麓から1425段の石段を上ることをお勧めする。

鳳来寺山の麓には門谷という門前町がある。現在では人の往来はまばらであるが、細い道筋に古い街並みが所々残されている。ここは古くから硯石が特産で、今でも手彫りで硯の製造をおこなっている店が2軒ある。

門前町を抜けるといよいよ石段が始まる。緩やかな石段を昇り始めると、朱色の大きな仁王門が目に飛び込んでくる。正面に掲げられた「鳳来

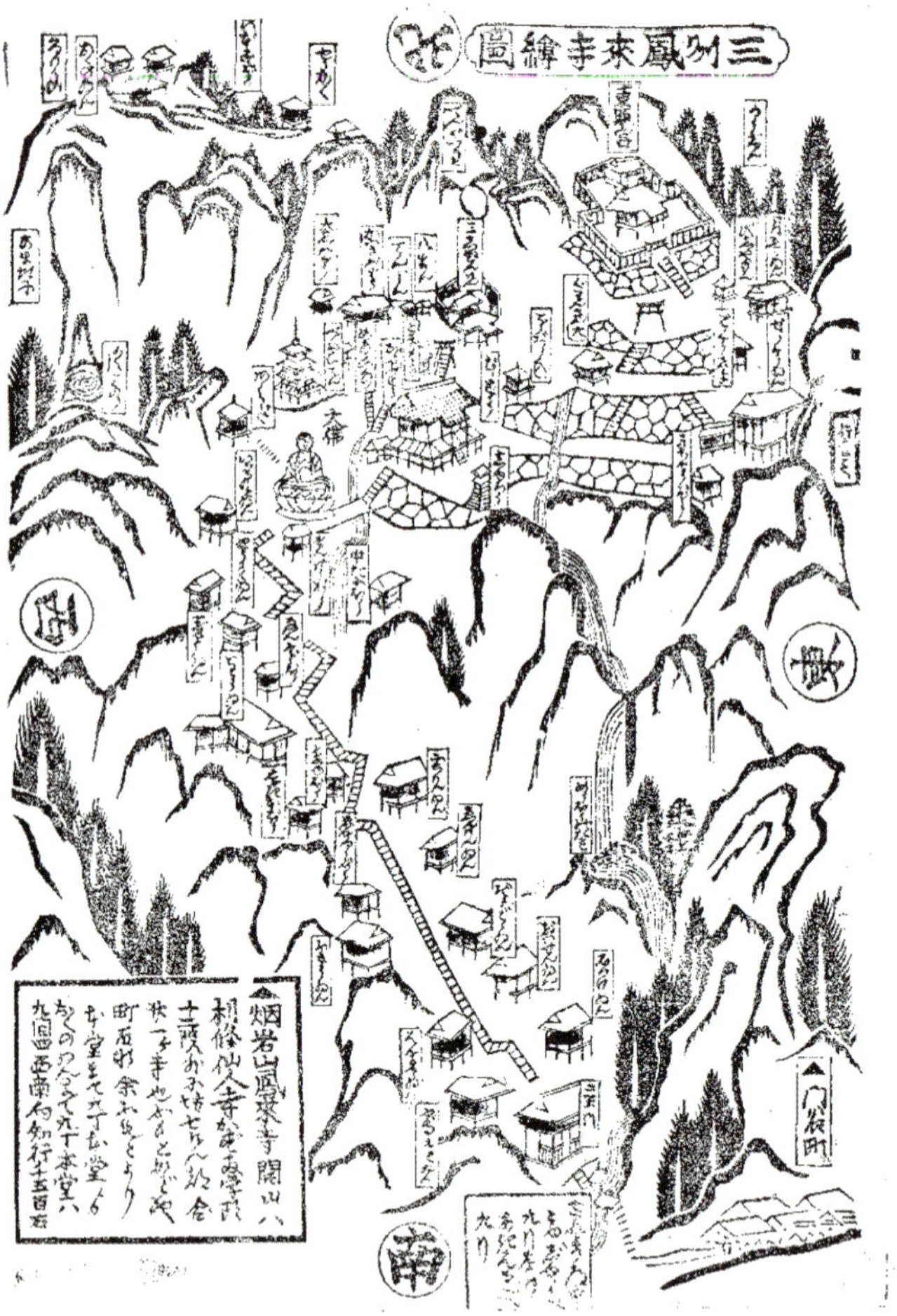

図1『三州鳳来寺絵図』（元禄頃）
麓の門谷から鳳来寺本堂・東照宮に至る石段と多くの塔頭が描かれている

図2　鳳来寺を望む

寺」の額は光明皇后の筆と伝えられている。夫である聖武天皇の病気平癒を鳳来寺に祈願し、それが叶ったことを喜び奉納したもので、現在掲げられているものはその複製である。

両脇には阿吽の仁王像が門の前に立つ人を威圧するかのように控えている。この像は江戸時代の初めごろに関東地方で活躍した仏師雲海の作とされ、高さ3mを超える力強いものである。

仁王門をくぐると、鳳来寺の境内へと入っていく。本堂まで続く石段を昇っていくと、その両脇に平らな場所が次々に現れてくる。江戸時代、幕府の庇護を受け、隆盛を極めた鳳来寺は天台宗と真言宗が並立する寺院であり、数多くの塔頭を持っていた。松高院を筆頭とした天台宗方として11ケ寺。医王院を筆頭とした真言宗方として10ケ寺。石段の両脇に見られる平地は、そうした塔頭の跡地である。

仁王門から鳳来寺本堂にかけて、藤本院、法華院、般若院、実泉院、増道院、不動院、円琳院、円龍坊、日輪院、杉本坊、長順坊の僧坊跡が続く。医王院の辺りから石段が急になってくる。そこからさらに、中谷坊、円蔵坊、一乗院、等覚院、岩本院、尊教坊と続き、そして鳳来寺の本堂にいたる。そして本堂を通り過ごしたところに、吉祥坊と月蔵院、松高院がある。これらの堂宇は度重なる火災などで焼失し、現在、堂宇が残されているのは再建された本堂の他、松高院と医王寺だけである。往古の隆盛は石段沿いに残された塔頭跡からのみ偲ぶことができる。

そのまま、本堂を通り過ぎると、鳳来寺山のもう一つの名所である鳳来山東照宮への参道に続く。

●小さいながらも豪華絢爛

三代将軍徳川家光が鳳来寺に関わる祖父家康出生の逸話を聞き、東照宮建立を発願する。日本全国に東照宮は存在しているが、幕府の発願による東照宮は久能山東照宮、日光東照宮とここ鳳来山東照宮の3つだけであり、三大東照宮の一つに数えられることもある。その完成は家光の子4代将軍家綱の時代になってからのことである。

参道の急な石段を昇ると東照宮の拝殿の目に飛び込んでくる。小さいながらも豪華絢爛な造りである。東照宮に関わる一連の建造物は現在、国重要文化財に指定されている。

江戸時代は鳳来寺から秋葉神社への秋葉街道が巡礼の道として整備され、その道沿いに宿場町が設けられ、大いに繁栄していた。東照宮からこの秋葉街道を通りながら麓へ降りるのもいいだろうし、また1425段の階段を下りるのもいいだろう。

戦国の史跡を歩く——設楽原決戦場

湯浅大司

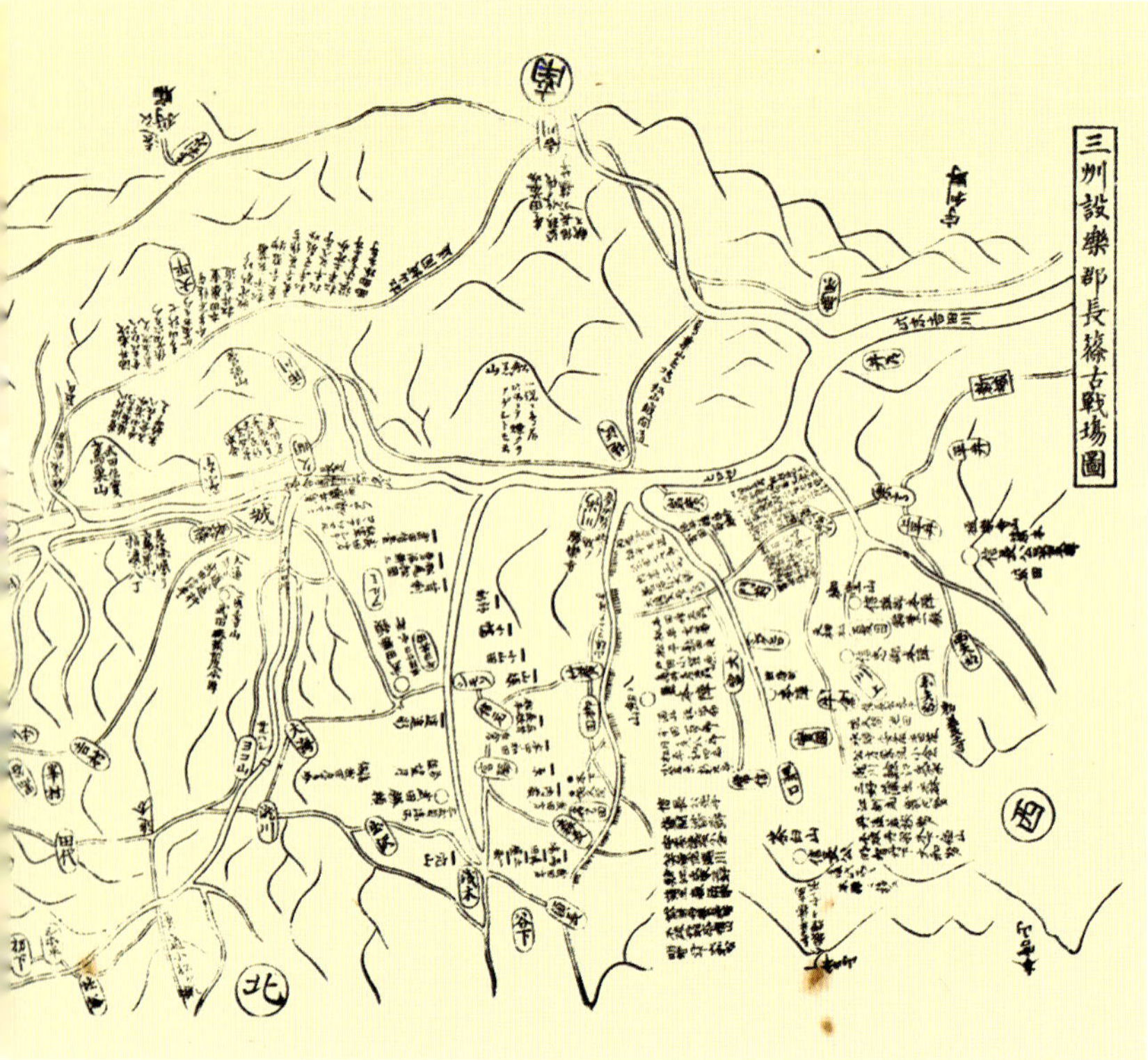

図1 『三州設楽郡長篠古戦場図』（明治期） 小字名は長丸で囲まれ、それぞれの布陣した場所に武将名が記されている。現在の豊橋で出版された

戦国時代、日本の歴史を左右する戦いがあちこちでおこなわれた。その一つの戦いとして「長篠・設楽原の戦い」を挙げることができる。

1575年（天正3）に織田・徳川連合軍3万8千人と甲斐国の武田軍1万5000人が激突した戦いとして知られている。大量の火縄銃を用い、両軍の戦死者は1万5千人にも上ったという。

この戦いは両軍が戦略を駆使した戦いであり、戦乱の世に終止符を打つ第1歩ともなった戦いでもあるため、多くの人々によって数多くの記録が残されていった。そうした記録の中に、この戦いに参加した武将たちがどこに陣地を置いたかを記した布陣図とよばれるものもあり、戦いの様子をうかがい知ることができる。また戦いのおこなわれた長篠や設楽原には多くの史跡が残されており、布陣図を手掛かりに古戦場を歩くととてもおもしろい。

設楽原に残されている武将たちの墓碑や史跡を巡りながら、彼らの足跡を巡ることとしよう。

● 布陣図を手掛かりに

まず、設楽原歴史資料館から廻るのがいいだろう。ここ

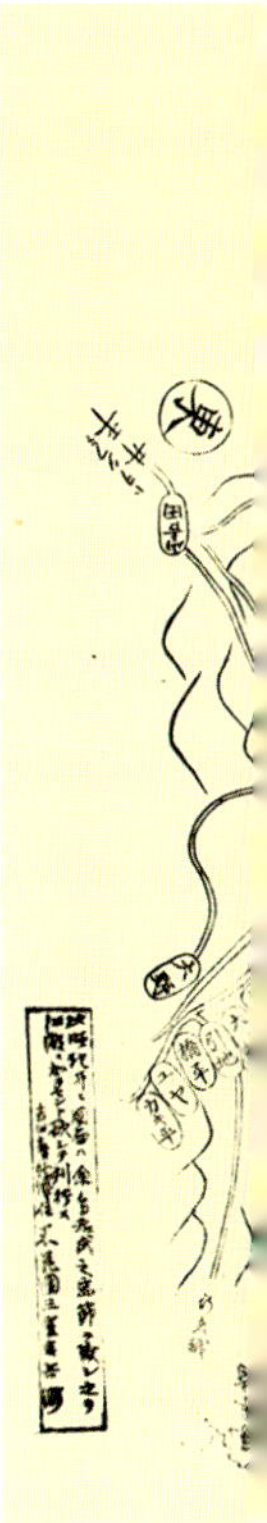

の屋上に上がると決戦場となった設楽原を一望することができる。資料館を出たら、まずは信玄塚へ行こう。

信玄塚はこの戦いで命を落とした将兵たちを埋葬した場所と伝えられている。慰霊の地として四百数十年にわたって設楽原の人々によって守られている。ところで信玄塚という名前であるが、武田信玄は設楽原決戦の3年前に亡くなっており、信玄とは直接的な関連はない。ただ、信玄というカリスマを持った武将と精鋭ぞろいの武田軍は信長や家康にとって恐怖の対象でもあった。このため、信長はすでに信玄は亡く、この地で武田軍を打ち破ったということを世間にPRするために信玄塚と名づけたとも伝えられている。

信玄塚には大塚、小塚の2つの塚のほかに武田軍の子孫たちによって建立された石碑があり、設楽原の鎮魂を担っている。

資料館や信玄塚がある場所は信玄台地と呼ばれ、武田軍が布陣した地でもある。現在は樹木が生い茂っているため設楽原を一望することはできないが、武田軍の軍旗がはためいていたことだろう。

信玄塚をそのまま南下すると原昌胤や山縣昌景の陣地へと続く。現在、その陣地の跡はそれぞれの武将の墓碑によって偲ぶことができる。

戦いの現場を想像しながら

ここから、連吾川沿いに下りていこう。水田の中央に細い川が流れている。この小さな川を挟んで両軍が対峙したのである。戦いがあった季節は梅雨明け時。この小さな川に雨水が流れ込んだため、水はあふれ、水田を連吾川の水が覆い尽くした。それが戦い当日の風景である。

武田軍は沼地のような水田を越え、その先にある連吾川を越えないと連合軍の陣地に辿りつくことができなかった。川を越えるとその先には連合軍が築いた馬防柵があった。設楽原は武田軍にとって乗り越えなければならない障壁がいくつもあった。

そんなことを考えながら、連吾川にかかる橋を越え、徳川家康が本陣を置いた「弾正山」の麓に到着する。ここを上ると、家康の物見塚がある。ここから設楽原を眺めると武田軍の赤備えとして恐れられた山縣昌景の墓所が正面に見える。ここから南方は岡が切れ、水田や畑が広がる。徳川軍と武田軍が激戦をしたところがよく見通しがきく。

つぎにここから連吾川沿いに北方へ向かおう。しばらく歩くと馬防柵が見えてくる。ちょうど、このあたりは、織田軍の武将である前田利家の陣地であったとされている。眼前には水田が広がり、その向こうに連吾川が流れている。この馬防柵越しに武田軍の陣地である信玄台地を臨むと、まるで鉄砲隊の一員になったような気分になる。正面には武田勝頼の本陣がある。

馬防柵から連吾川を越えるところに柳田橋がある。そこから北方を臨むと丸山という小さな山があり、その向こうに雁峰山ノ山並みが連なっている。この雁峰山の麓までが設楽原決戦場である。

新城

二つの水系がつながっている平地分水点

松岡敬二

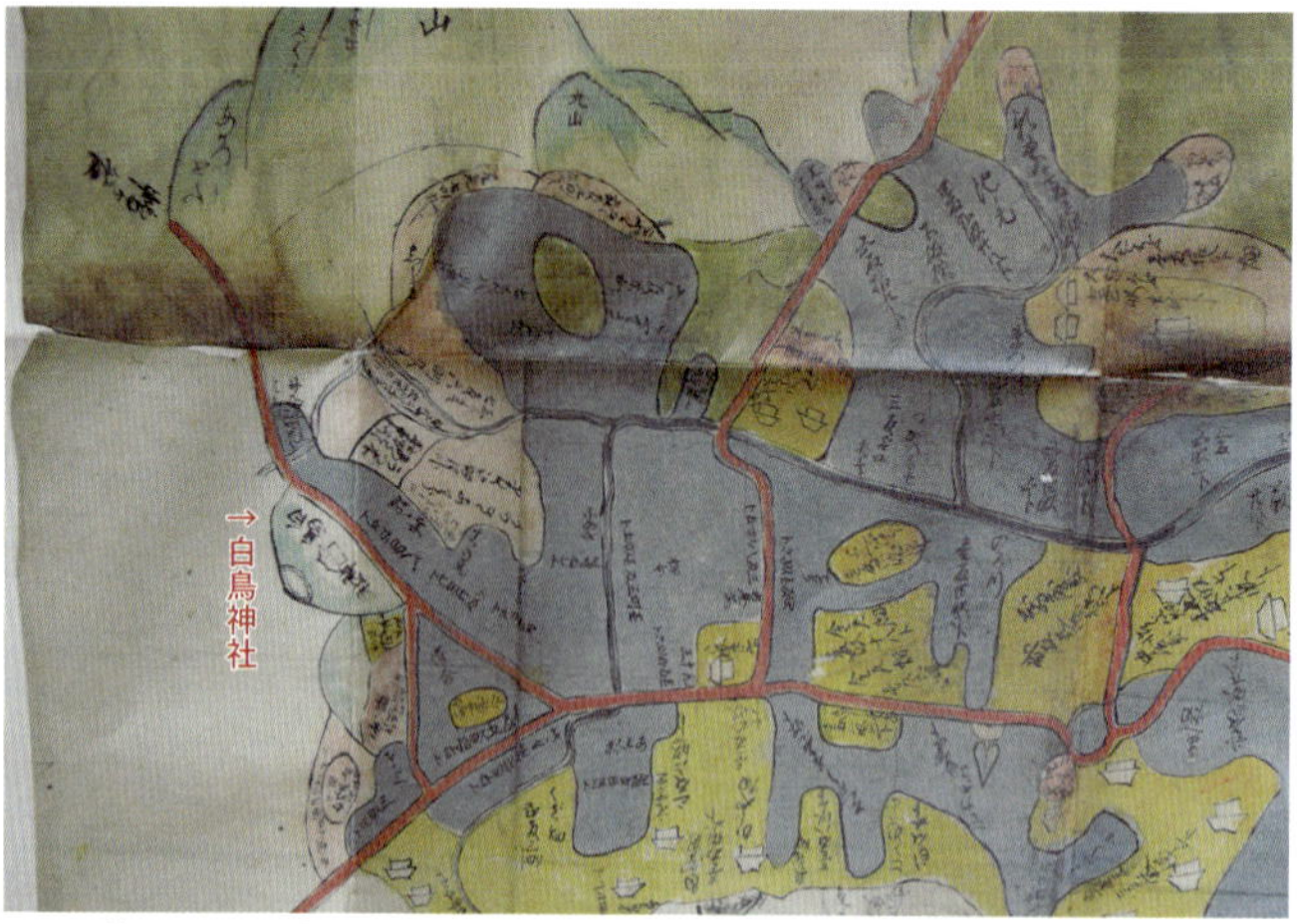

図1 『山論絵図（市場村）』（1872年）新城市作手歴史民俗資料館所蔵

●谷底にある分水点

本宮山の北西から北方向にかけての三河高原は標高500~600mの隆起準平原となっている。古くは地理学者である辻村太郎の著書『日本地形誌』（1929）に「三河準平原」として紹介されている。なだらかな山並の間に谷底平野が新城市作手田原~作手黒瀬（旧作手村の中心部）にかけて南北にのびている。この谷底平野は、かつて広大な湿地帯（作手湿原）が形成され、周囲の支谷にも湿地が伸びていた。作手湿原は、徐々に水田として利用され、さらに住宅地や集落を結ぶ道路網の整備により縮小していった。作手市場から長平にかけての水田地帯は、もとは長の山湿原をしのぐ規模の大野原湿原があった場所である。その支谷の湿地が清岳向山湿原、鴨ケ谷湿原として残っている。作手岩波にある長の山湿原は、1973年に愛知県の天然記念物に指定され、3・4haの広さが保全されている。環境省の全国重要湿地500にも選ばれ、泥炭層を伴う湿地としては東海地方最大の規模を誇る。

大野原湿原があった谷底平野は、今では水田地帯となっている。白鳥神社のある古宮城は、平野に浮かぶ山城であった。西側の清岳側からも山地が伸び、平野の幅が狭まっている。そこが豊川水系の巴川（古宮川）と矢作川水系の源流部が直線上に水路でつながり、平地分水点（谷中分水界）を形成している（図1）。全国でもめずらしい谷中分水界である（籠瀬良明「生き別れにも似た二つの巴川」）。

分水点（分水界）のある谷底平野は、小さな河川が流入し、広大な大野原湿原を形成していった。湿地内のわずかな基盤の高まりで、二つの方向に流れだし、異なる水系の源流部となった。土地基盤整備事業により、水田と水路が整備された結果、看板が立っている場所が、現在の分水点となっている。降水量の少ないときに行くと、水系が水路でつながっており、分水点が見た目にはわかりにくい。水量が増える雨の日に訪れた際は、明白に両側に袂を分け流れ出ていった。最近の水路の工事により高低差が変化したのか、分水点の位置が南に移動しているように見えた。

地下に眠る古気候の記憶

分水点の場所は、標高が530mから535mある分水嶺のなかにあり、わずかな大地の傾きの変化により分水点の移動が考えられる。1872年（明治5）発行の『山論絵図』の市場村を見てみると、現在の分水点よりやや北側が市場村と長者平村の境界になっている（図2）。当時の村の境界付近は、『山論絵図』からは読み取れないが、村境が当時の分水点であったのかもしれない。『分水点の悲恋伝説』にある「乱橋」は、架かっていた場所の流れは激しく、川を渡るのに難儀していた言い伝えがある。このことは、当時の分水点近くの水量は多く、流路も安定しなかったことを物語っている。

大野原湿原のあった地下には、姶良Tn火山灰層を挟む厚い泥炭層が分布している（図2）。この泥炭層に含まれる花粉化石のデータは、オオシラビソ、トウヒ、ヤチヤナギなどの亜寒帯～冷温帯に生育する植物が繁茂していたことを示している（大野原湿原研究会編『大野原湿原研究会報告集Ⅳ』1995）。これにより、作手高原の湿原は今から約3万年前の最終氷期に形成が始まったことになる。この年代の指標となった姶良Tn火山灰層は、道の駅「つくで手作り村」の北側の国道301号線脇に保存されている（図3）。3万年間の湿地の歴史を踏まえながら、今も生き物たちを育み続けている。近年まで、大野原湿原のあった水田地下の泥炭が採掘され、土壌改良材として利用されていた。今は採掘が中止されたが、これからも地下に眠る古気候変遷のメッセージは封印していてほしい。

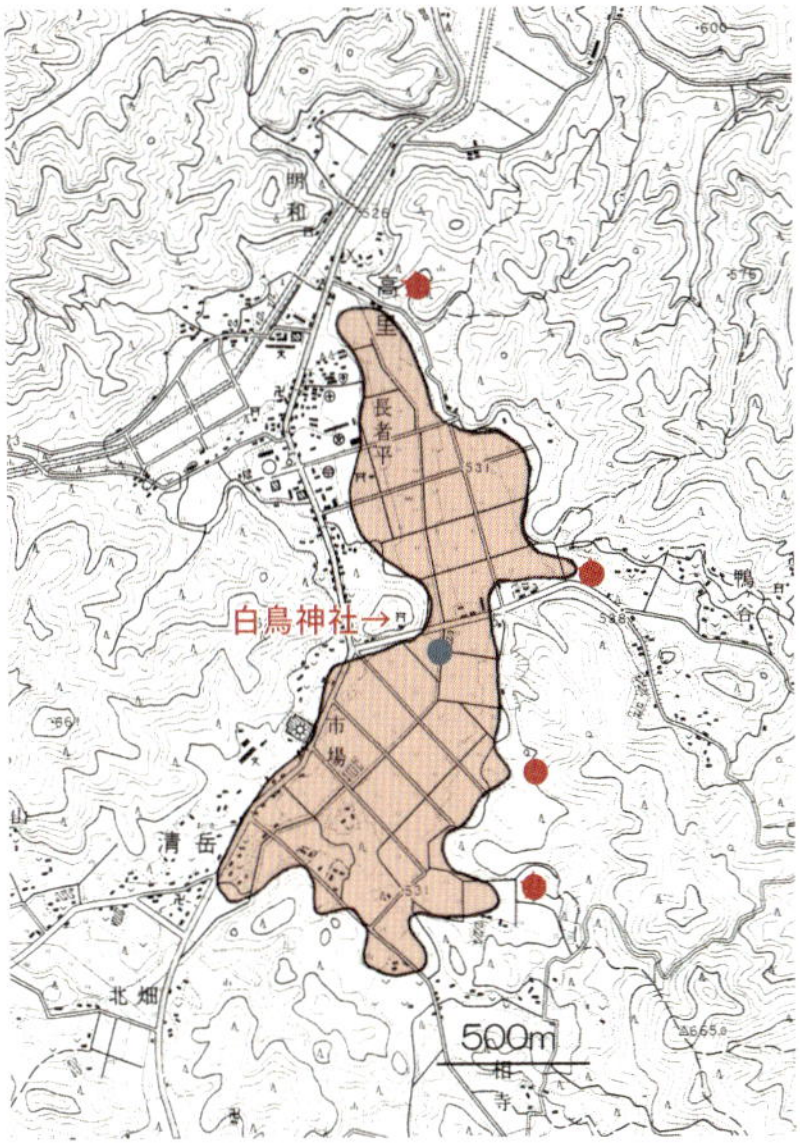

図2　大野原湿原の泥炭分布（大野原湿原研究会編、1995を改変）●保存されている湿地（北から創造の森城山公園湿原、鴨ヶ谷湿原、清岳向山湿原）、●平地分水点、■泥炭分布

図3　姶良Tn火山灰層

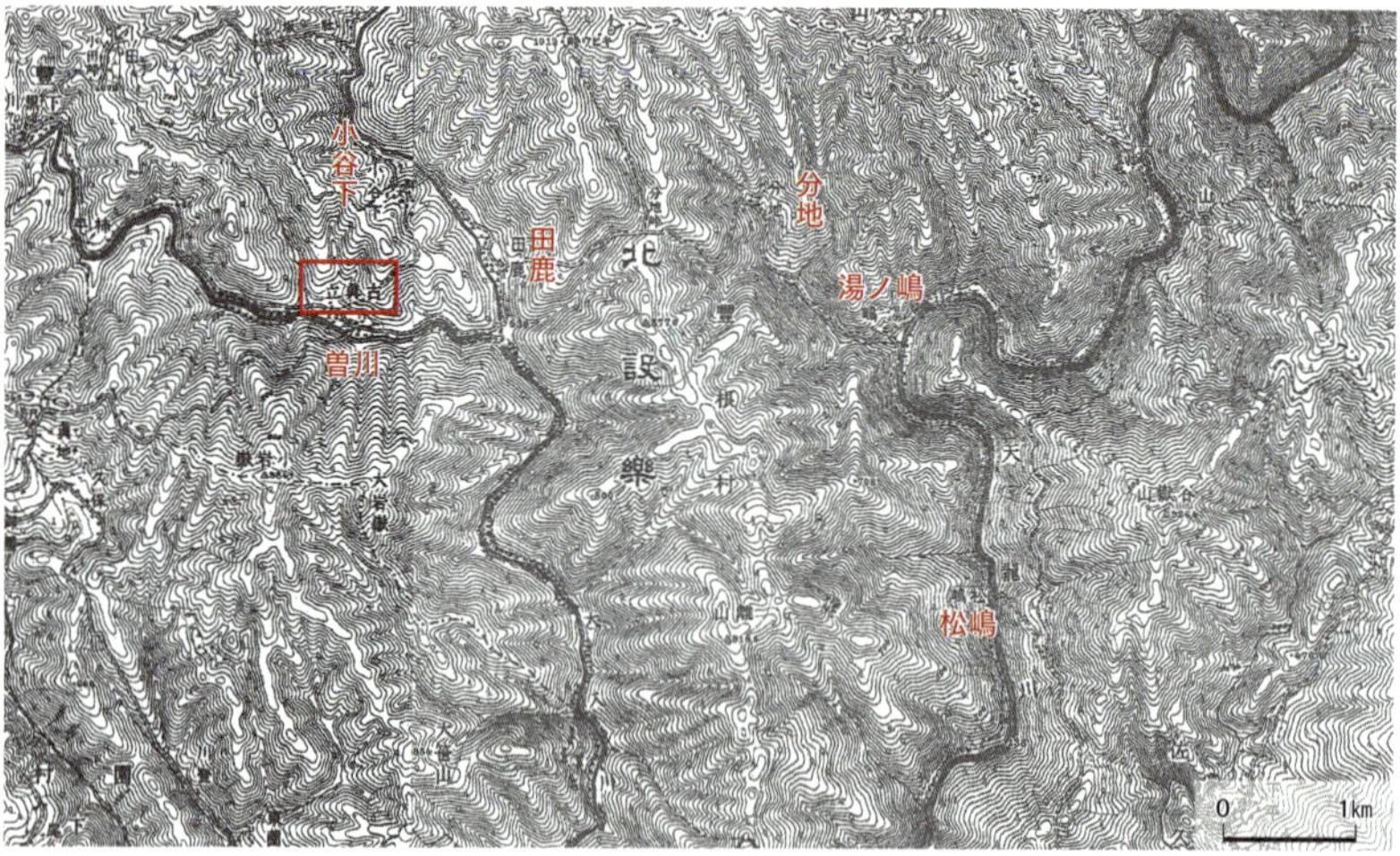

図１　５万分の１「本郷」1911 年、「水窪」1911 年

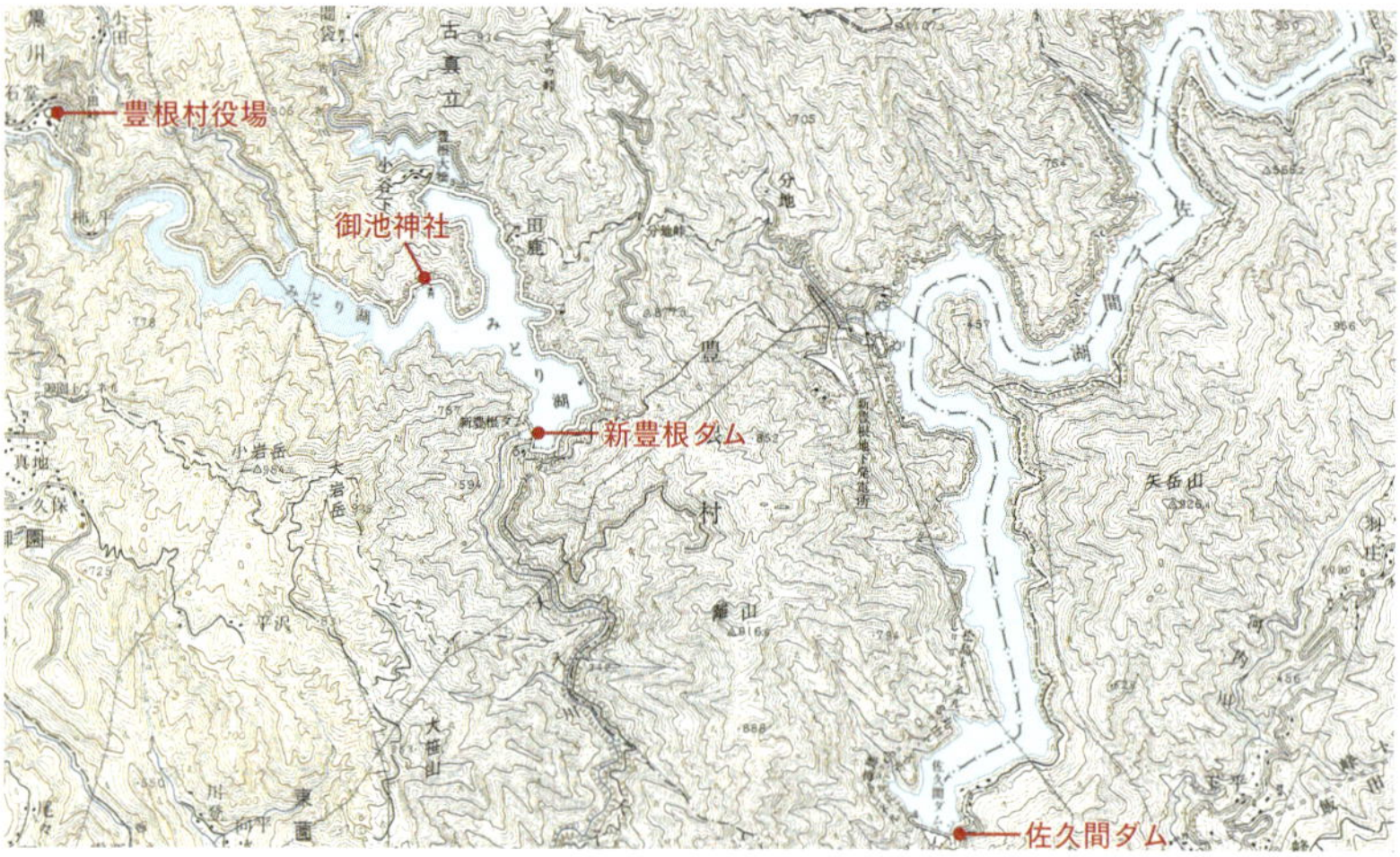

図２　５万分の１「田口」1995 年修正、「佐久間」2002 年修正

豊根

巨大ダムで水没した集落

内藤昌康

２００９年に着工した設楽ダムの水没予定地域では、住民の移転によって当たり前にあった風景が瞬く間に変貌してしまった。在りし日を知っている者には胸が締め付けられるような寂しい景観が、設楽町内の随所に見られる。やがてダムが完成し水没してしまえば、ここで人が暮らしていたことすらもはや想像できなくなってしまうであろう。

●当時は日本一の巨大ダム

設楽ダム以前にも三河山間部では、さまざまな名目で建設されたダムによって多くの集落が消滅してきた。水没による住民の移転を伴ったダムを列挙すると、矢作川水系では矢作川の矢作ダム（豊田市・恵那市）、巴川の羽布《はぶ》ダム（豊田市）、豊川水系では大島川の大島ダム（新城市）、天竜川水系では天竜川の佐久間ダム（豊根村・浜松市天竜区）、大入川《おおにゅう》の新豊根ダム（豊根村）が挙げられる。

豊根村は二度も巨大ダムの建設を経験している。一つ目は、1956年（昭和31）に完成した佐久間ダム。戦後の電力不足解消を第一の目的として計画され、国が設立した特殊会社「電源開発株式会社」の最初の事業となった。急峻な地形に当時の最新土木技術を導入して建設が進められ、わずか3年の工事期間で竣工。本体の高さは155・5mで完成当時は日本最大、世界でも第7位という巨大さであった（現在は国内第9位）。

これほどの規模のダムなので、ダム湖による水没地域は3県5町村と広範囲に及んだ。富山村では村役場所在地だった中心地区の河内集落など3集落が水没し、人口の約3分の1が離村したほどだ。また、天竜川左岸に通じていた国鉄飯田線も水没することになり、水窪経由の新線に付け替えられた。

佐久間ダムによる水没および工事用地のための移転は、296戸にのぼった。うち豊根村では、湯ノ嶋、松嶋の2集落が水没し、23世帯143人が村外に移転した。また、12世帯60人を擁した分地集落は水没こそ免れたが、最寄りの豊根口駅が廃止されたことにより生活物資の搬入路がなくなったため、全戸移転を余儀なくされている（図1）。

小学校も廃校に

二つ目は、1972年に竣工した新豊根ダムである。こちらも電源開発株式会社が建設した。天竜川右岸の湯ノ嶋にあった豊根発電所が佐久間ダムによって水没したため、その代替として施設として計画されたものである。当初は発電が主目的だったが、着工した1967年とその翌年に下流の佐久間町浦川地区で豪雨による大規模な洪水被害が発生したことを受けて洪水調節機能を持たせることになり、愛知県も事業に参画している（完成後、建設省に管理を移管）。

このダムの建設に伴い、5集落からなる豊根村古真立《こまだて》地区のうち曽川《そかわ》集落、田鹿《たしか》集落の75世帯が水没した。これにより古真立地区の半数以上が移転し人口が激減したため、水没しなかった古真立小学校も廃校になっている。

現在の地形図には、曽川集落のあった場所に神社の記号が載っている。これは水没に伴って遷座された御池神社と薬師堂だ。御池神社は「お池様」と呼ばれ、大入川の流域にあった池に棲んでいた竜神が御神体と伝わっている（図2）。商売繁盛や病気平癒などさまざまなご利益があるとされ、遷座後も多くの参拝客があったという。

なお、古真立地区の人口は2012年の時点でわずか17人である。図3は水没を免れた古真立地区の小谷下集落である。

図3　新豊根ダムみどり湖と小谷下集落

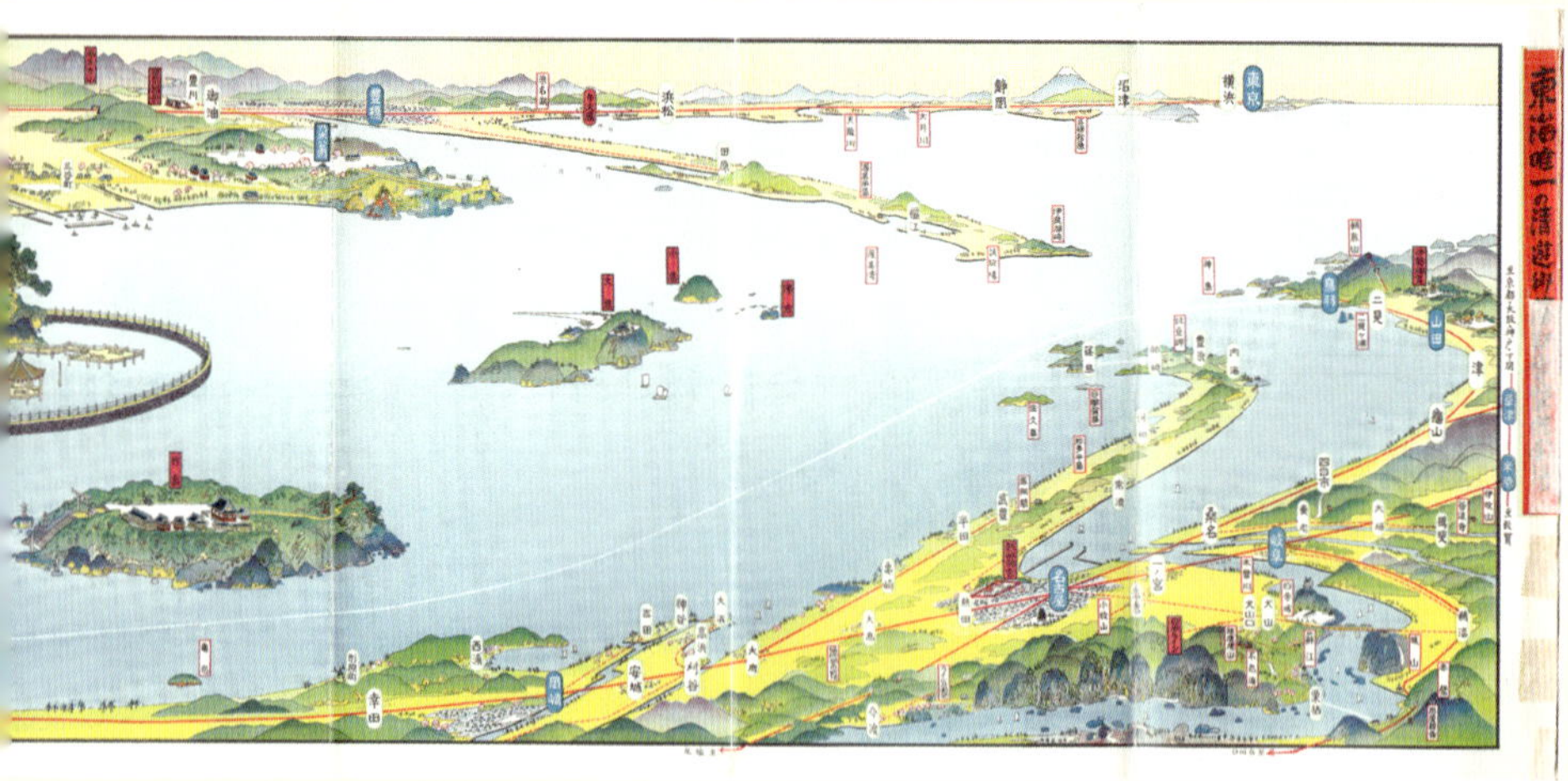

常磐館からの景観を特徴づけるものは、三河湾に浮かぶ竹島、大島、小島、佛岩（仏島）、亀岩の島々と、その背景にある渥美半島の山並である

図 1 『東海唯一の青遊郷　蒲郡常磐館図会』東浦町郷土資料館所蔵
常磐館の依頼で 1927 年に発行された吉田初三郎の制作した鳥瞰図である

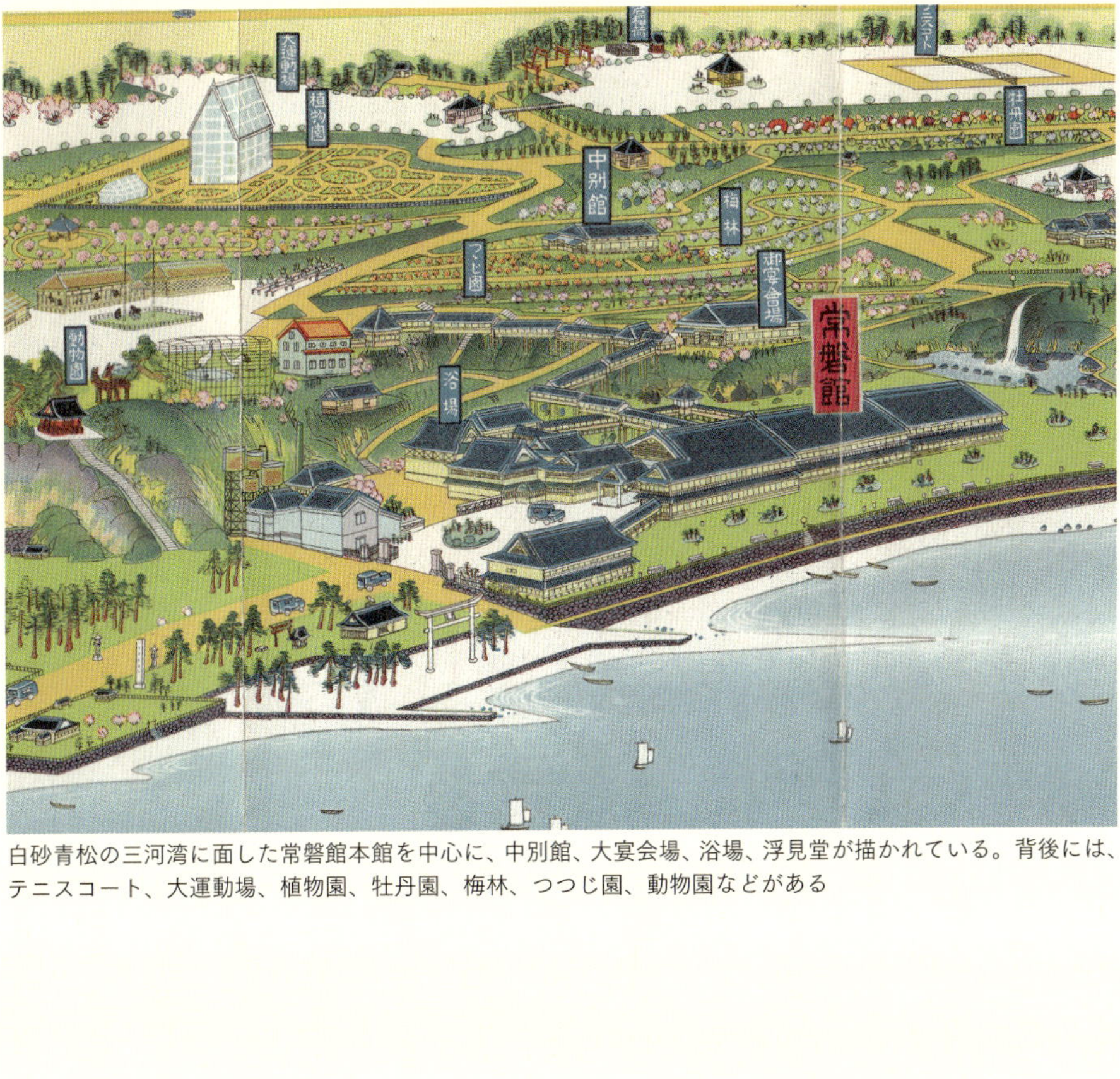

白砂青松の三河湾に面した常磐館本館を中心に、中別館、大宴会場、浴場、浮見堂が描かれている。背後には、テニスコート、大運動場、植物園、牡丹園、梅林、つつじ園、動物園などがある

蒲郡

戦前の観光開発と海岸風景

平野仁也

●白砂青松

蒲郡は、おだやかな三河湾に面し、五井山・遠望峰山などの山々に囲まれた温暖な地域である。いまはもうほとんど面影は見られないが、かつて蒲郡駅南一帯は、波うち際にそって続く白い砂浜と、青々と茂った松の広がる光景――すなわち「白砂青松」の名勝地であった。海岸沿いの松林は「恋の松原」と称せられ、古くは室町時代の文献にその名称を確認することができる（『為広駿州下向日記』『家忠日記』）。それは『参河国名所図絵』にも「絶景の処なり」と記されるほど見事なものであった。

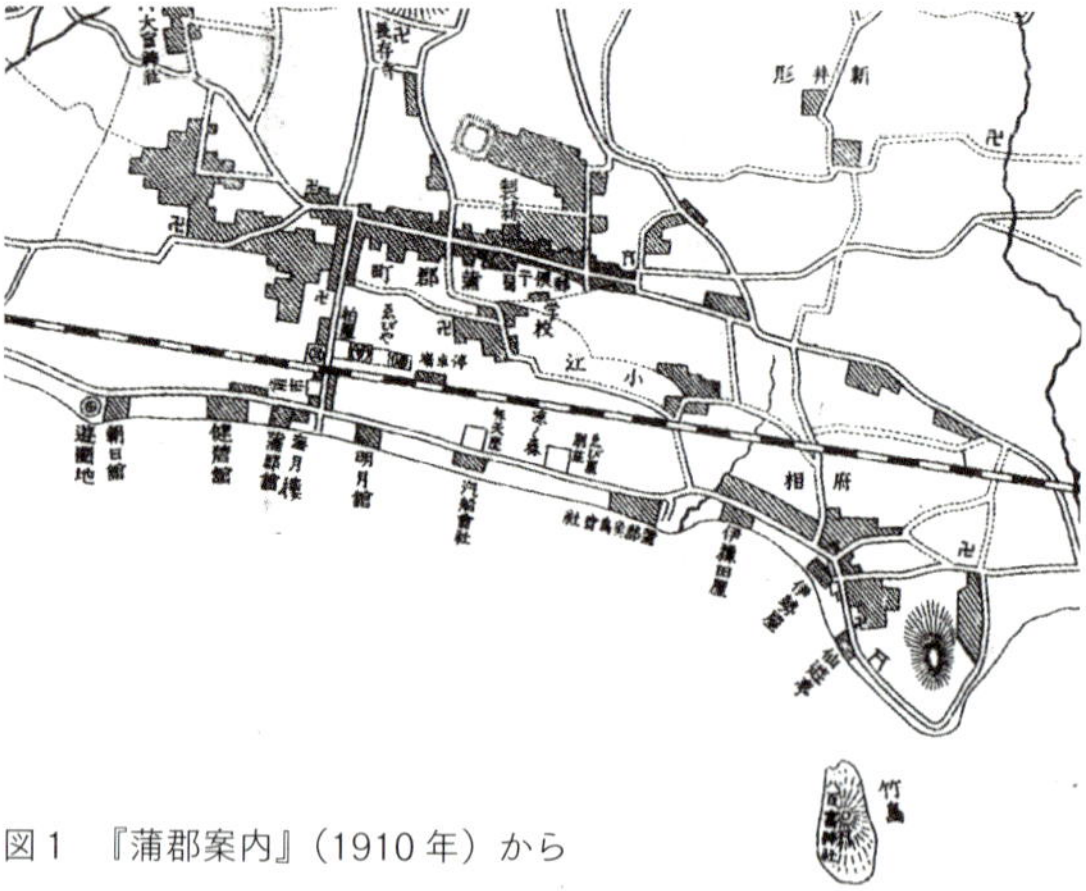

図１　『蒲郡案内』（1910年）から

●蒲郡駅開設

蒲郡の歴史を考える上での一大画期は、やはり1888年（明治21）の蒲郡駅開設が挙げられるだろう。江戸時代、蒲郡は東海道からはずれたところに位置する小さな町場に過ぎなかったが、鉄道が通ったことにより、交通至便の地へと生まれ変わり、観光地として飛躍することになった。

蒲郡の海は、遠浅で潮湯治・海水浴に適した地形であった。鉄道開通後、大勢の海水浴客が蒲郡を訪れ、海岸沿いには旅館が立ち並ぶようになった。1910年発行の『蒲郡案内』付属の地図（図1）には、海辺に「朝日館」「健碧館」「蒲郡館」「海月楼」「明月館」などの旅館がみえる。

『蒲郡案内』には「潮湯　各旅館は毎日潮湯をわかして温浴に供し、周到の設備と懇切丁重なる接待とをもってす」「近来、夏期海水浴の繁栄は言うをまたず、冬季も名古屋・岐阜付近より遠く中央線によりて、濃信地方および北陸線各地方より来集する避寒客すこぶる多し」とある。まさに鉄道開通の効果は絶大であった。

図２　竹島前海水浴風景（大正末～昭和初期）

滝信四郎と竹島開発

竹島周辺は、観光地として現在も多くの来訪者でにぎわうスポットである。1912年（明治45）、名古屋の実業家滝信四郎は、竹島海岸に高級料理旅館「常磐館」を建設した。滝家は竹島海岸に別荘を所有しており、静養のため同地を訪れた信四郎は、竹島周辺の美しい風景に大いに心を動かされ、以後、あたりの開発に力を注ぐようになった。信四郎は、1932年（昭和7）に竹島橋を寄進、37年には三谷町に弘法大師像を建造した。現在、竹島は橋によって海岸と結ばれているが、竹島橋ができる以前は、12年に一度、巳年の御開帳の際に仮橋が架けられるのみであった。

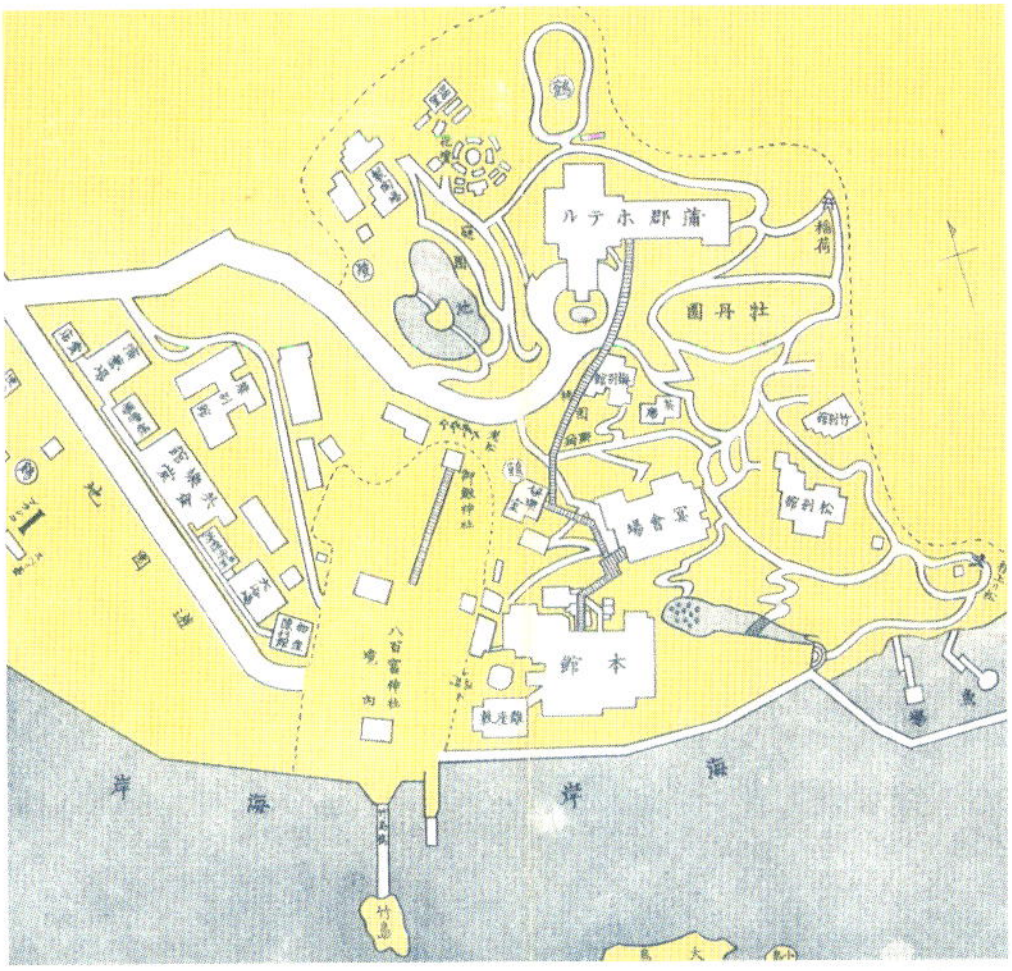

図３　常磐館と蒲郡ホテル（戦前、『御散策御案内』から）蒲郡市博物館所蔵

図４　常磐館・蒲郡ホテル・竹島橋（昭和 50 年代前半）

1934年に完成した蒲郡ホテル（現蒲郡クラシックホテル）は、東海地方でも屈指の高級ホテルであった。当時、政府は外国人観光客の増加を図っており、蒲郡ホテルはその動きの中で建設されたものである。ホテルの建設資金を集めるにあたり、蒲郡町は国から低金利の融資を受けるとともに、信四郎にも資金調達で協力を仰いだ。当時の町の年間予算は17万8000円、しかるにホテルの建設資金は40万円という莫大なものであった。町は、大蔵省からの融資30万円と、滝家らの寄付金10万円を資金として、ホテル建設になんとかこぎつけたのであった。

図3は、常磐館と蒲郡ホテル一帯のようすを表したものである。放魚場・花壇・温室・製陶場など宿泊客のための施設がみえる。猿・鶴などの動物も飼育されていたことがわかる。左方にみえる共楽館は大衆向けの娯楽場として建設されたもので、物産陳列館・大浴場・食堂・演芸場・売店などを備える施設であった。

常磐館と竹島周辺は、川端康成・菊池寛・谷崎潤一郎・三島由紀夫らの作品に登場するなど、多くの文人墨客に愛された。1982年、常磐館は施設老朽化のため営業を終了、建物は壊されたが、その跡地には「海辺の文学記念館」が建てられ、かつてのにぎわいを今に伝えている。

田原

三河湾・伊勢湾の玄関口であった福江港

葉山茂生

●近世・畠村川岸

表題を福江港としたが、福江は1888年（明治21）の「市町村制」の公布を受けて畠村・向山村・保美村・亀山村の4カ村が合併を期に採用した村名である。以後、中心地であった畠村は、福江と称されるようになった。地名の由来は、眼前の豊かな入り江に因んだものと思われる。

江戸期、畠村の免々田川の河口は、川岸と呼ばれ、三河湾・伊勢湾を行き交う船で賑わっていた。川岸には、面立衆の倉庫が建ち並び、各地へ薪・松葉・柴などが移出されていた。また、正徳から宝永にかけては、知多郡大野から「綿諸色」にからむ木綿関係の出店もあり賑わっていた。矢作川河口の平坂湊には、江戸廻送の年貢米が時として送られ、江戸後期には醸造業も起こり、川岸から各地へ移出されていた。1829年（文政12）には、畠村で大小（200〜50石積）合わせて16の荷積船が活動していた。

渥美半島先端近くの畠村は、陸路では奥郡の地であるが、海路では三河湾・伊勢湾の出入口に位置する要衝の地であった。この両湾は、畠村の人々を各地に結びつける大いなる橋でもあった。1844年（天保15）、畠村の「送り一札」には9人の名があるが、内3人が知多郡（大野・片名・篠島）である。1852年（嘉永5）には川岸から雨乞いのため、伊勢多度一目連へ、陣屋役人・村役人ら3人を乗せた船が出帆している。

●近代・福江港

明治20年代に入ると、汽船が就航するようになり、福江港はますます活況を呈する。1898年夏、伊良湖に約2カ月逗留した柳田国男は、その滞在記「遊海島記」のなかで「船は種々の形せるものを、朝に夕に見たり。四日市の港に出入るもの、熱田・鳥羽より紀路《きじ》に通うもの、豊橋の南牟呂より神社《かみやしろ》に行くもの、または福江と亀崎との

図1　戦前の福江港（絵はがき）

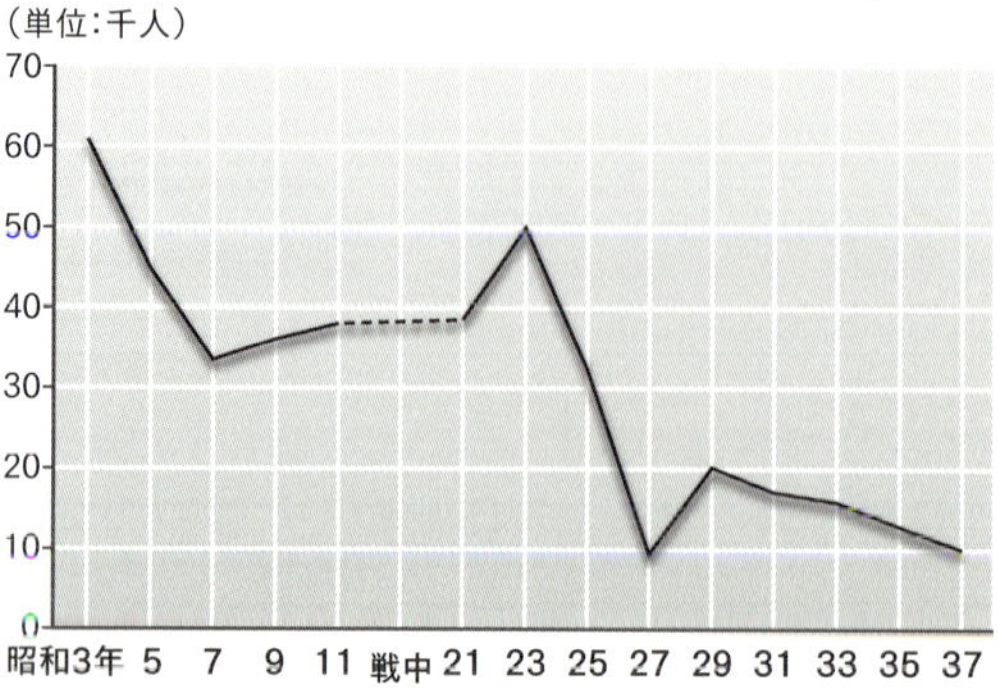

図2　福江港乗降人員（『愛知県統計書』『愛知県統計年鑑』）

間を通うものは、大小の汽船なり」と書き留めている。9月4日、柳田は合流した田山花袋とともに福江港から知多亀崎へ向かっている。

1903年8月15日には、歌人・小説家の長塚節が師崎から福江に来ている。船中にてラムネを飲み、艀《はしけ》にて上陸し、畠村に一泊し、甘酒・うどん・よね饅頭を食したと旅日記にある。仏文学者の吉江孤雁は、明治末年頃来郡し、「福江は川に沿ふた細長い町であった。志摩の鳥羽港へ行く船も、豊橋へ向ふ船も、半田・亀崎へ行く船も此処からでる」（『霧の旅』）と述べ、赤い襦袢をさげた娘、師範学校生、外套姿の番頭、若い大工、鳥籠、茶箱等を書き留めている。

昭和に入り、1939年（昭和14）4月19日、俳人種田山頭火が師崎から来ている。山頭火は「三時の船で福江へ、海上二時間の眺望はよかった」（『全集5』）と述べ、翌20日、潮音寺にある芭蕉の愛弟子杜国の墓を訪ね、その後伊良湖へ向かい「岬の景観はすばらしい、句作どころぢゃない、我れ人の小ささを痛感するだけだ」と詠んでいる。

同年8月16日には、土屋文明が鳥羽から蒲郡行定期航路に乗り、福江で降船している。万葉集研究のためであった。

産業面では、1928年には、福江港への入港船舶数は8233隻、13万0533トンとなった。貨物価格は移入221万2889円、移出242万1460円を計上している。1941年、福江尋常小学校5年の山本雄二郎は「港にはいつもたくさんの船がならんで居ます。毎日、伊勢、篠島、半田、蒲郡へ、客や荷物を乗せて定期船が通っています」「福江の農産物も、此の港から諸所へ送り出されます。僕の家の製糸工場で使ふ石炭も、豊橋や蒲郡から積んで来てこゝへ上げられます」（『半島渥美』）と記している。現在、渥美半島は施設園芸の地であるが、1932年、小塩津の地で始まったガラス温室の資材も豊橋から福江港に陸揚げされている。

活況を呈した福江港も、昭和20年代を経て、30年代に入ると衰退していく。特に昭和30年代後半に伊良湖港が整備され、水中翼船やフェリーボートが就航すると、海の玄関口としての役目を終える。

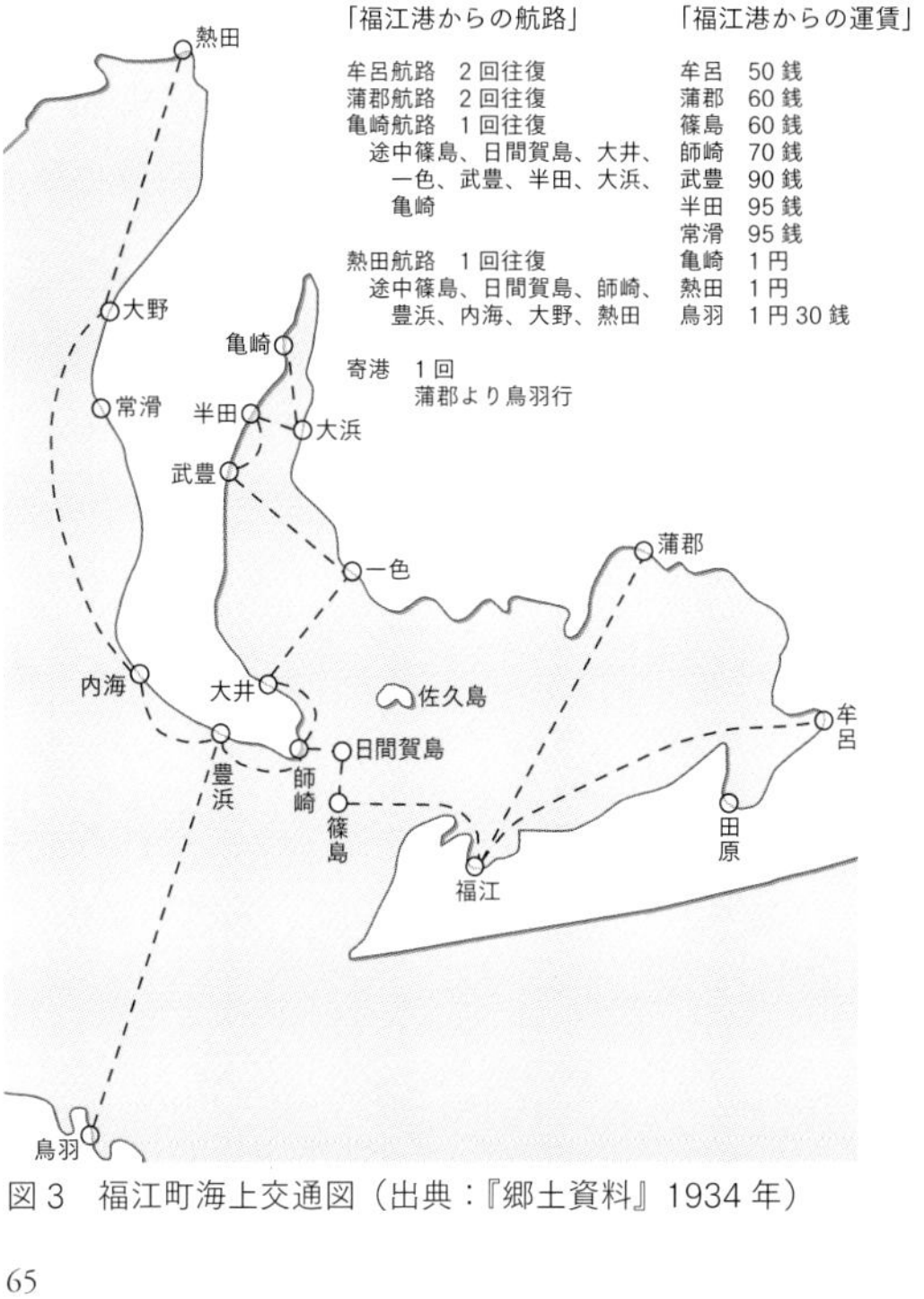

「福江港からの航路」
牟呂航路　2回往復
蒲郡航路　2回往復
亀崎航路　1回往復
途中篠島、日間賀島、大井、一色、武豊、半田、大浜、亀崎
熱田航路　1回往復
途中篠島、日間賀島、師崎、豊浜、内海、大野、熱田
寄港　1回
蒲郡より鳥羽行
「福江港からの運賃」
牟呂　50銭
蒲郡　60銭
篠島　60銭
師崎　70銭
武豊　90銭
半田　95銭
常滑　95銭
亀崎　1円
熱田　1円
鳥羽　1円30銭
熱田
大野
常滑
亀崎
半田
大浜
武豊
一色
蒲郡
内海
大井
佐久島
牟呂
豊浜
師崎
日間賀島
篠島
田原
福江
鳥羽

図3　福江町海上交通図（出典：『郷土資料』1934年）

田原城の移り変わり

鈴木利昌

戦国から江戸へ

田原城は、1480年（文明12）頃に戸田宗光が築城した。戸田氏はここを拠点とし、全盛期には豊橋の大崎城、仁連木城、知多半島南半分の河和・富貴にまで勢力を伸ばし、三河湾の制海権にも影響を及ぼした。その後、1547年（天文16）、駿河今川氏が田原城攻めをおこない、その支配となり、家臣が置かれた。後、松平元康（家康）の家臣、本多広孝親子が入城し、家康が関東に移るまで在城した。

1590年（天正18）、吉田城主池田輝政の支配となり、その城代が置かれた。関ヶ原の合戦後、江戸時代になると戸田氏の子孫戸田尊次が伊豆下田から一万石で入封し、田原藩となる。三代在城したのち、三宅康勝が入城し、以後十二代続き、幕末を迎えた。三宅氏の家臣の一人として文人画家、蘭学者として活躍した渡辺崋山がいる。

城の修理は、武家諸法度により許可制となっていた。図1は、幕府への修理申請に伴う藩の控で、当時の曲輪の様子や修理歴が記録されている。田原城の修補絵図は、台風や地震による石垣・土塁の崩れ、堀浚にかかる申請がほとんどである。

武家屋敷の詳細は不明であるが、藤田丸・本丸・出曲輪はやや小さく描かれ、二の丸・三の丸・腰曲輪・桜門から本丸にいたる虎口空間はデフォルメして描かれる。本

図1　『田原城修理絵図』（1765年）巴江神社所蔵

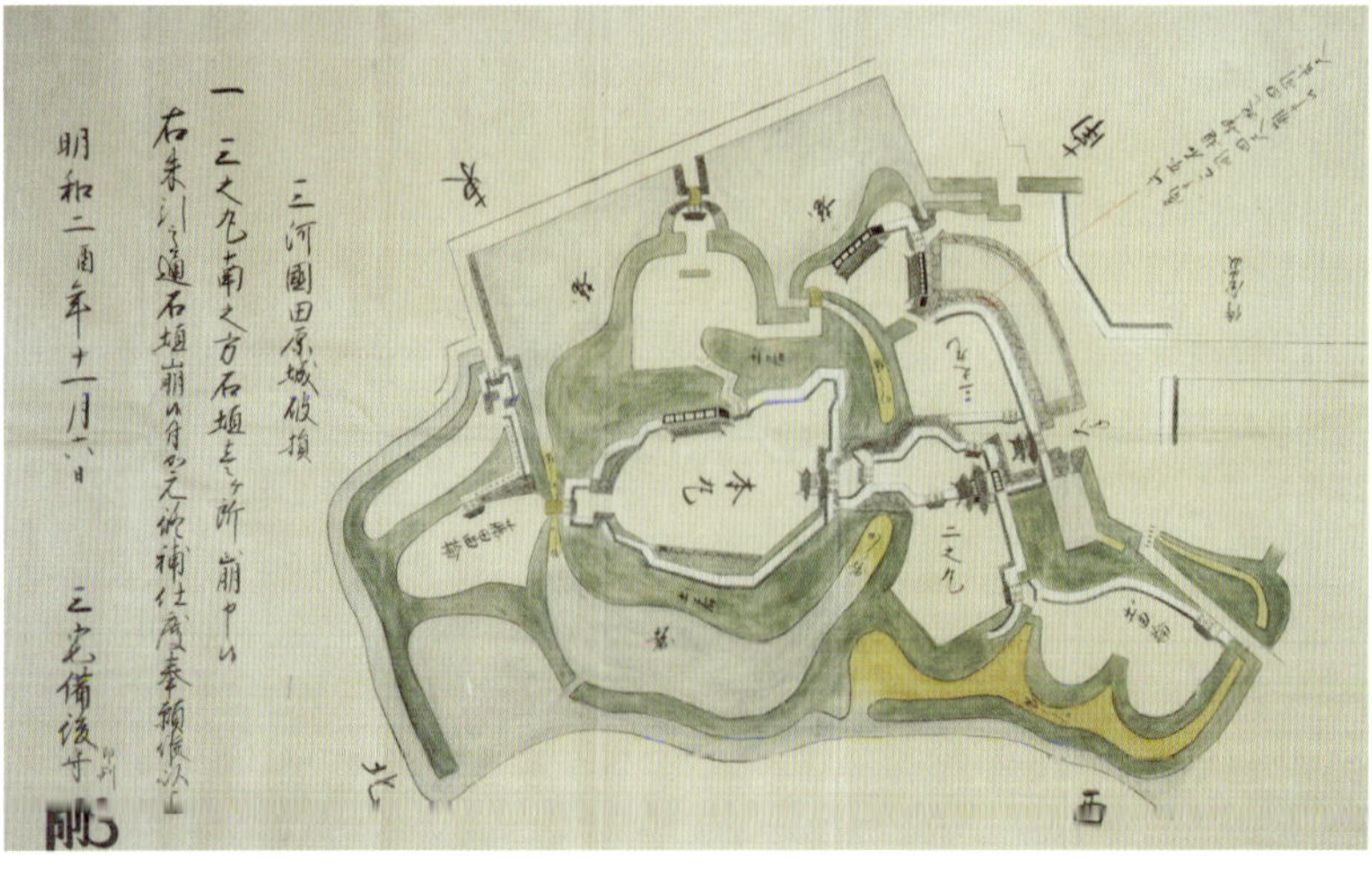

丸・腰曲輪はスロープであることを強調するため、法面が拡大され、そのため東西方向に拡大されている。建造物は塀、櫓、門等の防御施設のみが描かれ、本丸御殿その他の建物は省略されている。

図1の左に以下の申請文が書きこまれている。「三河国田原城破損　一　三之丸南之方石垣壱ヶ所崩申候　右朱引之通石垣崩候付如元修補仕度奉願候　以上　明和二酉年十一月六日　三宅備後守　印判（花押）」また、三の丸石垣から朱線が引かれ、「此所石垣押廻シ四間弐尺高サ三間四尺崩申候」と修理する理由が記述されている。

図2　廃藩前の田原城二の丸櫓

明治から大正時代

明治時代に入り、廃城後、1872年（明治5）には、城内の建物はすべて解体された。翌年、藩校成章館跡には、第十中学区二十番小学校（現・田原市立田原中部小学校）が開設された。町内の中心部には、郵便局ができ、城下の海からの入口であった田原船倉の港から豊橋牟呂への渡船が始まった。

1878年に田原城二の丸跡に巴江神社が建設された。1890年に旧田原藩士の発起により、三の丸が公園として整備された。

1933年（昭和8）に田原城二の丸の巴江神社を本丸跡に移し、翌年、田原城二の丸跡に崋山文庫が建設（田原出身の近代建築家、永瀬狂三の設計）された。1946年、田原城出丸跡に崋山神社、1952年には田原城二の丸跡に崋園保育園が開園、1958年、田原城二の丸跡に郷土博物館・文化財収蔵庫ができた。1967年、田原城出丸跡に崋山会館がオープンしている。

平成時代に入って

現在、田原城桜門跡から本丸に至る周辺には、近世に整備された石垣、水堀があり、戦国時代につくられた土塁、空堀なども見られる。二ノ丸から本丸にいたる土橋の両側は空堀で、深さは6mもあり、戦国の城の姿を見ることができる。田原城は、北側から藤田曲輪、本丸、南西に二の丸、南東に三の丸という配置である。残念ながら城の顔である天守はなく、二の丸の櫓がその役割を担っていたと考えられる（図2）。1993年（平成5）には二の丸跡に田原市博物館が建設され、桜門は写真及び江戸時代の渡辺崋山が描いたスケッチをもとにその外観を模し、城跡として整備され、往時の城下町のなごりをとどめている（図3）。

図3　復元された桜門

田原湾周辺の産業の発展

増山禎之

図１　臨海工業地帯遠望

渥美半島は、昭和30年代までは漁業・農業のほか、地場の産業であるセメント、澱粉の加工や製飴などが主な産業であった。

この渥美半島の産業・経済を一変させた出来事がある。田原湾の臨海工業地帯の造成、そして豊川用水の通水である。

その様子は地図でも確認できるが、体感するなら標高250mの蔵王山に登るのが一番だ。蔵王山からは三河湾、太平洋、渥美半島の山塊を一望できる。

海が変わった

田原湾から汐川河口を見てみよう。日本有数の汐川干潟を横切る三河港大橋から続く道路は蔵王山から北に突き出た地形を囲むように西から東へと続いている。ここにはトヨタ自動車をはじめとする自動車関連の工場が立ち並んでいるほか、風力発電、さらに西にはメガソーラーが見える。だがかつては大洲崎と呼ばれる砂州が豊橋方向に伸び、そこには松林が伸び、まさに白砂青松の古きよき日本の景観を呈していた。また大洲崎周辺では、村の人たちの貴重な収入元であったアサリ、ノリの良好な場であった。しかし1967年（昭和42）からはじまった埋め立て造成は、景観はおろか生業まで一変させた。近年の田原市の発展もこの「海が変わった」ことから始まったのである。

豊川用水で潤った台地

表浜沿いの台地には、1968年（昭和43）に通水した豊川用水の恩恵によって豊かになった農地が一望できる。豊川用水の幹線はこの台地を縦断している。豊川用水は田原市出身の政治家近藤寿市郎の発案によって進められた。

大きな河川やため池もない渥美半島は、水不足で苦労を重ねた。用水の通水を期に、この地は日本一の農業地帯へと転換していった。

この台地には平安時代末期から鎌倉時代はじめの焼き物作りの窯跡が多数存在した。渥美窯と呼ばれ、一部の歴史好きの方しか知られていない古窯である。しかし、中世の

図２　蔵王山から笠山方向を望む（1965年頃、童浦校区提供）

図３　昭和20年代の田原湾周辺（浦区郷土史研究会が作成した浦区地史パネルより）
かつての大洲崎と豊かな海が偲ばれる。蔵王山の南、汐川河口にある吉胡貝塚は必見だ。この豊かな海に暮らした縄文人の営みの足跡である。かつて干潟が広がっていた貝塚の前は、江戸時代前期の新田開発によってつくられた。縄文人が活躍した海ははるか彼方となっているが、丘の上から眺めは渥美半島の自然を背景に暮らした渥美半島の人たちの息吹を感じることができる。

焼き物で唯一国宝に指定されているのが、この渥美窯でつくられた「秋草文壺」である。蔵王山から眺める台地斜面にはいたるところで窯の煙が立ち込めただろう。時代は違ってもともに日本一を極める産業であったとはおもしろい。

まぼろしのセメント産業

　セメント産業は江戸時代の石灰生産を背景に発展し、1882年（明治15）から昭和40年代までの田原の経済ばかりでなく建築土木資材として日本の近代化をも支えたのである。蔵王山の西にはセメント材料の石灰岩の採掘場があり、山頂から見下ろす御殿山地区には工場があった。田原を訪れた笹川臨風（歴史学者）、長谷川伸（小説家・劇作家）らは、明治末から大正時代の田原の景観のひとつとして煙立ち上るセメント工場の様子を記している。

　採掘場は現在も稼動し、かつてあった山の地形は失われ、階段状の露天掘の採掘場が海面下まで掘り下げられている。ここから日本の近代化を支えたセメントが生まれたと思うと感慨深い。セメントの工場跡地は住宅地等となったがその一角に当時のレンガ造りの徳利窯の遺構が残されている（図4）。残念ながら壊れているものの、日本で2カ所しか残っていない。

図４　セメント徳利窯（田原市指定史跡）

岡崎

分散した官公庁と市街地の発展

湯谷翔悟

身近な例を挙げるまでもなく、旧城下には官庁街が広がっていることが多い。これは江戸時代からの空間構造が現代まで息づいている事例のひとつである。その点、官公庁が城下から離れ、なおかつ分散している岡崎は例外的と言えよう。江戸時代以降の岡崎城下がどのように変化してきたのか。現在の街の姿になるまでの経緯をみていこう。

●官庁街が形成される

江戸時代の岡崎城下は東海道が屈曲しながら横貫しており、二十七曲りと通称されている。また東海道の一部は岡崎城総曲輪内を通り、街道沿いには籠田町、連尺町などの町屋が存在していた。

明治になると城郭は取り壊され、1875年（明治8）に旧本丸は公園となった。城周辺の武家地は1872年に、家康の生誕地にちなみ康《こう》生町《せいちょう》と命名されている。その後康生町は開発が進められていく。1880年には公園近くに愛知病院岡崎支院（1907年に県立岡崎病院に改称）が建てられ、それに続いて旧三の丸付近に裁判所や額田郡役所が設置された。また1889年に町村制が布かれた際、旧岡崎市域で唯一の町であった岡崎町の役場も康生町に置かれることとなった。さらに1916年（大正5）岡崎市制施行後は、岡崎城北の堀の埋立地に名古屋地裁岡崎支部や刑務所が置かれたほか、岡崎市立図書館が岡崎公園内（現三河武士のやかた家康館付近）

図1　1928年頃の岡崎市街地（『岡崎市全図』岡崎市美術博物館所蔵）

図2　1959年頃の本町から康生町を見る（岡崎市所蔵）

に開館している（図1）。このように明治から昭和初期にかけては、岡崎城周辺に官庁街が形成されていたのである。しかし1937年（昭和12）に康生町の岡崎郵便局が籠田町に移転、1940年には市役所が現在地に新築移転している。この背景には国道・県道の整備や鉄道網の拡充に伴う岡崎城以東の都市化があった。康生町のうち、乙川にかかる殿橋から北に延伸した、市街電車の沿線やその東側、また連尺町から伝馬町にかけて大きく発展している。これらの町は江戸時代に町や宿であった地区であり、岡崎の発展は江戸時代のありかたに規定されていたことがうかがえる。

市街地の発展をうけて

　このように官庁街としての岡崎城周辺の姿は、戦前にも少しずつ変化していた。しかしその後、二つの時期を画期として大きく変貌を遂げる。ひとつが戦後復興である。1945年7月の空襲で焼失した岡崎病院は市に移管され、1950年に若宮町に新築された。同じく焼失した図書館は同地に再建されず、市内の空いた建物を転々とし、ようやく1971年に明大寺町で開館するに至っている。いまひとつの転機は、康生町の市街地拡充である。戦後めざましい復興を果たした康生町にとって、西に広がる岡崎城周辺の官公庁施設は商店街の伸展の妨げとなっていた。特に刑務所が町の中心にあることに反対する市民や商店街から陳情が出され、加えて連尺小学校が隣接していることによる教育上の問題も指摘された。その刑務所は1962年に移転し、周辺の検察庁・裁判所・税務署なども相次いで移転した。これらの跡地を利用して都市再開発が進められた。1968年に岡崎市による岡崎スポーツガーデンが完成、加えてショッピングセンターなどの大規模商業施設が立ち並んだ。この一連の再開発は、地方都市の再開発第一号として、全国のモデルとされた。このように西三河を代表する商業地帯となった康生町一帯であったが、1990年半ば以降から、趣味嗜好の多様化や施設の老朽化、郊外型の大型商業施設の展開などにより、その多くが撤退していった。その跡地は現在、図書館交流プラザや高層マンション、駐車場などに利用されている。

　このように当初官庁街として機能していた岡崎城周辺は、戦災からの復興や市街地の発展などの影響を受けて、そのありかたを変容させていった。その歴史的背景に、東海道が総曲輪内を通り、武家地と町屋が隣接していたことを想定するのはそう突飛なことではないだろう。岡崎の市街地が、東海道沿いの町や宿を母体として発展したことも併せて考えると、官庁街の存在しない岡崎の姿もまた、歴史に規定されたものといえるのではないだろうか。

JR岡崎駅前地区の100年

内藤昌康

近年の愛知県で大変貌を遂げた町の代表例に、JR岡崎駅前地区がある。岡崎駅の東側は1991年に区画整理事業が始まり、駅前広場や街区などが2014年までにおおよそ整備された。西三河の代表都市にありながら1990年代まではどこか田舎の駅前風情が漂っていたものだが、これにより往年の風景が一新され、装いも新たに「岡崎の玄関口」の再出発を宣言したかのようである。

続々と設立される工場

岡崎駅前とその周辺は明治以来、激しく変貌を続けてきた。その端緒は言うまでもなく、1888年（明治21）に羽根村に岡崎停車場が設置されたことだ。鉄道敷設以前は東側に丘陵を控えた農村地域で、丘の裾には北から順に戸崎、羽

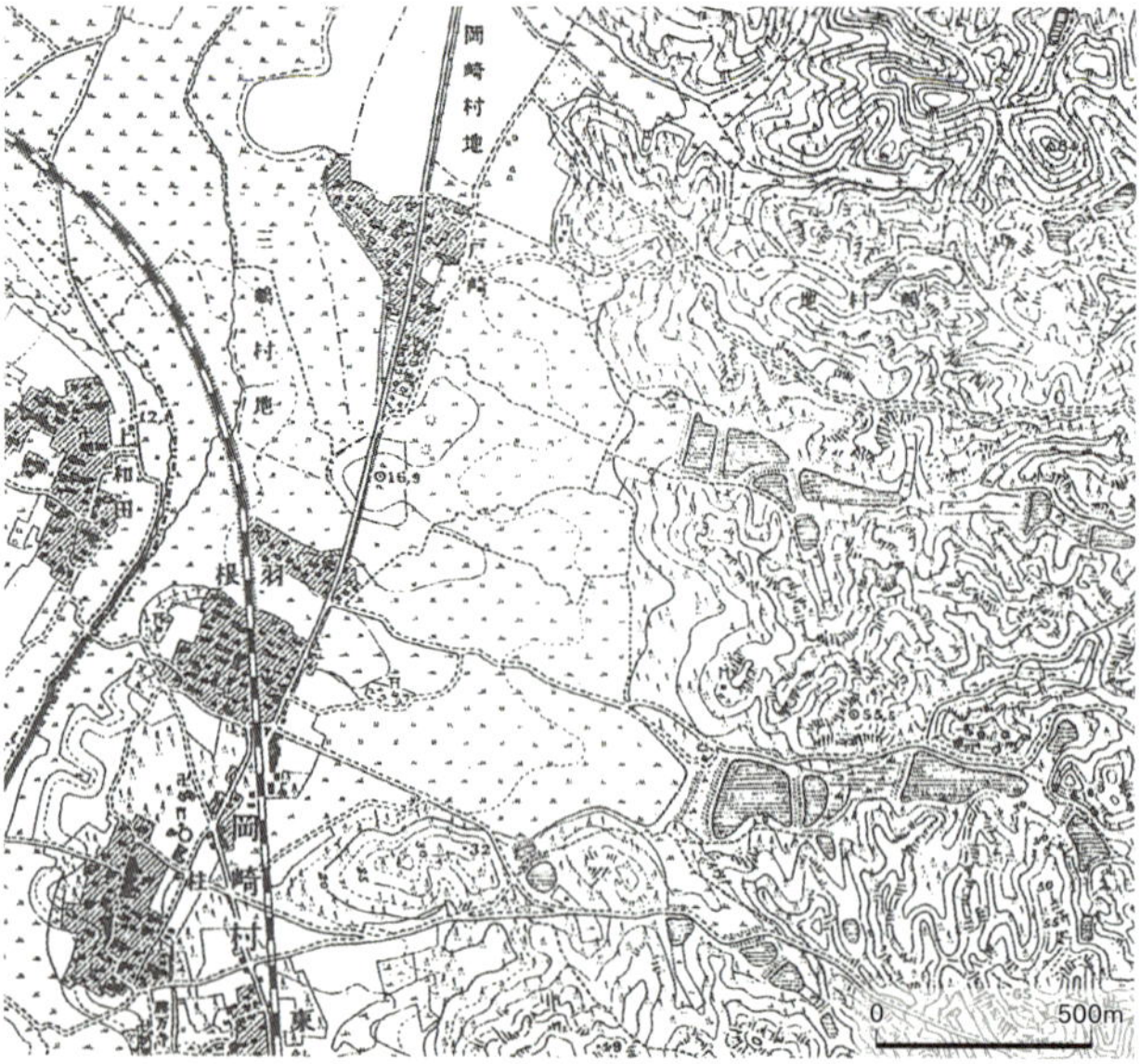

図1　1/2万「岡崎」「福岡村」明治23年

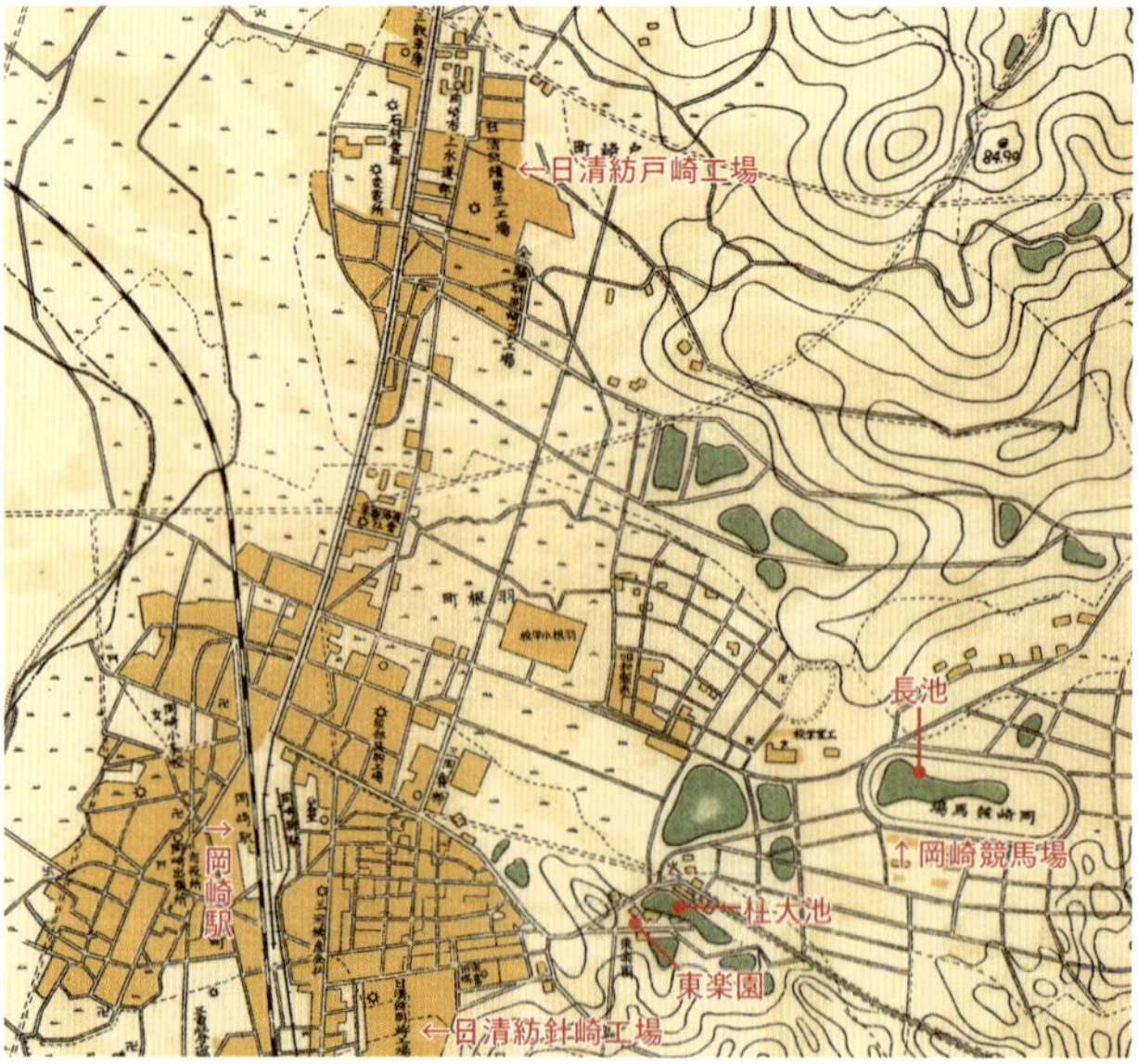

図2　『岡崎市全図』（1940年）岡崎市中央図書館所蔵

根、柱、針崎、若松の村々が連なっていた。駅設置の翌年には、これら五か村が合併し「額田郡岡崎村」が成立。村名は岡崎駅の所在に由来している。村名決定の経緯は定かでないが、その後の大発展を見据えてか、城下町の「岡崎町」と紛らわしいことを承知であえて「岡崎」を名乗ったのだろう。

1898年、岡崎馬車鉄道の開業で岡崎駅と岡崎市街が結ばれ、続いて1911年には西尾への西三軌道が開通、ターミナルとしての体裁が整った。さらに明治時代の終わりから昭和にかけては駅の周辺で大小の工場が続々と操業をはじめ、岡崎郊外の工業地区の様相も呈してゆく。最大の工場は1920年（大正9）、岡崎駅の南西に進出した日清紡績（前年に設立された岡崎紡績を買収）。同年には戸崎に帝国紡績も操業を開始しており、こちらも日清紡績が1927年（昭和2）に買収している。そうして着実に発展を続けていた1928年には、岡崎村は岡崎市に合併された。

点在するため池と遊興施設

大小の工場が相次いで立地する一方で遊興施設も二つ誕生している。ひとつは1925年（大正14）、岡崎駅の東約1kmの「柱大池」のほとりにオープンした東楽園（図3）。茶店や貸ボートがあり、紡績工場の女工や近隣からの行楽客でにぎわったという。もうひとつは1931年（昭和6）、岡崎駅の東約1・5kmの「長池」の周囲に開設された岡崎競馬場。一周1200mのコースで、戦時中の中断を挟んで1953年（昭和28）まで開催された。東楽園は今も飲食店として現存しており（図4）、また競馬場のコースの一部は住宅地の中に道路として残っている。

この地域は住宅地としての開発も早かった。戦前には柱、羽根の二カ所で早くも区画整理がおこなわれている。戦後は昭和40年代から区画整理事業が順次開始された。開発は名鉄本線南の六名地区、竜美丘地区から幸田町と境界を接する上地地区まで広範囲にわたり、平成初頭までのわずか20年ほどで一帯は往時の丘陵風景や田園風景が想像できないまでに変貌を遂げた。

岡崎駅東の丘陵地には、先述の柱大池や長池を始め大小の溜め池が点在しているが、区画整理と宅地開発に伴い、いくつも埋められた（本書26ページも参照）。

図3　戦前の東楽園（岡崎市立中央図書館所蔵）

図4　現在の柱大池と東楽園

昭和20年代末の岡崎 康生町 商店街イラストマップ

「名古屋タイムズ」（1953年〔昭和28〕7月26日）の紙面から

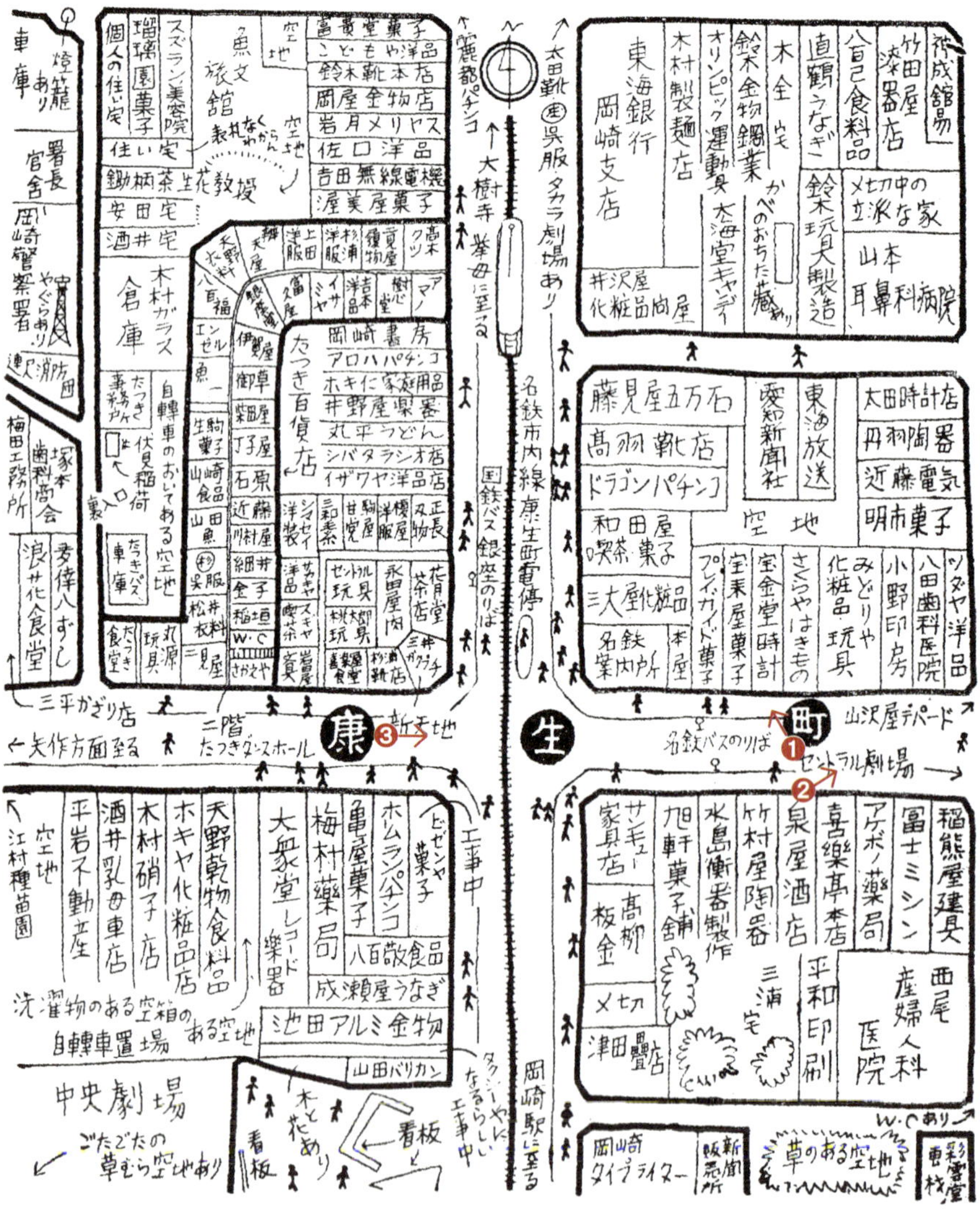

（名古屋タイムズアーカイブス委員会提供）

徳川家康が生まれた所ということで名づけられた康生町。戦後8年が経過し、建物も道路も戦前の倍になったという。空襲で一面の焼け野原からすばやく立ち直ったこの街の十字路を中心とした商店街の姿を紹介する。

❶ 1950 年秋、商店街はクリスマスセール中（宝金堂提供）

康生町位置図 （「名古屋タイムズ」紙面から）

❷ 1947 年、蒸気機関車の模型が商店街を練り歩く。子どもたちは興味津々（宝金堂提供）

❸ 東康生通を東に向かって写す（1965 年ごろ）岡崎市立中央図書館所蔵

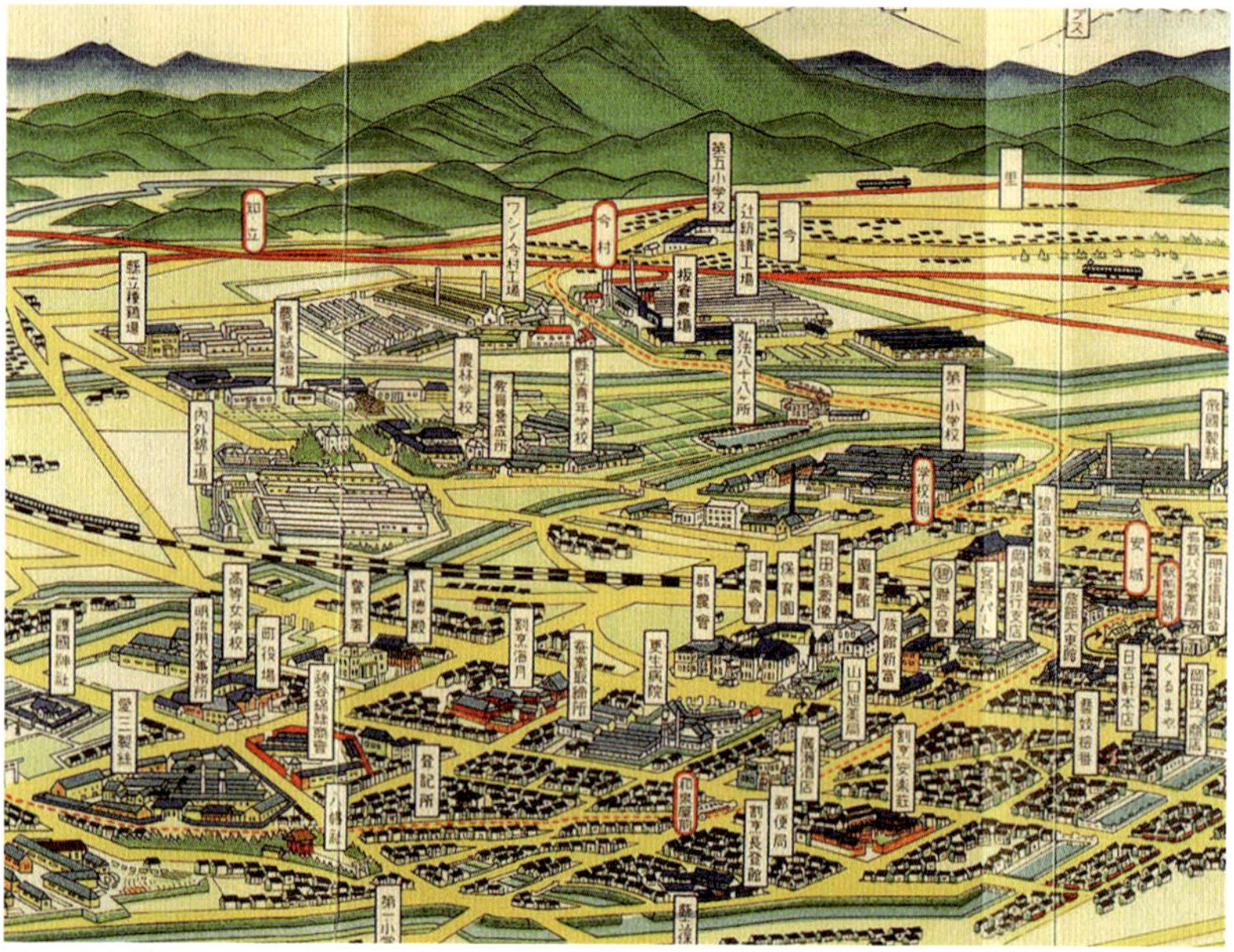

図１『安城町鳥瞰図』（部分）（安城町観光協会、1940年）安城市歴史博物館所蔵
本文中に現れる、明治用水（普通水利組合）事務所、（安城）農林学校、（安城）町農会、農事試験場、㊚連合会、更生病院を見ることができる

安城

日本デンマーク時代の安城

齋藤弘之

日本デンマークとは

碧海郡地方の農業は、大正時代から昭和初期にかけて大きく発展した。これにより、当時、ヨーロッパの先進農業国として注目されていたデンマークを「冠」とし、「日本デンマーク」と称されたのである。1933年（昭和8）には、その中心地であった安城（当時は碧海郡安城町）を、全国から1万2千人を超える視察者が訪れ、各施設が集まっていた東海道本線の安城駅前周辺を見て回っている。

日本デンマーク成功の基礎として、1880年（明治13）に開通した明治用水により、開墾《かいこん》農地が増大したことがある。これは小作料を必要としない自作農の割合を高めるとともに、米作に限定されない自由な農業を可能とした。また、新たに開墾された田の課税が免除される鍬下年期が50年間に延長され、農民の意欲を後押しした。この用水は、灌漑《かんがい》地の農民を組合員とした明治用水普通水利組合（現明治用水土地改良区）により自主管理された。

農業教育に力を入れたことも特徴である。1901年に愛知県立農林学校（現県立安城農林高等学校）が開校し、農村の指導者養成がおこなわれた。この初代校長として赴任したのが、山崎延吉（1873〜1954）である。山崎は人物主義教育を掲げ、実習による経験を通じて知識や技術を身につけさせていくとともに、日本デンマークの理

図3 更生病院

図2 安城町農会館

論的指導者であった。山崎の教え子たちが、その教えを実践して、日本デンマークは実現したのである。

具体的には、まず多角形農業の普及がある。多角形農業とは、農家の多角経営のことで、米麦の他に、養蚕、養豚、養鶏、果樹・蔬菜《そさい》栽培、農産品加工などをおこなう。こうした技術指導をしていたのが安城町農会であり、1927年には独立した庁舎（安城町農会館、図2）が完成した。そして、その試験研究活動を担っていたのが、1913年（大正2）に現在地へ移された県立農事試験場だった。

農業の共同化として、産業組合の運営も注目された。1915年は、主に集落単位だった組合を統括する形で、碧海郡購買販売組合連合会（通称「碧」：丸碧、現JAあいち中央）が設立された。丸碧の主要事業は、農産品の共同出荷、米麦の保管と販売、そして肥料や飼料等の購買だったが、特に成功を収めたのが鶏卵の販売である。東京事務所を置き、東京全体のシェアで10%前後を獲得するなど、大きな利益を得た。

丸碧は、こうして得た利益を病院経営という福祉分野へ投資する。これが山崎によって命名された更生病院（現安城更生病院、図3）である。1935年に開院した郡内唯一の総合病院は、診療費を低く抑えるとともに、郡内を巡回するバスを走らせるなど、農村医療に大きな役割を果たした。病院経営自体は赤字だったが、これを丸碧の収益事業で補填《ほてん》したのである。

今日でも見られる文化遺産

これらの組織の多くは、日本デンマークから1世紀近くが経過した現在でも健在である。しかし、市街地の発展にともない、当時からの建物の多くは近代化された。こうしたなか、今日でも見られる日本デンマーク時代の建造物として、東尾産業組合事務所・農業倉庫（図4）・共同利用工場がある。これらは1924年（大正13）から順次建設されたもので、現在では町内会事務所や倉庫などとして利用されている。（資料提供：安城市歴史博物館・長坂正一）

図4 東尾産業組合農業倉庫 1935年建造
（安城市安城町赤塚）

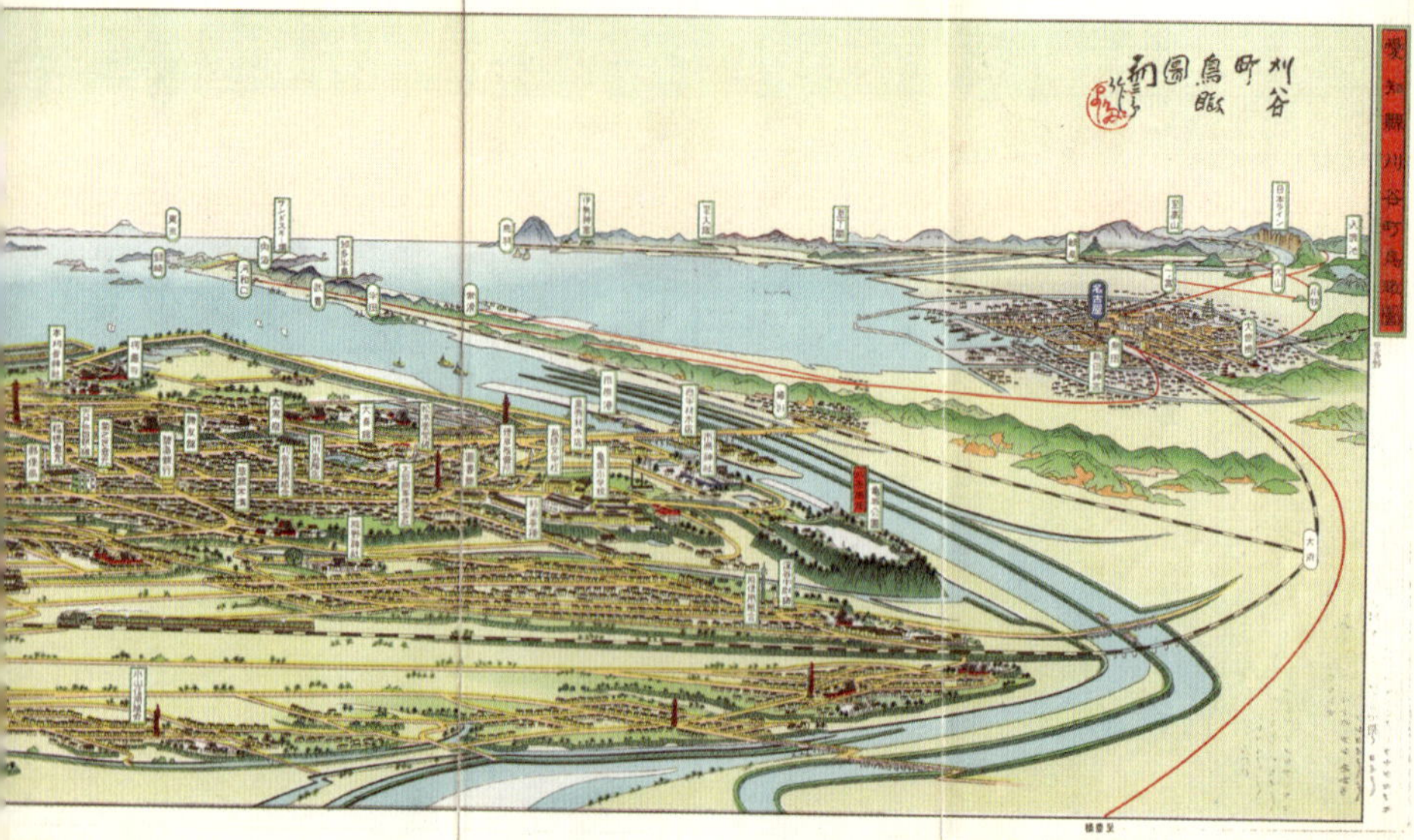

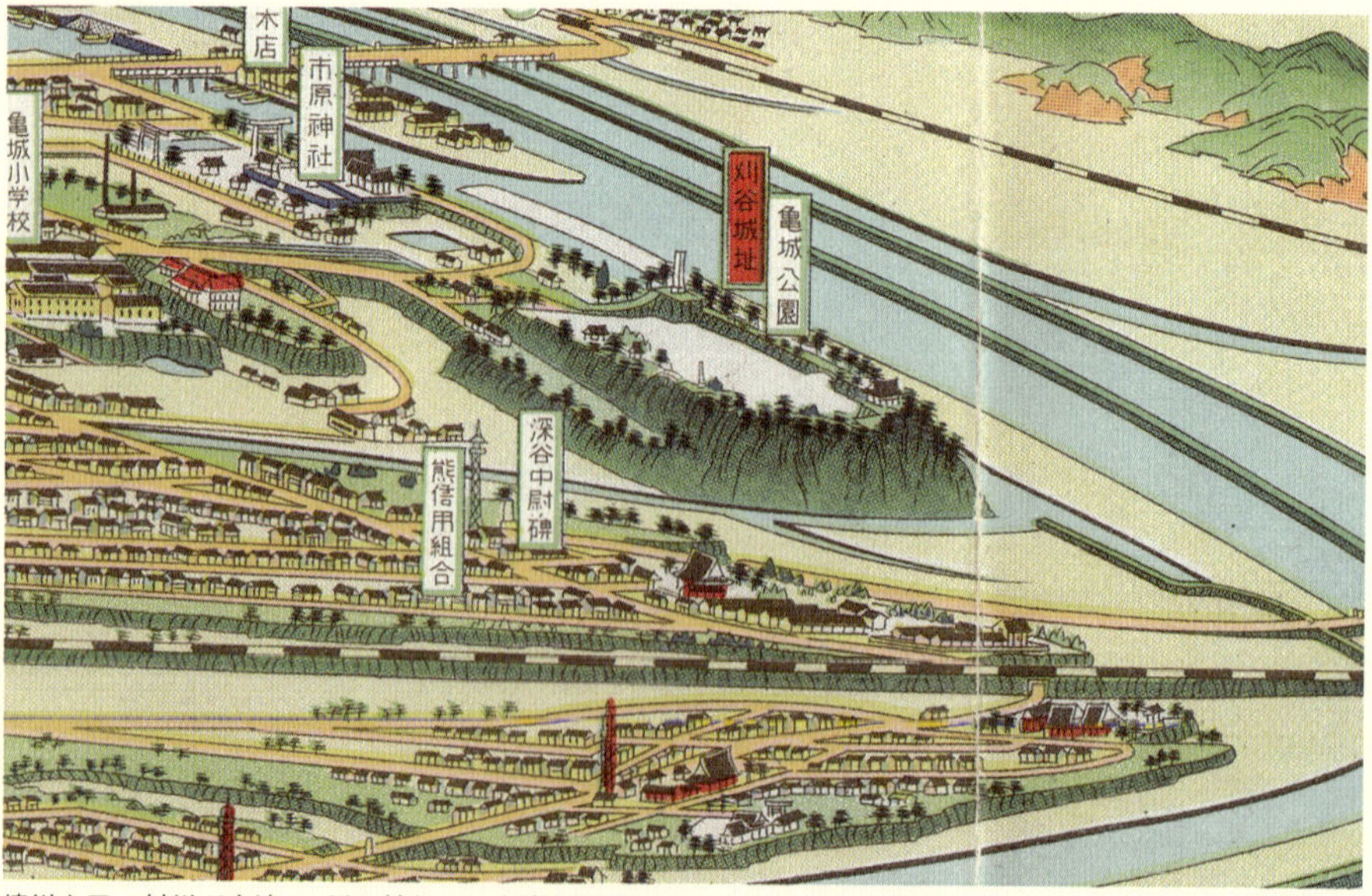

境川と五ヶ村川が合流し、川が蛇行した左岸に景勝地として刈谷城址（亀城公園）がある。さらに下流側には、中州を中継した橋が架けられている

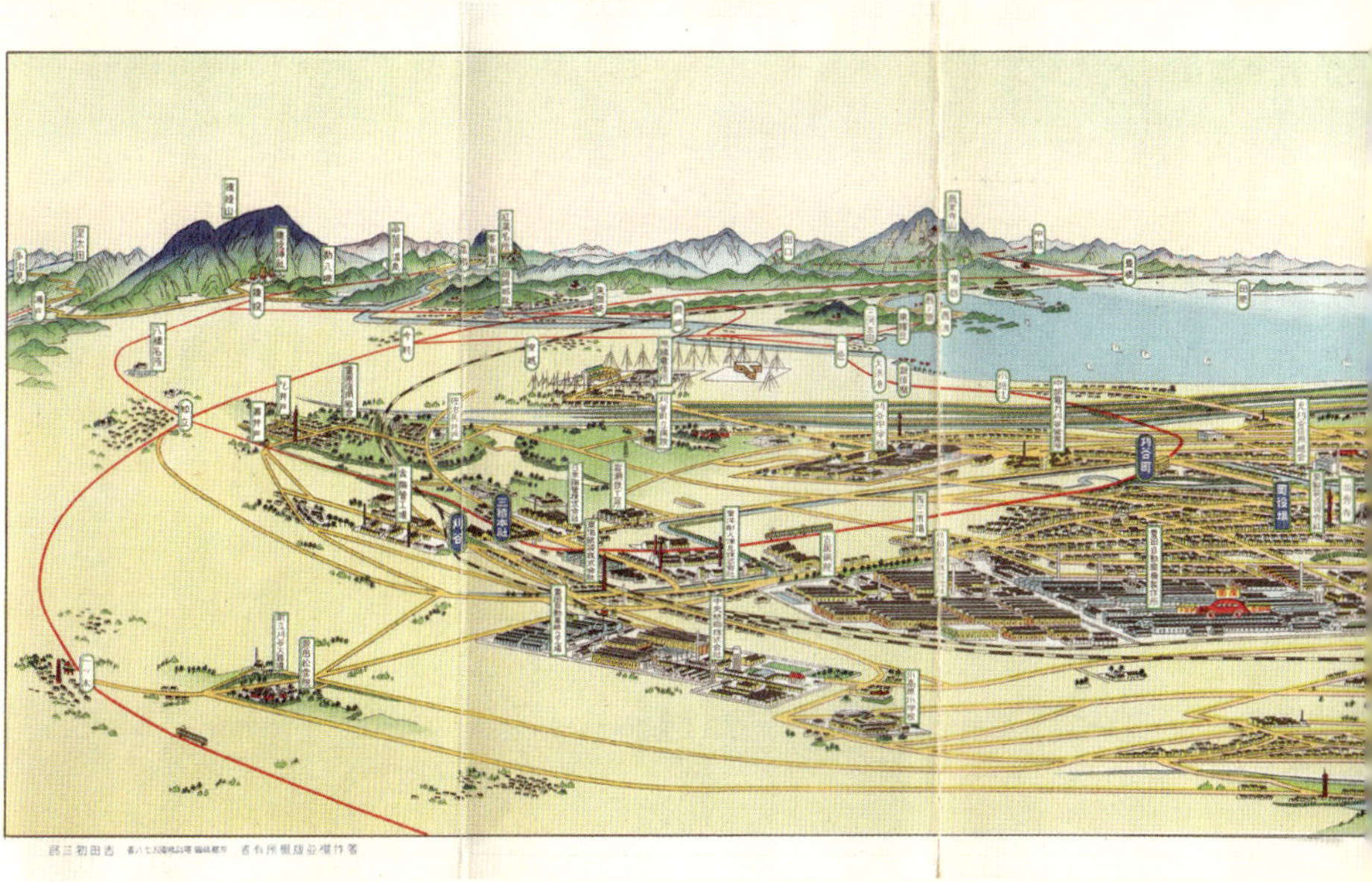

図 1 『愛知県刈谷町鳥瞰図』東浦町郷土資料館所蔵
刈谷町役場が吉田初三郎に依頼し 1936 年に発行したものである

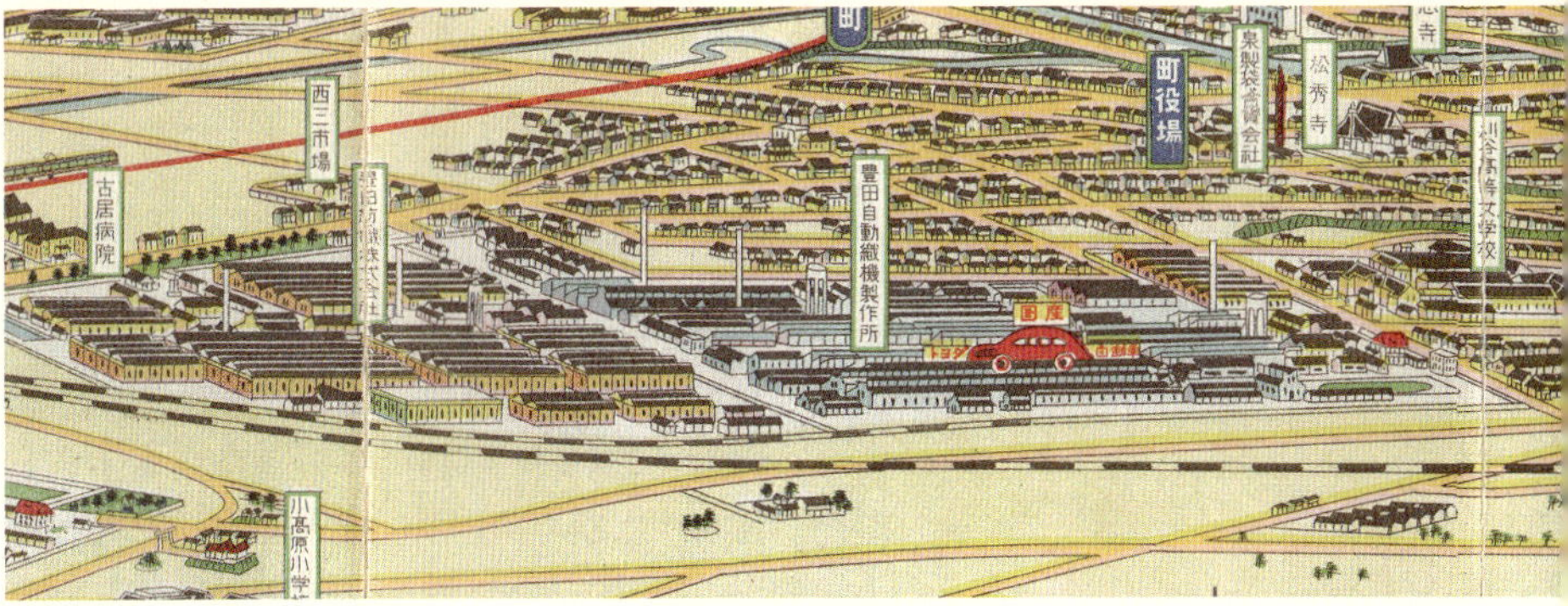

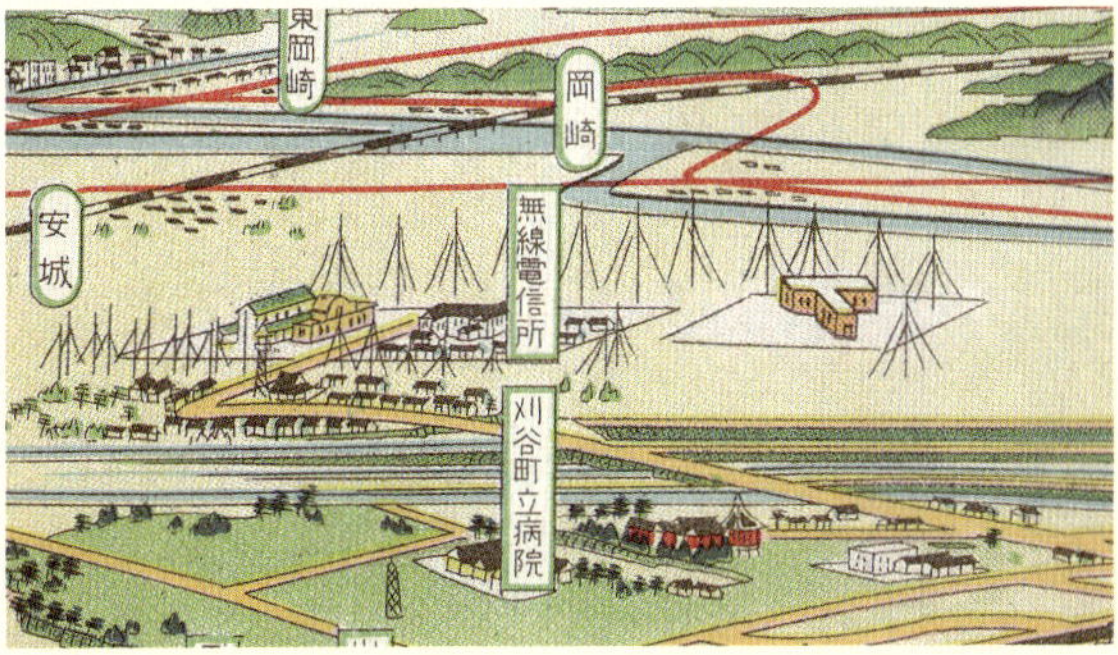

上の図は町役場の正面に赤い自動車看板の国産トヨダ自動車が描かれている。下の図は猿渡川の向かいに無線電信所が見える。高須町の依佐美送信記念館ある場所である

依佐美送信所と地域の変遷

加藤　修／加藤俊彦

◎対欧無線通信送信所

依佐美《よさみ》送信所は1929年（昭和4）に開局し、我が国で初めて対欧無線通信に成功した。当時東洋一を誇る高さ250m8基の長波鉄塔に張られた空中線出力は500kwで世界最大級であった。鉄塔は500m間隔で対をなし、480mをあけて4対並んでいた。鉄塔の基部のみで縦1440m、横幅500mの平らな土地を必要とする巨大な通信施設であった（図1）。

図1　依佐美送信所の鉄塔（1996年撮影）

我が国は、外国資本の海底電線による対外通信に依存していたが、自前の通信施設を持つことにより、第一次世界大戦後の外交・貿易を前進させることができた。

その後、短波通信の発達により鉄塔は無用の長物と思われたが、長波が海中の潜水艦に届くことがわかり、第二次世界大戦中は日本海軍、戦後は米国海軍が使用した。

1994年の返還後、世界的な産業遺産として、刈谷市は依佐美送信所記念館を建設し2007年4月より送信施設を保存展示している。

広い沃野に聳え立つ無電塔の感動や、夜道に迷い遙かに赤い航空障害灯を見つけたときの安堵感が今も多くの人に語られている。

◎送信所開局までの歩み

依佐美送信所の建設計画は大正後期から始まり、1927年に着工、2年後には完成・開局した。送信機器類はドイツ製だが、鉄塔と建物等は設計・材料ともにすべて国産であった。

当地の現状は、圃場整理や送信施設の撤去などで大きく変っているが、次頁の地図は建設当時の地形や道路・集落の状況を残しているもので、90年前に思いを巡らせ、その優れた立地を考えてみる（図2）。

①依佐美村大字小垣江、高棚（現在は安城市）、野田、半城土、高須の間の広大な平坦地が選ばれた。150万坪（500ha）を必要とする対欧無線送信所建設の需要を満たす土地であった。

②ここは碧海台地の西端に位置し、森前川と八角川の浸食谷の間に見事に設置されている。この地下には活断層も認められず、粘土が堆積しており、250mの鉄塔の地盤としては適していたと考えられる。この粘土は、高浜地方で生産される三州瓦の原料にされた。

③建設地を取りまく各集落からは勤勉な農民を建設補助要員として期待できた。当時は農村不況の中、農家からは建設労働によって得られる日当

が重宝がられた。

④建設地から東海道本線刈谷駅まで約4km、名古屋へは当時で30分、三河鉄道（名鉄三河線）小垣江駅から約2・4km。建設時に小垣江駅から建設現場まで引込線が敷設され建設資材が運ばれた。依佐美送信所跡地に建設されたフローラルガーデンよさみには庭園鉄道が設けられ、引込線で活躍した蒸気機関車を模したミニSL「よさみ号」が大勢の子供たちを乗せて楽しませている。

⑤建設を支援した依佐美村役場は、8号鉄塔とは200mの至近距離にあり、建設時、ことに土地の測量には至便であったと想像される。

⑥局舎・社宅は刈谷側に建設されている。刈谷駅や刈谷商店街の利用、子弟の通学に至便であった。

⑦依佐美村のなかでもことに大字高須が誘致に熱心であった。高須は、建設事務所を建て、住まいを建設従事者の宿舎に提供するなど集落を挙げて協力支援した。

⑧1919年（大正8）開校の県立刈谷中学校（現・刈谷高校）と1921年開校の刈谷高等女学校（刈谷北高校）は、5km圏内にあり、ここへ赴任する所員にとっては子弟の優れた教育環境であった。

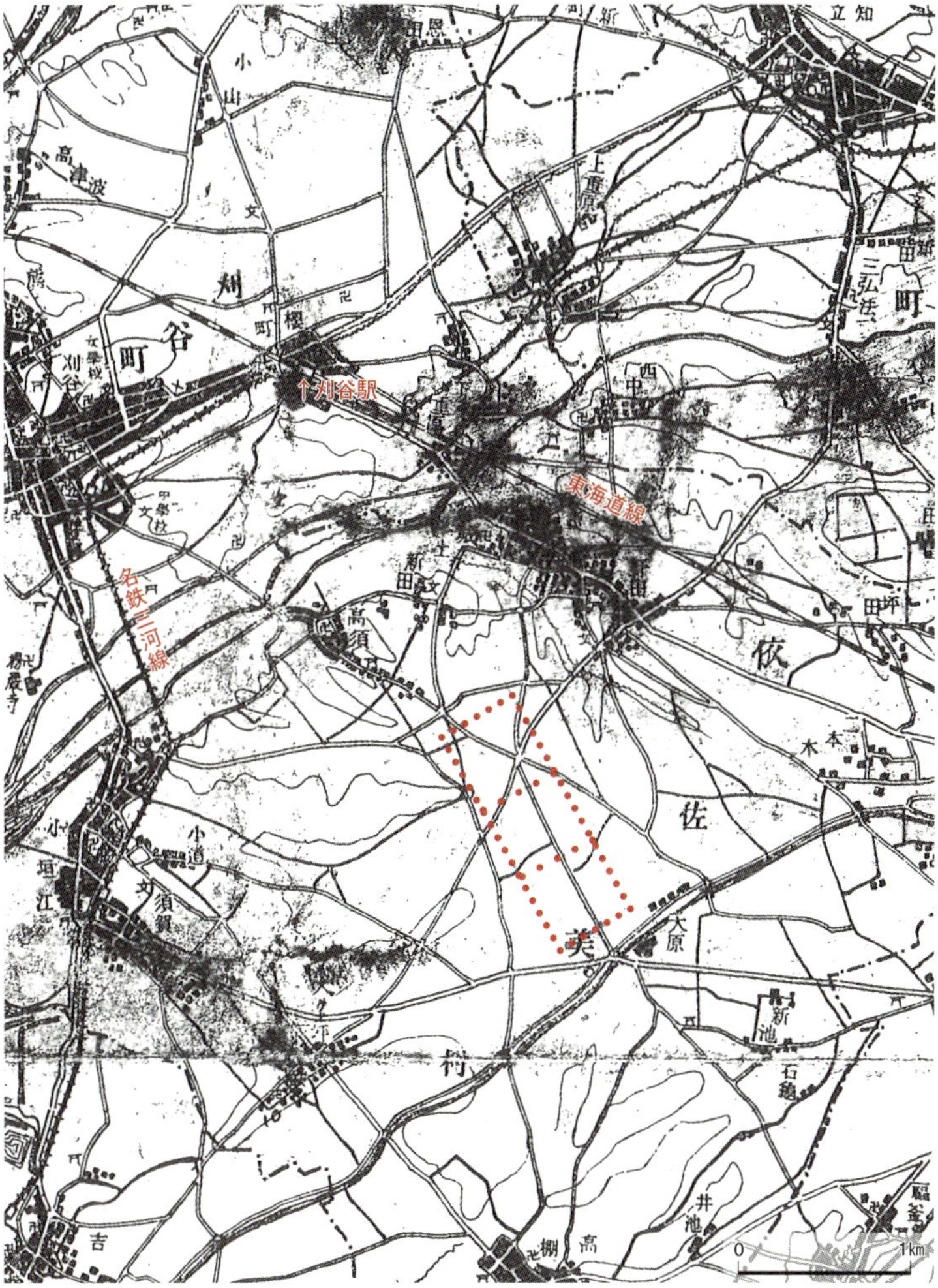

図2　依佐美送信所近傍（『碧海郡地図』帝国交通社、1943年、愛知県図書館所蔵）点線枠と鉄道名は筆者、鉄塔の位置を示す

刈谷

刈谷城下町の変遷

長澤慎二

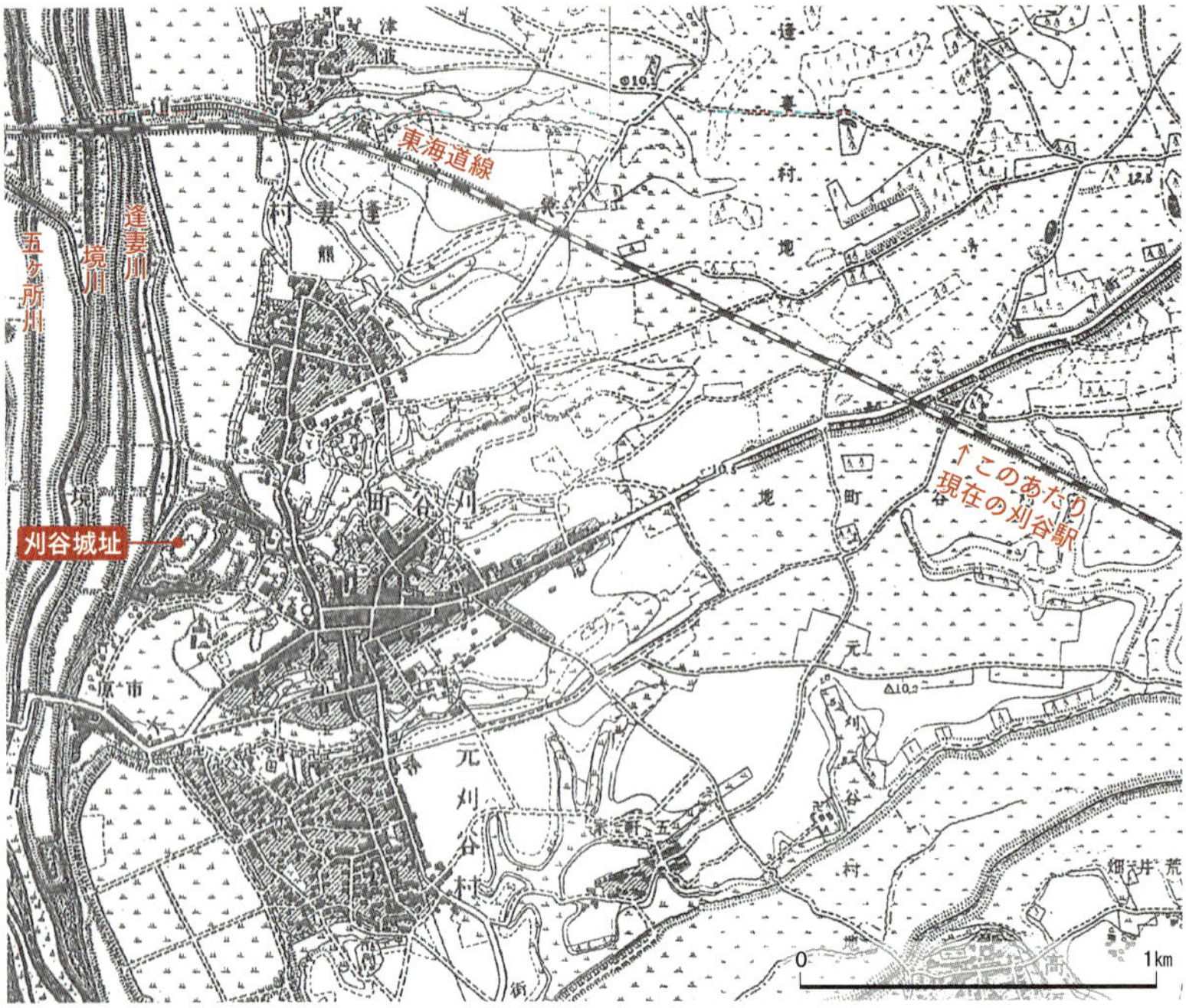

図1　刈谷城と城下町周辺（2万分の1「刈谷町」1890年）

刈谷藩の城下町

現在の刈谷市の中心部は、刈谷藩の城下町として発展してきた。刈谷藩は三河の他藩と同じく、譜代藩で9家22名の藩主によって受け継がれた。なかでも最後の土井家は1747年（延享4）より幕末まで130年もの間、刈谷藩2万3000石の藩主であった。

藩政の中心は戦国時代、当時は衣ヶ浦とよばれた三河と尾張を隔てる海のほとり、知多半島を眺める小高い丘に築かれた刈谷城であった。この海も江戸時代には上流から流れ込む砂で徐々に埋まり、現在では西から五ヶ村川・境川・逢妻川という3本の川が衣浦湾に注ぐ形になっている。亀城公園は刈谷城の本丸跡で、谷を隔てた東側に藩主の御殿、さらに大手門が置かれていた。現在は亀城小学校のグラウンドになっているが、大手門跡の碑が建てられている。大手門の東、現在の城町図書館の位置には1783年（天明3）に藩校の文礼館がつくられた。文礼館は寄宿生30名、通学生徒200名を数え、藩主も寄宿生と同じく学んでいた。

その外側には町口門がある。町口門は、城内と城下町との境で通行札（鑑札）を持たない者は入ることができなかった。ただし1821年（文政4）以降、周辺の刈谷・元刈谷・熊・高津波の4ヶ村については札がなくても自由に出入りできるようになった。町口門外を東に向かうと東海道の宿場町・池鮒鯉《ちりゅう》へ通じる道となり、この街道沿いに下町・本町・中町・末町《すそまち》・新町と町が開けていった。しかし、これらの町名は町名変更によって現在は消滅している。

本町は大商人太田平右衛門の店や八百屋・旅籠屋などもあり、東の端には高札を掲示する札の辻が置かれるなど、大変賑やかな町であった。江戸時代から続き、刈谷を代表する祭りでもある万燈祭は、当時この札の辻で各町組が「辻別れ」をおこない、各町に帰っていった（図2）。現在、札の辻跡の碑が三菱東京UFJ銀行刈谷支店前に設置されている。

図2　寺横町万燈祭り（刈谷市教育委員会所蔵）

末町は当初、町並みの末であることからこの名前がつけられ、ここから池鮒鯉宿まで並木が続いていた。南東の高須村へ続く道が分かれており、葭池《よしいけ》道と呼ばれていた。町の南側には火除の神を祀る秋葉堂があるが、ここの祭礼として万燈祭がおこなわれるようになり、一人で重い紙燈籠「万燈」を担ぐ姿が勇猛なことから、現代では「天下の奇祭」といわれている。

刈谷城の解体と町の発展

1871年（明治4）の廃藩置県によって刈谷藩は廃止され、城郭も取り壊されることとなった。建物は入札で払い下げられ、石垣も壊されて払い下げられた。1876年には士族授産のため旧藩士の大野介蔵らによって東洋組刈谷士族就産所がつくられ、旧城郭の南側に煉瓦工場が作られた。この地域の土は三州瓦でも知られるように大変良質であるため、とくに東海道本線建設の際には煉瓦の需要が高まり、町の発展に貢献した。

旧城郭の跡地では旧藩士による耕作がおこなわれるなどしたが、後に大野介蔵に売却され、保存を目的に亀城殖産合名会社が起ち上げられた。1924年（大正13）にはここを会場に中部日本興国産業博覧会が開かれた。産業博覧会だが、動物園なども作られた。その後、旧城郭は1936年（昭和11）に刈谷町へ売却、亀城公園として整備されることとなった。

1888年（明治21）には東海道本線が開通し刈谷に駅が置かれたため、碧海郡役所のある知立や、瓦などの生産地である高浜・大浜とを結ぶ鉄道が求められるようになった。こうして三河鉄道敷設計画が立ち上がり、刈谷町出身の衆議院議員・三浦逸平を中心に敷設が進められた。1914年（大正3）に刈谷新駅—大浜港駅が開通し、翌15年には知立まで延伸した。刈谷は東海道本線と三河鉄道との結節点となり、刈谷の発展に繋がった。大正期には県立第八中学校（現・刈谷高校）・刈谷高等女学校（現・刈谷北高校）が相次いで開校するが、学校は碧海郡内のみならず東浦や大府、名古屋など郡外にも積極的な勧誘をおこない、とくに名古屋市からは多くの生徒を集めていた。

衣浦湾の渡船の歴史をたどる

内藤昌康

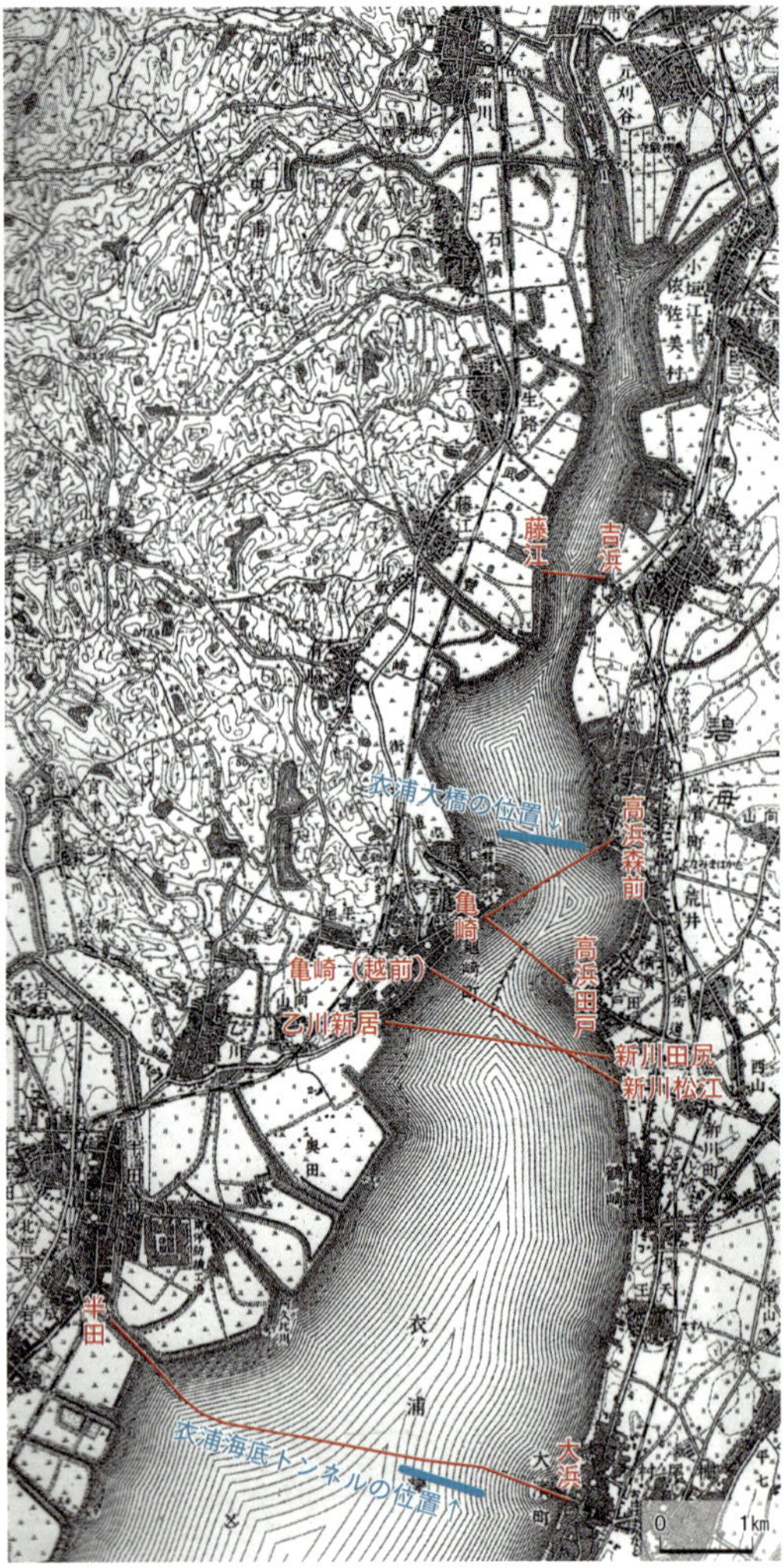

図1　5万分の1「半田町」1923年

●狭くなった衣浦湾

　高浜、碧南と知多半島を隔てる衣浦湾は、湾と呼ぶのが憚られるほど狭い。しかし高度成長期に埋め立てられる以前は、それなりに広い水域を有していた。例えば、衣浦海底トンネル付近の幅は現在わずか400m弱にすぎないが、埋め立て以前は4㎞もあったほどである（図1）。

　衣浦大橋と衣浦海底トンネルが開通する以前、両岸の往来に利用されたのは渡船だった。衣浦湾のもっとも古い地形図である1900年（明治33）発行の「半田町」には、6本の航路が見える。橋とトンネルが開通する直前の地形図にもこれらは記載されており、長きにわたり地域の足として利用されてきたことがわかる。

　衣浦湾の渡船を北から順に見てみよう。

●藤江の渡し（吉浜～藤江）

　起源は不明。吉浜側は現在の高浜市芳川町1丁目に、藤江側は現在の東浦町藤江字亥子新田に乗船場があり、どちらも集落から離れた場所であった。最後まで手漕ぎの和船で、対岸まで6、7分かかったという。

●森前の渡し（高浜～亀崎）

　1688年（元禄元）以前よりあったとされる。高浜側は、現在の「高浜市やきものの里かわら美術館」付近が乗船場で、美術館に隣接する広場の一隅に渡船場跡の記念碑が建つ。亀崎側は神前神社の下あたりが乗船場であった。

図2　森前渡船場跡の碑

●田戸の渡し（高浜～亀崎）

田戸は高浜市南部の地名。かつては森前の渡し場から湾曲した浜が田戸まで伸びており、衣浦湾に突き出した砂洲の「岬」に乗船場があった（図2）。亀崎側の乗船場は森前の渡しと同じく神前神社下。『高浜市誌』では18世紀半ば（1740～50年頃）に渡船が始まったと推察している。

●田尻の渡し（新川～乙川）

1882年（明治15）、乙川村の伊藤新兵衛によって開かれた。新川側の乗船場は現在の碧南市北端に位置する田尻町で、明石公園・衣浦グランドホテルあたり。乙川側の乗船場は現在の半田市新居町5丁目あたり。

●松江の渡し（新川～亀崎）

1886年（明治19）、亀崎の成田新左衛門によって始められた。この年、武豊線が開通し亀崎駅が開業しており、鉄道利用者の便を図るために開かれた渡船である。亀崎側の乗船場は現在の半田市亀崎町5・6丁目あたりで、亀崎駅からもっとも近い海岸。新川側は現在の碧南市松江町1・5丁目あたり。成田新左衛門は1896年に仲間らと衣浦汽船株式会社を興し、この渡船を蒸気船で運航するようになった。この会社はのちに、知多半島と三河湾沿岸の各地を巡航する蒸気船航路を開いている。

これら5本の渡船は1956年（昭和31）、高浜と亀崎の間に衣浦大橋が架橋されたことに伴い廃止された。

●大浜―半田航路

1969年（昭和44）の衣浦海底トンネル開通まで運航された、衣浦湾最後の渡船である（図3）。大浜側の乗船場は大浜漁港あたり、半田側は運河を少し遡り、市街地に近い船頭橋の手前まで航行していた。

この航路は1875年（明治8）、大浜の岡田竹三郎によって始められたのが最初。1887年には半田の榊原松次郎も運航し、さらに衣浦湾・三河湾の巡航船会社も渡船事業に加わって、一時は三社が競合していた。最終的には名鉄海上観光船が運航を担った。

このほか大浜と武豊を結ぶ渡船も明治時代後期から伊勢湾台風後まで運航されていたが、なぜか地形図には乗船場を示す地図記号の記載がない。

図3　廃止当日の大浜—半田航路（半田市博物館所蔵）

碧南

衣ヶ浦の港と海水浴場

豆田誠路

1957年（昭和32）重要港湾として告示された衣浦港。その後の臨海部造成事業により、衣浦湾の姿はそれ以前の「衣ヶ浦」と呼ばれた頃に比べ一変することとなった。そこで、まず1889年（明治22）とみられる衣浦湾周辺部分の地形図を手がかりに、この地域の移り変わりをみていくこととしたい（図1）。

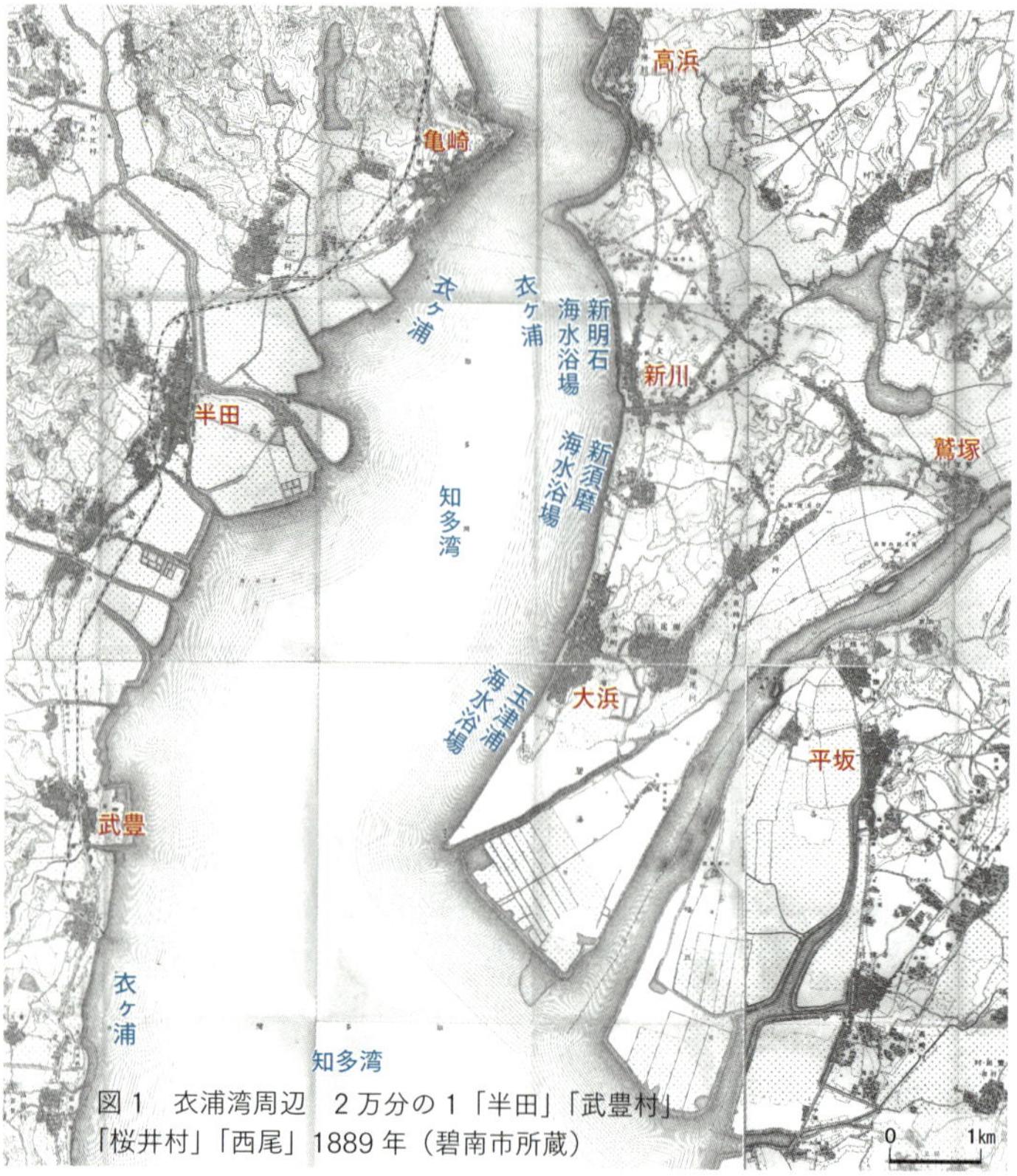

図1　衣浦湾周辺　2万分の1「半田」「武豊村」「桜井村」「西尾」1889年（碧南市所蔵）

衣ヶ浦のみなと

上の地形図によると、衣浦湾は知多湾と、その沿岸部は衣ヶ浦と表記されている。また大浜・亀崎・半田がそれぞれ「〇〇町」と記載されている。いずれも1889年の町村制施行により誕生したばかりの町である。

このほか、武豊以北には線路がみえる。これは1886年（明治19）に幹線鉄道の建設資材運搬の目的で開業した武豊駅〜熱田駅間の線路である。この地形図の制作年とみられる1889年には新橋駅〜神戸駅間が鉄路で結ばれており、この地形図は鉄道の時代の幕開けの時期のものといえよう。

しかし、そもそも衣ヶ浦では古くから船が行き来していた。衣ヶ浦東岸の大浜は、南北朝時代には湊として機能しはじめたと考えられている。江戸時代には、大浜のほか鷲塚（碧南市）、平坂（西尾市）、犬飼（蒲郡市）、御馬（豊川市）が三河の五箇所湊とされた。これは1636年（寛永13）代官鳥山・鈴木両氏が幕府領の物資輸送のため選定したとみられる湊である。西三河では1605年（慶長10）に矢作川が改修されて矢作新川ができてから、矢作川水運の拠点として大浜・鷲塚・平坂が重要な役割を果たしたのである。

　やがて明治時代に入り蒸気船が行き交うようになると、衣ヶ浦では1899年に開港場（特別輸出港）として武豊港が開港した。武豊港は、衣ヶ浦に点在する半田・亀崎・新川・大浜・平坂の5港を1922年（大正11）に武豊港港域の港として編入し、1938年（昭和13）には輸移出入貨物347万トン、価格1億2600万円に達し全国14位の規模となった。

　こうした港湾としての整備とともに、鉄道では1914年に三河鉄道が刈谷新（現刈谷）駅〜大浜港（現碧南）駅で開業した。同鉄道は旅客だけでなく大浜・新川・高浜の土管や瓦等の貨物輸送などを行った。

衣ヶ浦の海水浴場

　この開通により、沿線には海水浴場が設置されるようになった。1914年（大正3）に新須磨海水浴場が、翌年には玉津浦海水浴場がそれぞれ開設され、後に新明石海水浴場を加えた（図2）。また1950年（昭和25）には新須磨に塩水プールが完成している。

図2　玉津浦海水浴場　昭和30年代（碧南市所蔵）

　当時を偲ぶ声には次のようなものがある。60余年前、西尾から宿泊で玉津浦海水浴場に来て水泳教室に行ったとか、70年前に西端（碧南市）や東端（安城市）から牛車や馬車で来た客の荷車が海岸の松林のなかに繋いでいたとか。また新須磨海水浴場などではぜ釣りもできたという。三河鉄道（1941年から名古屋鉄道三河線）や船を通じて遠方からの海水浴客で賑わったのである。

　しかし、1959年の伊勢湾台風襲来により、碧南干拓堤防が決壊するなど大きな被害を受けた。この時に崩壊した大浜海岸・松江海岸の護岸復旧工事は1961年に完成した。また1964年の衣浦港起工により工業地帯が造成されるようになった。こうして衣ヶ浦にあった海水浴場は姿を消したのである。

　この後、埋立地の一角に1974年衣浦マンモスプールがオープンした（図3）。東洋一の規模の造波プールとして人気を呼んだもので、2002年まで28年間、姿を消した海水浴場に代わりひとびとを楽しませた。

図3　衣浦マンモスプール　1985年頃（碧南市所蔵）

　かつて衣ヶ浦にあった砂浜は地形図等の記録や海水浴等の記憶に留まることとなった。それとともに、古くから展開した衣ヶ浦の湊は、統合された衣浦港として現代に展開している。

吉田初三郎の鳥瞰図

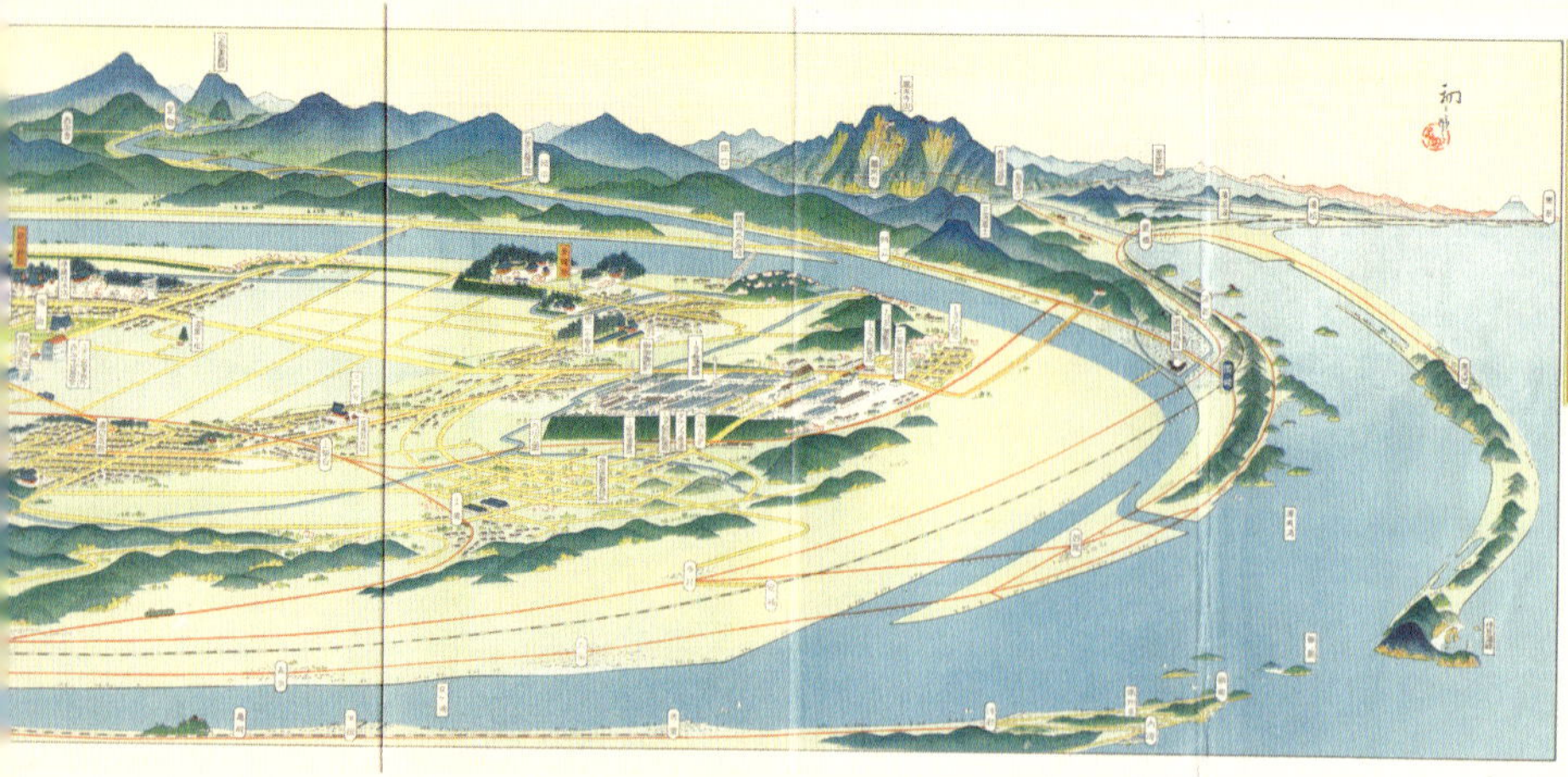

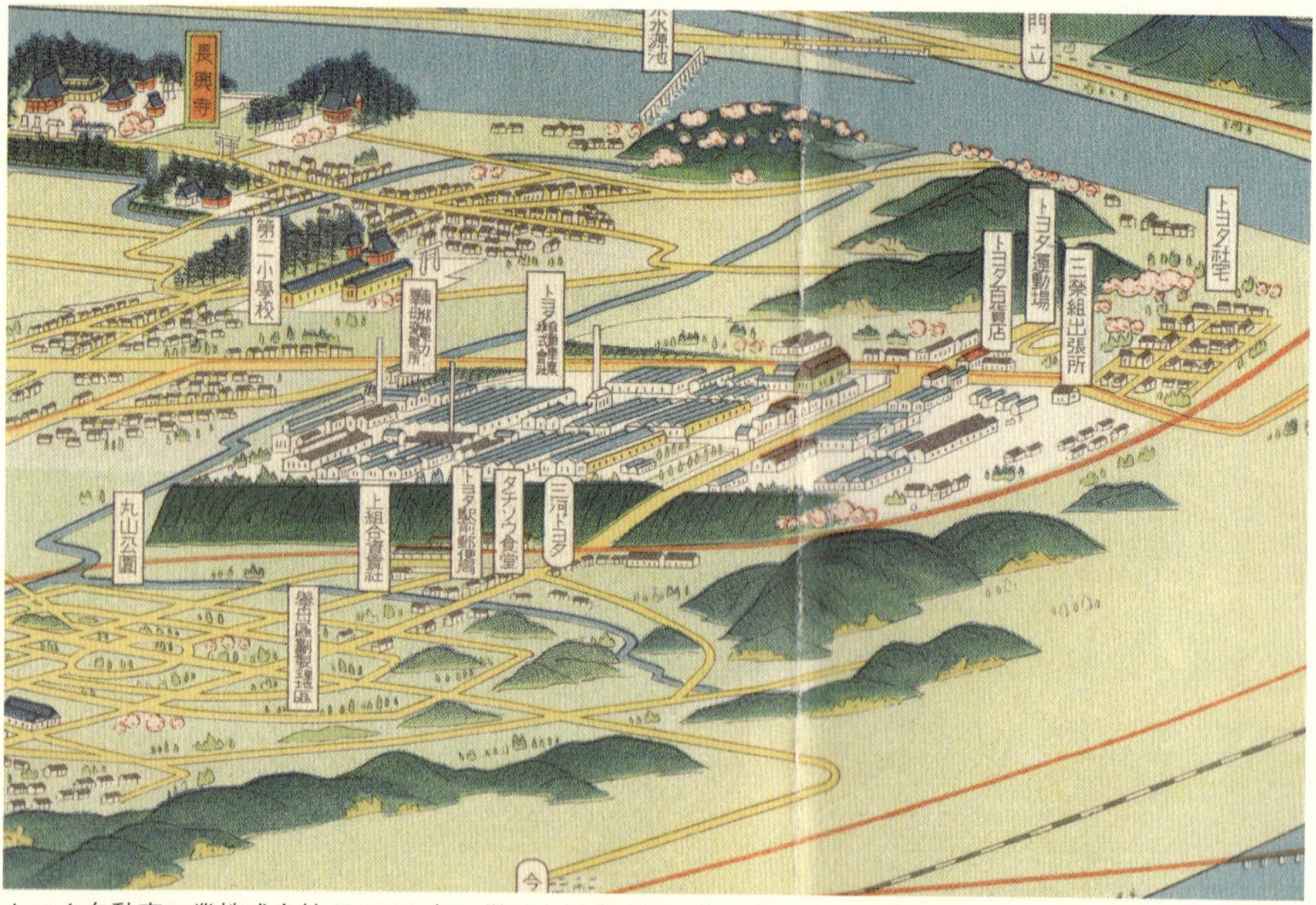

トヨタ自動車工業株式会社が 1938 年に挙母に拠点が移され、豊田市へと発展していく礎が築かれている様子が描かれている

図 1 『挙母町鳥瞰図』東浦町郷土資料館所蔵
挙母町（現豊田市）が依頼して 1940 年に吉田初三郎が描いたもの

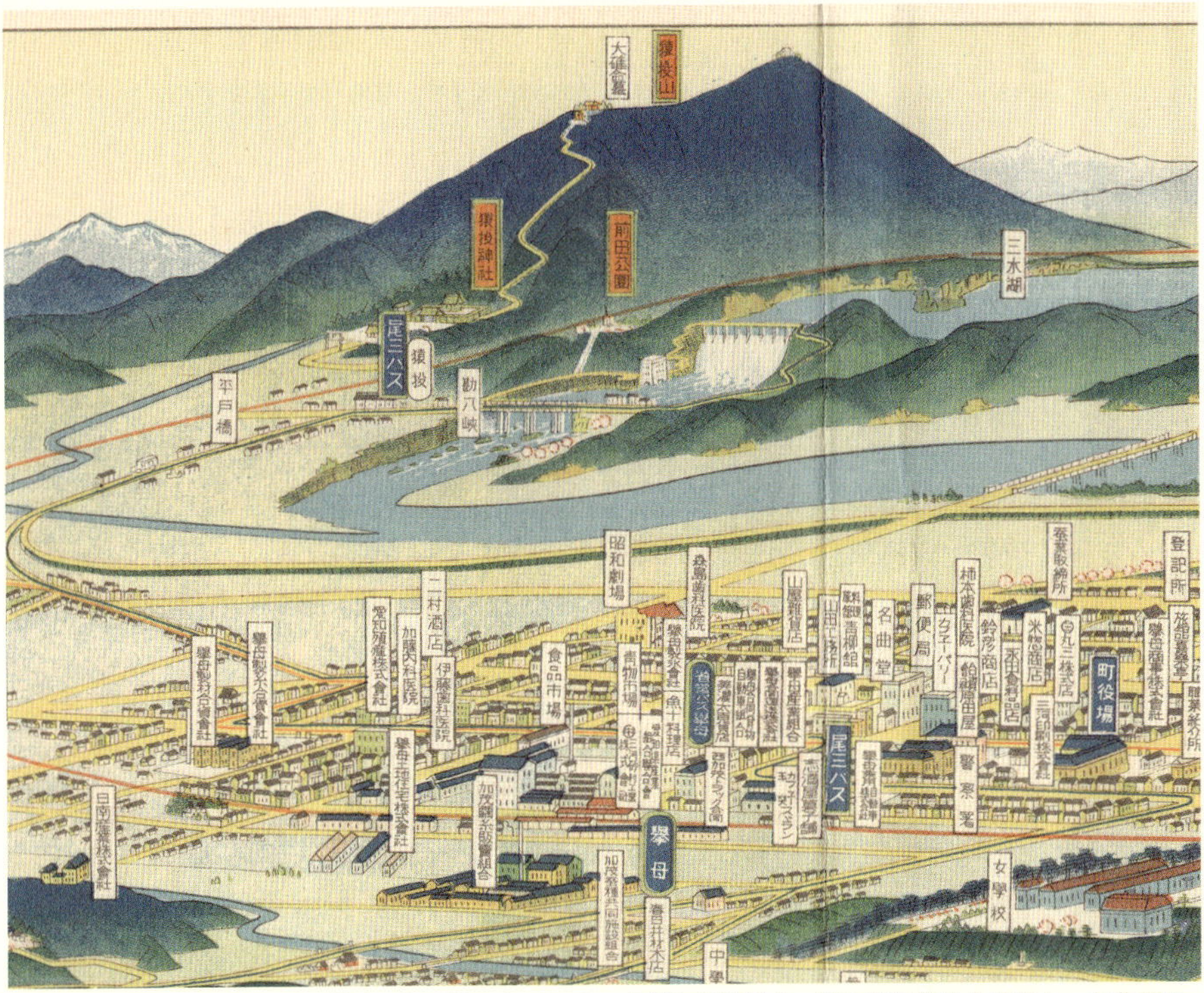

町役場を中心に発展している挙母の町が描かれている。北側には猿投山、麓に猿投神社を配置し、矢作川に越戸ダムが完成し、三木湖が水を湛えている

豊田

二つの「挙母城」

天野博之

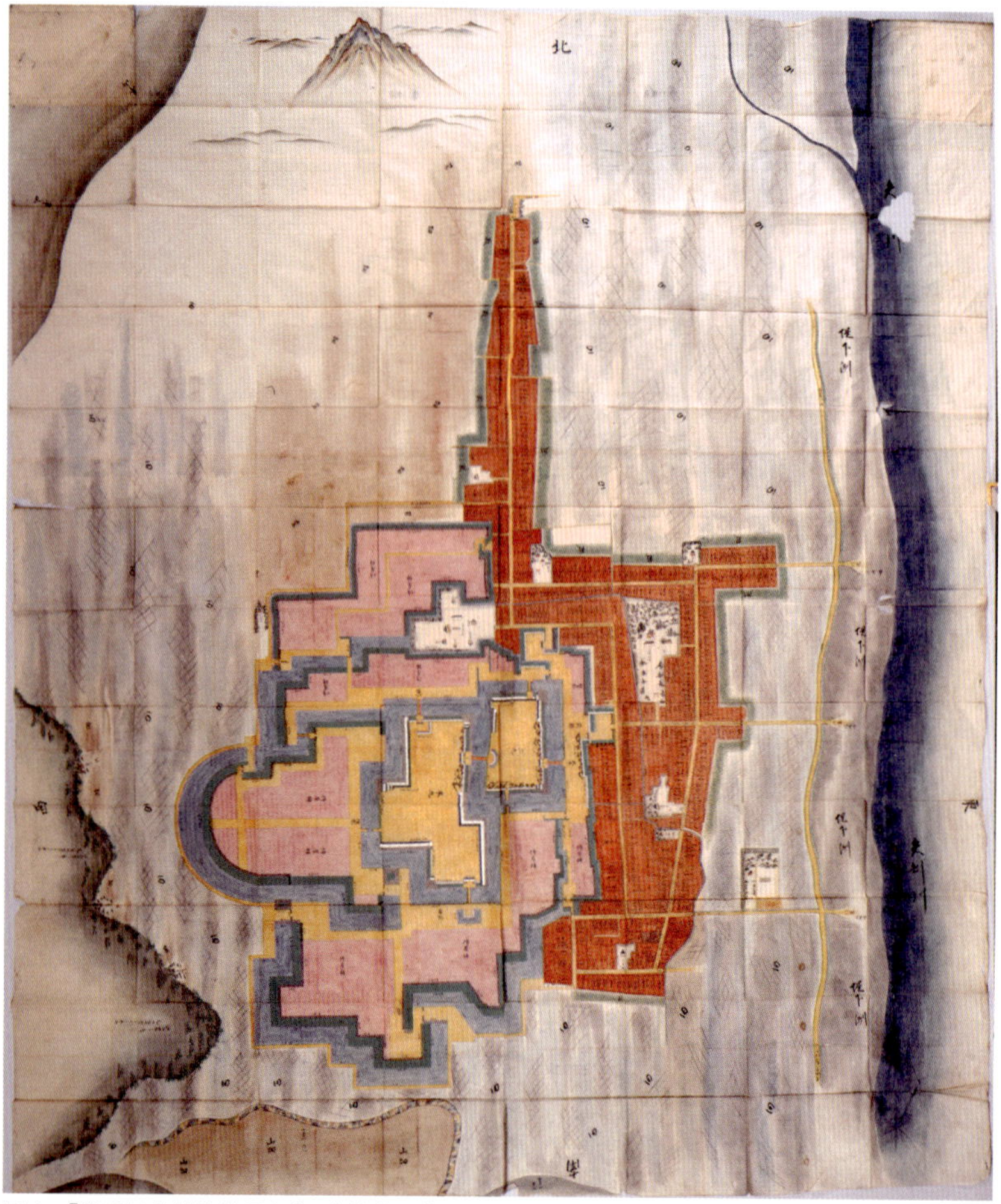

図1　『挙母城地幷惣絵図』（写真協力：豊田市郷土資料館）

絵図に見る城域の変遷

江戸時代の挙母（現在の豊田市中心市街地周辺の地域）は、三宅氏（1万石）→幕府直轄→本多氏（1万石）と領主が交替し、本多氏の後1749年（寛延2）に上野国安中（現在の群馬県安中市）から2万石の領主として内藤氏が入った。内藤氏以前の三宅氏・本多氏は陣屋を領地経営の拠点としていたが、内藤氏は城主大名の格があったため、その居城として新たに建設したのが「挙母城」である。この挙母城には、「桜城」跡（豊田市元城町地内）と「七州城」跡（豊田市小坂本町地内）と、別名で区別される二つの城跡がある。

『挙母城地幷惣絵図』（図1）

図2 『七州城図』（写真協力：豊田市郷土資料館）

は、「桜城」と挙母の町の位置関係を示したものである。図上で橙色に着色されている挙母の町は、江戸時代の初期の領主であった三宅氏が、その陣屋の周囲に町割りをした7町（後に8町に発展）が基礎になっている。この町は、矢作川沿いの自然堤防上の微高地に立地しており、古くから川船等による物資輸送の大動脈であった矢作川の水運と、美濃・信州方面等へ通じる陸上交通が交差する物資集散の地として発展していた。

　一方の城域は桃色と黄色で示され、本丸部分には三重櫓、二の丸にも北東隅と南東隅に櫓が描かれており、青色の堀で区画されている。二の丸部分は、三宅氏・本多氏時代の陣屋の敷地を利用し、本丸や侍屋敷等は、すでに成立していた町を避けるように西側の低地に張り出している。ちなみに桜城の別名は、二の丸となった元の三宅氏の陣屋に、多くの桜が植えられていたことに由来する。

　桜城の工事は、1751年に起工式がおこなわれたものの、度重なる矢作川の洪水により遅々として進まなかった。二の丸部分の二つの櫓は1768年までに完成したが、それ以上の進展はなく、1779年には水害を避けるため、高台の樹木台へ城を移転する願いが幕府に提出されている。そして幕府からの許可を受け、1781年に着工し、1785年頃に完成した城が「七州城」である。

挙母に過ぎたるもの

　七州城は、桜城から西南西に約800mに位置する標高65mの段丘面に立地する。七州城の別名は、この高台から三河・尾張・美濃・信濃・伊勢・近江・伊賀の7国の山々を望めたことによる。『七州城図』（図2）は、明治20年代に挙母藩士の子・牧野敏太郎によって描かれた絵図である。鳥瞰図として構成された画面には、二層の隅櫓と御殿がある本丸から「挙母には過ぎたるものが二つある、大手御門に海老名三平」と囃された大手門まで、城域全体が描かれている。「過ぎたるもの」とされた大手門は、挙母神社の祭礼の際、城内に山車を曳き入れることができるほどの大きさを誇っていた。もう一つの海老名三平は、剣術指南役が襲名した名前で、代々無外流の達人であった。

画面の左下は、大手門前の広場に続く3本の通りと町並みが描かれている。城の移転に前後して水害を避けて高台に移った町家等により成立した新たな城下町・樹木町である。実際の樹木町もこの3本の通りを主軸とした碁盤割の町筋となっており、この町筋は現在もほぼそのまま引き継がれている。そのため、樹木町周辺を歩くと今でも城下町の名残をそこかしこに見ることができる。ただし、交通の要地であった桜城下にも商業等の利便のために残る町家も多く、城下町も桜城の挙母（下町）と七州城の樹木（上挙母）の二つに分かれてしまった。桜城下の挙母は、1920年に三河鉄道挙母駅（現在の豊田市駅）が開業すると、駅を中心とした新たな市街地が形成され、時代を追ってその姿は変化している。

図3　七州城跡（隅櫓：復元）

図4　桜城跡（櫓台石垣）

桜城の着工から七州城の完成まで約30年を要した「挙母城」も、明治維新の後1870年に破却された。七州城の本丸跡はその後小学校の用地として長らく使われ、現在は豊田市美術館が建てられている。美術館に隣接する七州城址公園には本丸の隅櫓の石垣が現存しており、その上には1973年に二層の櫓が再現されている（図3）。なお、美術館の大池がかつての本丸御殿の位置にあたり、美術館の駐車場は、城の堀を兼ねていた蓮池の跡である。

一方の桜城の跡は、挙母の町から豊田市の市街地として発展した街区の中に、二の丸北東隅の櫓台の石垣が現存し、その周囲が桜城址公園となっている（図4）。七州城に城の機能が移った後、不要となった櫓台が、石材を再利用されずに残った理由や、その後の使われ方は不明である。ただ、その荒削りな石の面を眺めていると、「城」造りへの意地や情熱が、形としてそこにあるようにも思えてくる。

column

本宮山山頂に残る天測点

松岡敬二

三角測量の基準点である三角点は、安定した大地に石柱（三角点）を埋設し、上面に十字が刻印されている。石柱の設置は、見通しが良い場所を優先するため、山頂に設置されているとは限らない。1871年（明治4）からの『東京府下測量のための測量標旗の規格』に基づき、国土地理院が設置管理している。三角点は一等から五等に区分され、2010年には10万8500点近くある。一等三角点は974点あり、愛知県東三河では4点（豊橋市と湖西市境の神石山、豊川市・岡崎市・新城市境の本宮山、蒲郡市の桑谷山、田原市の大山）、西三河では豊田市の猿投山の1点である。

1954年（昭和29）から1959年までの5年間、天文測量のために設置された基準点、天測点が全国48カ所に設置された。本宮山（789・2m）山頂にある天測点は八角柱をしており、銘板記載番号は第22号である（図1）。地面に立ってはいるが、やや傾いた状態となっている。近くには、一等三角点がある。豊川を挟んだ東側には標高382・1mの吉祥山がある。吉祥山山頂には、水平方向の変異を測量するときの基準点である菱形基線測点（No.28基本）と三等三角点がある（図2）。基準点をもとに人工衛星からの電波を使った測量技術（全地球航法衛星システム）により、標高測定の精度が高まった。

2014年の国土地理院の標高改定では、愛知県の最高峰茶臼山は1m高くなり1416m、段戸山から名称変更した鷹ノ巣山は1153mになった。

図1　本宮山山頂にある天測点と一等三角点

図2　吉祥山山頂の菱形基線測点と三等三角点

豊田

いま再びの平戸橋勘八峡

逵 志保

豊田市平戸橋町の故本多静雄屋敷跡が2016年に「民芸の森」と名付けられて一般公開され、いま再び矢作川中流に位置する平戸橋勘八峡の周辺が注目されている。

かつて平戸橋勘八峡《かんぱちきょう》では、矢作川の取水をめぐって枝下用水と明治用水の両農業用水が水争いをした。1901年（明治34）には牛枠の取り外しをめぐって「枝下用水事件」と全国紙で報道されるほど注目され、その顛末を2000人近い人々が見にきたという。

大正時代、三河水力電気株式会社が平戸橋勘八峡に水力発電所をつくるため、越戸ダム建設に動き出した。1926年（大正15）、水争いをしていた枝下用水と明治用水は矢作川の水利権をめぐって電力会社と協議を進めねばならず、合併を決めた。

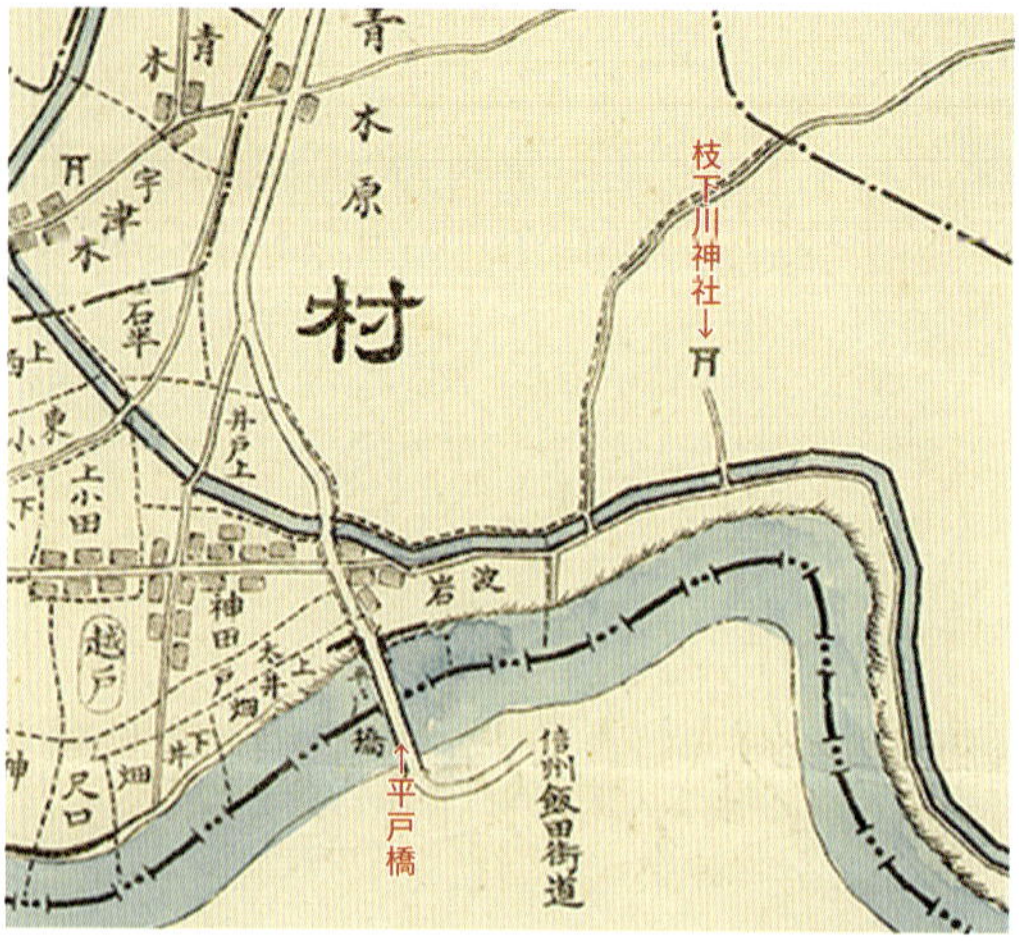

図1　越戸ダムができる前の平戸橋周辺（『枝下用水灌漑地域図』部分、1906年、豊田市若林公会堂文化財資料庫所蔵）

図2　矢作川と枝下用水の風景（年代不詳、前田悠紀吉提供）

図3　馬場瀬梁（年代不詳、前田悠紀吉提供）

全愛知県下新十名所選定

平戸橋勘八峡は奇岩がおりなす風光明媚なところで、1924年（大正13）には三河鉄道（現・名古屋鉄道）が猿投駅まで開通、自動車を利用した交通も発達し、観光目的で始まった鵜飼も賑わいをみせた。名古屋からの日帰り旅には好適地だったのである。

この地が観光名所として広く注目を浴びることになったのは、1927年（昭和2）の『新愛知』（現・中日新聞）本社主催による「全愛知県下新十名所選定」によってあろう。選定のための投票が発表されると、名古屋方面で勘八峡を推奨する人々が運動の火蓋をきり、地元の猿投村（現・豊田市猿投町）近郊出身の名古屋在住者が応援したという。名古屋―挙母間に新三河鉄道を敷く計画があったこともあり、挙母町（現・豊田市）は地元の繁栄に投票結果が影響すると考え、応援事務所を設けた。

7月10日、『新愛知』紙上で投票審査結果が発表され、平戸橋勘八峡は82万2015票を獲得して第6位に入選した。祝いには3尺玉の花火が打ち上げられ、『新愛知』は新十名所選定後も名所案内に紙面を割いた。建設が進められていた越戸ダムは、景観の面からも歓迎され、三水湖と名づけられた。

図4　第1回平戸橋勘八峡桜祭（1950年、倉地格提供）

桜並木盛衰記

藤の名所だった平戸橋勘八峡は、昭和初期、「勘八峡保勝会」によって桜が植えられ、桜の名所に代わった。保勝会は戦中に自然消滅したが、1946年（昭和21）、当地出身で実業家・陶芸研究家の本多静雄が越戸（現・平戸橋）に居を構えると、加藤唐九郎や地元有識者らと「ヤハギ川観光協会」を設立し、戦前の桜並木を再生・復活させた。本多は物心両面で故郷を支えたのである。1950年ごろには日本テネシー平戸橋勘八峡と命名し、桜まつり、勘八峡夏期文化講座、NHKのど自慢の誘致など、さまざまなイベントを開催した（図4）。そうした努力から1951年には加茂県立公園として指定され、新たに「平戸橋観光協会」を設立して整備に努めた。

1kmほど離れた県立猿投農林高等学校の当時の学校管理案には、平戸橋畔の桜と紅葉で賑う季節は特に注意するようにと特記されている。それほどの賑わいだったのだろう。

しかし、地元の努力に対して、猿投町（現・豊田市猿投町）の観光事業に対する態度は消極的で、次第に春秋年2回の観光祭りもさびれていった。1959年の伊勢湾台風による公園の復旧工事も進まず、そうした町の態度に、観光協会は翌年、解散決議文を町に手渡して引きあげたという。

それからは高度経済成長期である。道路設備が整えられていくのと同時に排気ガスの問題が起こり、なによりも人々の無関心により、桜は次々と枯れていった。崩壊状態の桜並木は、もう再生は困難と思われた。

しかし昭和40年代、有志が「猿投の桜を守ろう」と活動を始め、1972年には「桜を守る会」をつくり、桜の苗木を購入するための募金運動を始めた。翌年には92本の苗木を植えたと記録されている。その後、昭和後期から平成初期には地元の平戸橋一区や前田公園愛護会が本格的な桜復活運動を始めた。春、私たちが愛でる平戸橋勘八峡の桜は、こうして地域の人々の努力で受け継がれてきた運動の成果そのものである。

みよし

ため池の変遷が語る地域の今昔

塚本弥寿人

ため池のある風景

　春には2000本の桜が咲き、夏祭りでは打ちあがる花火が湖面に映え、約4・5㎞の周回道路は散策やジョギングなどで地域の人々に親しまれている三好池。東名三好インターからほど近く、名古屋市と豊田市を結ぶ国道153号線そばというアクセスの良さから、近年は市外からも訪れる人が増えている。この三好池、実はできてから50年ほどしかたっていない。三好池は、曲り池や中ヶ池など4つのため池を合わせ、愛知用水の調整池第1号として1959年（昭和34）に完成した（図1）。

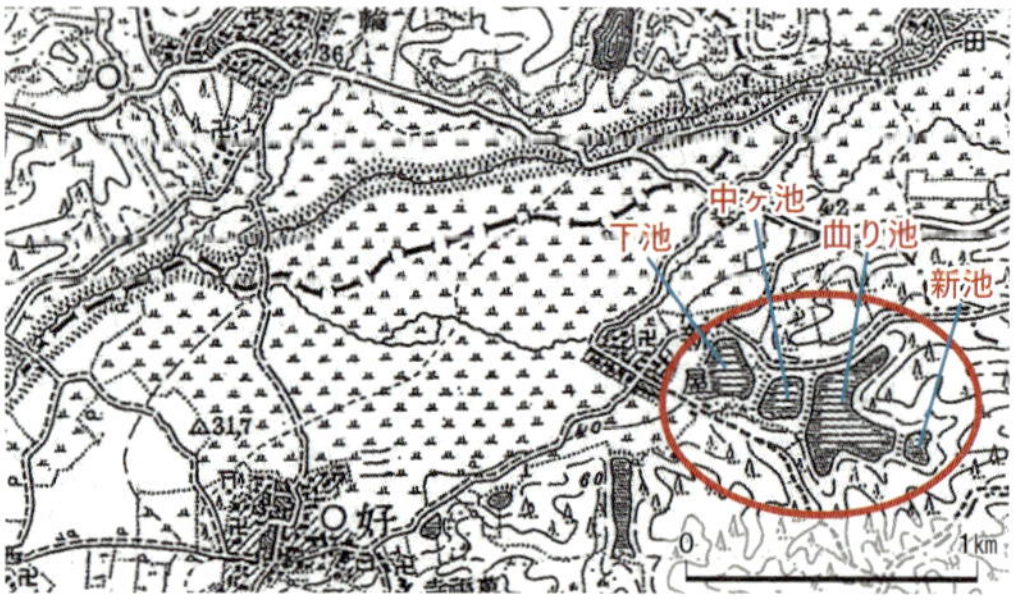

図1　三好池のできる前。赤線部分（5万分の1「挙母村」1899年）

　世紀の大工事といわれ、世界銀行からの融資を受けて1961年（昭和36）に通水した愛知用水。木曽川の水を知多半島へと導いており、現在はみよし市や刈谷市などの西三河西部、豊明市や東郷町などの尾張東部、そして知多半島を潤し、三好池のほか、みよし市、東郷町、日進市にまたがる愛知池や知多市の佐布里池などの調整池をもつ。この愛知用水は、人々の暮らしはもとより、その水を利用する土地の風景をも一変させた。みよし市においては梨やブドウなど果樹の栽培が定着したほか、工場誘致が盛んになされ、多くの工場が進出した。その一方で水田は減少し、それに伴ってそれまでこの地域の稲作を支えていたため池の多くが姿を消していった。

　西三河西部と尾張東部を流れる境川。その流域には細かな谷筋が多くあり、その出口に堤防を築くことで容易にため池を築造することができるため、古くから多くのため池が築かれた。みよし市でも、多い時期には100を超える大小さまざまなため池があった。この地域の人々にとって、ため池のある風景は日常的なものであり、生活の中に深く溶け込んでいた。ため池で使用される民具や灌漑用の設備である「杁《いり》」を含む地名などにその名残がみえる。しかしながら、愛知用水の通水により多くが姿を消していったとはいえ、すべてのため池がなくなったわけではない。農業用水として、または雨水用の調整池として、数は減ったものの今もその役目を果たしている。

境川は人々の境界ではない

　境川は、その名の通り、三河と尾張を分ける境界である。しかし地図を見てわかる通り、みよし市においては境

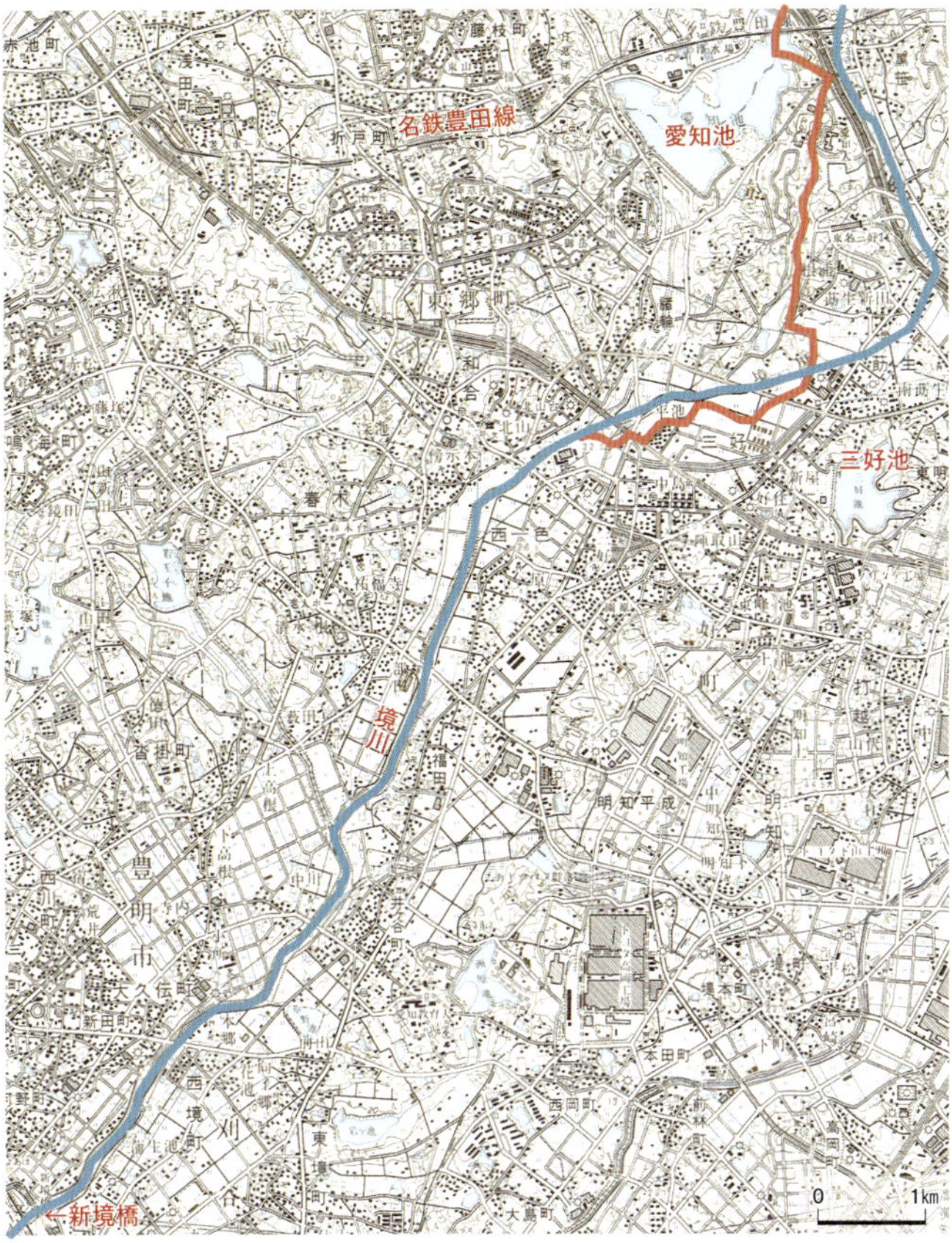

図2　現在の境川流域。赤線は境川と重なっていない市の境界線（5万分の1「豊田」1999年）

となっていない。現在の国道153号線あたりから境川は尾張国である愛知郡東郷町内を流れており、国境たるみよし市と東郷町の境界線は、境川よりも東側にある。さらにその上流部は、みよし市を横断する形で流れているのである。この国境の不明瞭さ、曖昧さは古代からみられる。猿投山西南麓古窯跡群の一部として、古代から中世にかけて、谷の傾斜を利用して窯をつくり、この地で採れる焼物に適した良質な粘土を使った窯業生産がおこなわれていた。三河であるみよし市内の黒笹8号窯から、尾張国内の地名とされる「船木郷」という文字を刻した土器が出土している。また中世の一時期、みよし市を含む高橋郡が尾張として扱われ、1595年（文禄4）の豊臣秀吉から出された知行方目録には「尾州高橋郡」と記されている。これらの事実は、国境がその時代により動いたということではなく、三河と尾張の国境地域、この境川流域の一体性を示している。江戸時代や明治時代の人々は、国境たる境川を越え、一つの文化圏、生活圏、商業圏を形成し、さまざまな交流をしており、それは現在までも連綿と続いている。

　この境川流域の一体性をつくりだしたのは、中心たる境川とそこに広がった多くのため池である。このため池文化、風景、生活を一変させたのが愛知用水である。古より流れる境川の水。遠く木曽川より導かれた木曽川の水。そして人々に親しまれてきたため池の水。この地域の人々にとって欠かすことのできない大切な水は、今日もこの地を、生活を、文化を、そして人々を潤し続けている（図2）。

幸田

地名に残るかつての巨大池

内藤昌康

三河屈指の巨大池

幸田町の北中央部に菱池という大字がある。地図（図1）を見ると、区域の中央をJR東海道本線が一直線に貫いており、線路の東側は集落や新興住宅地が連なり、西側は田園地帯になっている。

この菱池という地名は、かつて存在した同名の池が由来だ。東海道本線は幸田駅から相見駅にかけて築堤が続いているが、これはむかし池が広がっていた低地の中を、一直線に線路を敷設したため。ただ、菱池は東海道線が開通した1888年（明治21）にはすでに存在していないので、車窓からのどかな池の眺めを楽しめたわけではない。池の遺構もほとんどなく、今や地名だけがこの地に池が存在したことを伝えている。この菱池、いったいどのような池だったのだろうか。

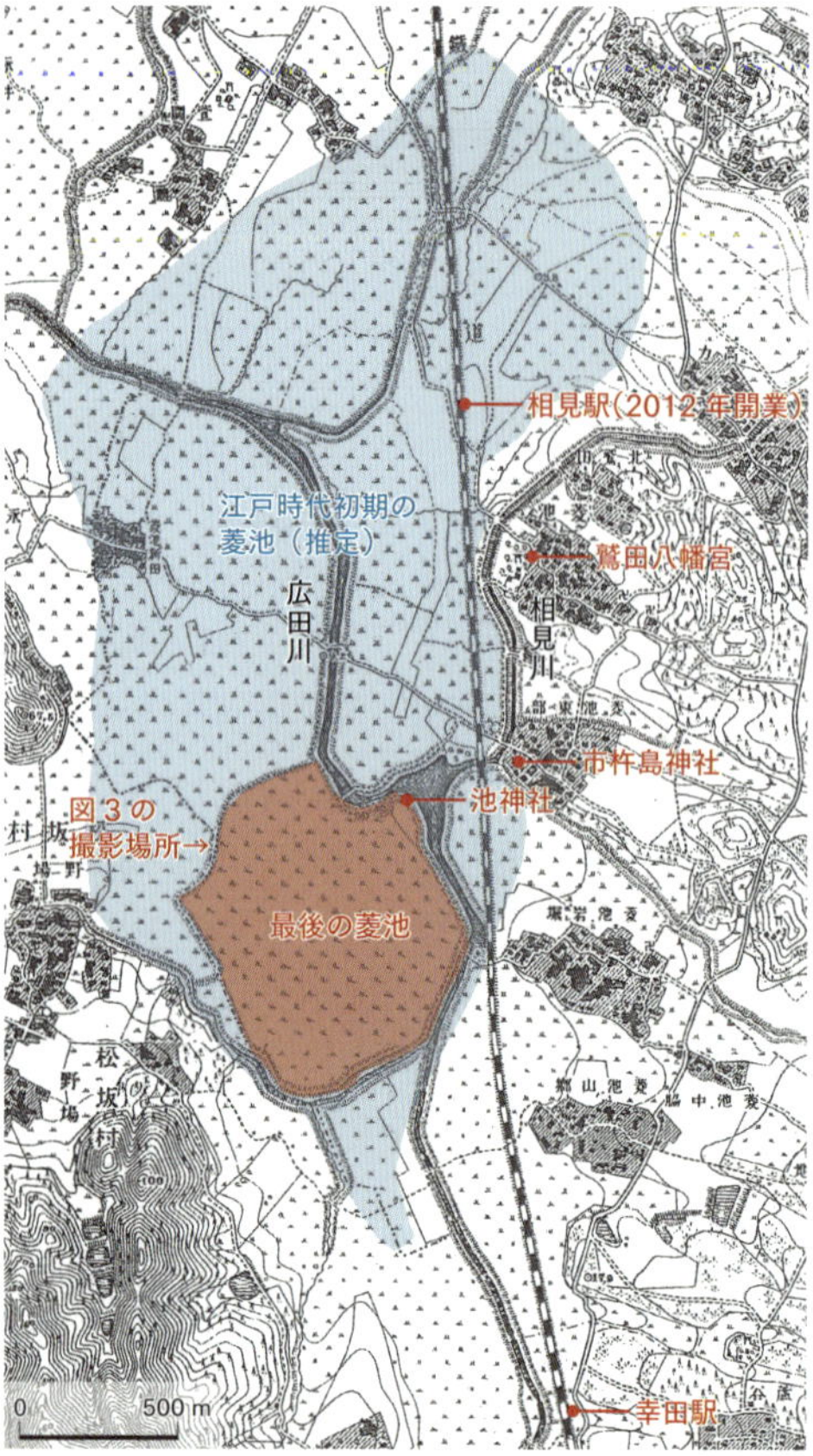

図1　2万分の1「福岡村」「深溝村」1890年

元を辿ると、菱池は現在の幸田町北部から岡崎市南部にかけて広がる三河屈指の巨大な池だった。南北に長いその範囲は、北は岡崎市上地町、福岡町、幸田町坂崎から、南は幸田町六栗《むつぐり》にまで及んでいた。一帯はもともと低湿地であり、周囲を取り囲む山々に源流を発する幾筋もの小さな川の流れが、この場所に集まったことで形成されたという。菱池の水は、西へと流れる広田川《こうた》を通じて排水され、矢作古川を経て三河湾へと流れ出ていた。

近世には鮒《ふな》漁や菱の実の採集もおこなわれていたが、その一方で新田の開発も盛んだった。現在の幸田町六栗、野場、永野あたりの池南部の地先は江戸時代初期にはすでに開発されていたという。2012年に開業した相見駅の場所も古くは菱池の中だったが、ずいぶん早くに新田になっていた。その後も年々新

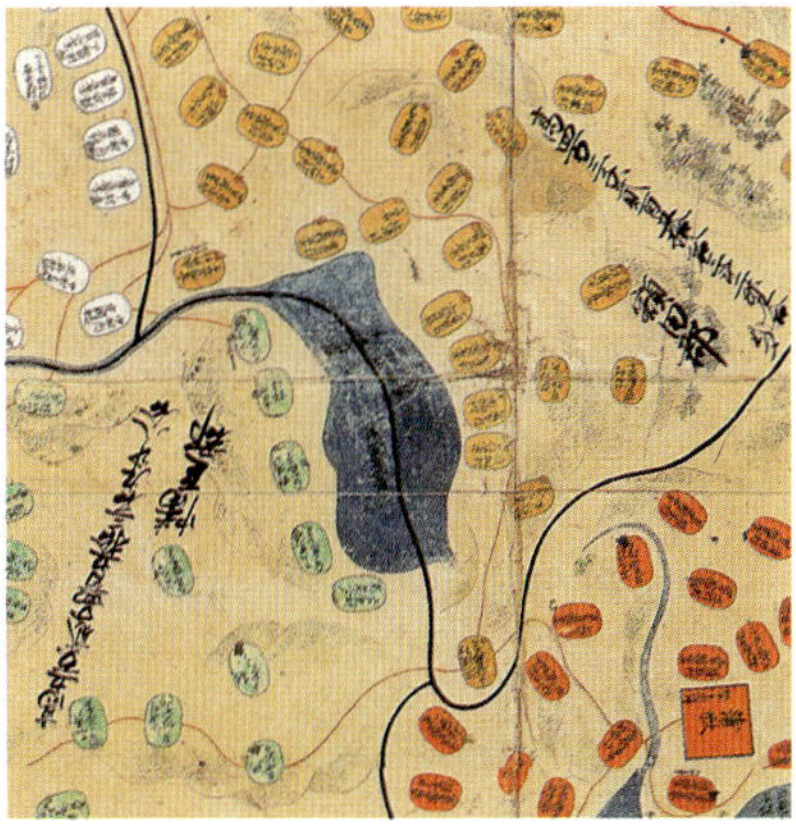

図2　江戸時代中期の絵図に描かれてる菱池（中央）（『三河国元禄国絵図』愛知県立図書館所蔵）

田化が進められ、江戸時代中期ごろには現在の大字菱池の範囲内にまで小さくなっていたと思われる。

水害解決のために消滅

一方で菱池は、沿岸の村々にたびたび洪水被害をもたらしてきた。というのは、新田が増加したため池の面積が狭くなったところに、何本もの川が水とともに土砂を運び、川床が高くなって水があふれやすくなったためである。これを解消するための工事は度々計画されてきたが、菱池に関わる村が十数にも及んだため調整が付かず、ようやく明治時代に入って改修工事がおこなわれることになった。

1882年（明治15）におこなわれた相見川開削工事は、その第一弾であった。これは、菱池に注ぎ込む何本かの川の流れを、新たに相見川を開いてこれ一本に集約し、水量を調整しようというもの。わずか一年ほどで工事は完成した。この新しい川の名前は中世に存在したとされる「相見荘」に由来している。続いて1883年、広田川の改修がおこなわれた。菱池の排水路の役割を担ってきたこの川をどうにかしないことには、水害の根本的な解決は成しえない。そこで堤防を改修し、河床を掘り下げるなどの工事をおこなった。この結果、菱池が消滅したのだった。

さらにこの池の跡地を、愛知県下有数の実業家であった海部郡江西村（現愛西市）出身の神野金之助が1884年に払い下げを受けて干拓工事に着手。二年後に完成し、田園風景が出現した。

最後の菱池の範囲は、現在の幸田町菱池字菱池に相当すると思われ（図1の赤色部分）、水田の中に池のへり跡らしき段差が残っている（図3）。また、広田川に相見川が合流する地点の土手の傍らに、池神社が祀られている。ここには、干拓の記念碑と、干拓後に進められて1932年（昭和7）に完工した耕地整理の記念碑が建てられている。

このほか、相見駅の南東にある鷲田八幡宮や、そのさらに南にある東部集落の市杵島神社は、少し離れた場所から見ると丘陵の先端にあることがわかる。菱池が相見駅のあたりまで広がっていた時代には、さながら湖に突き出した岬のような風景だったのだろう。

図3　菱池のへり跡

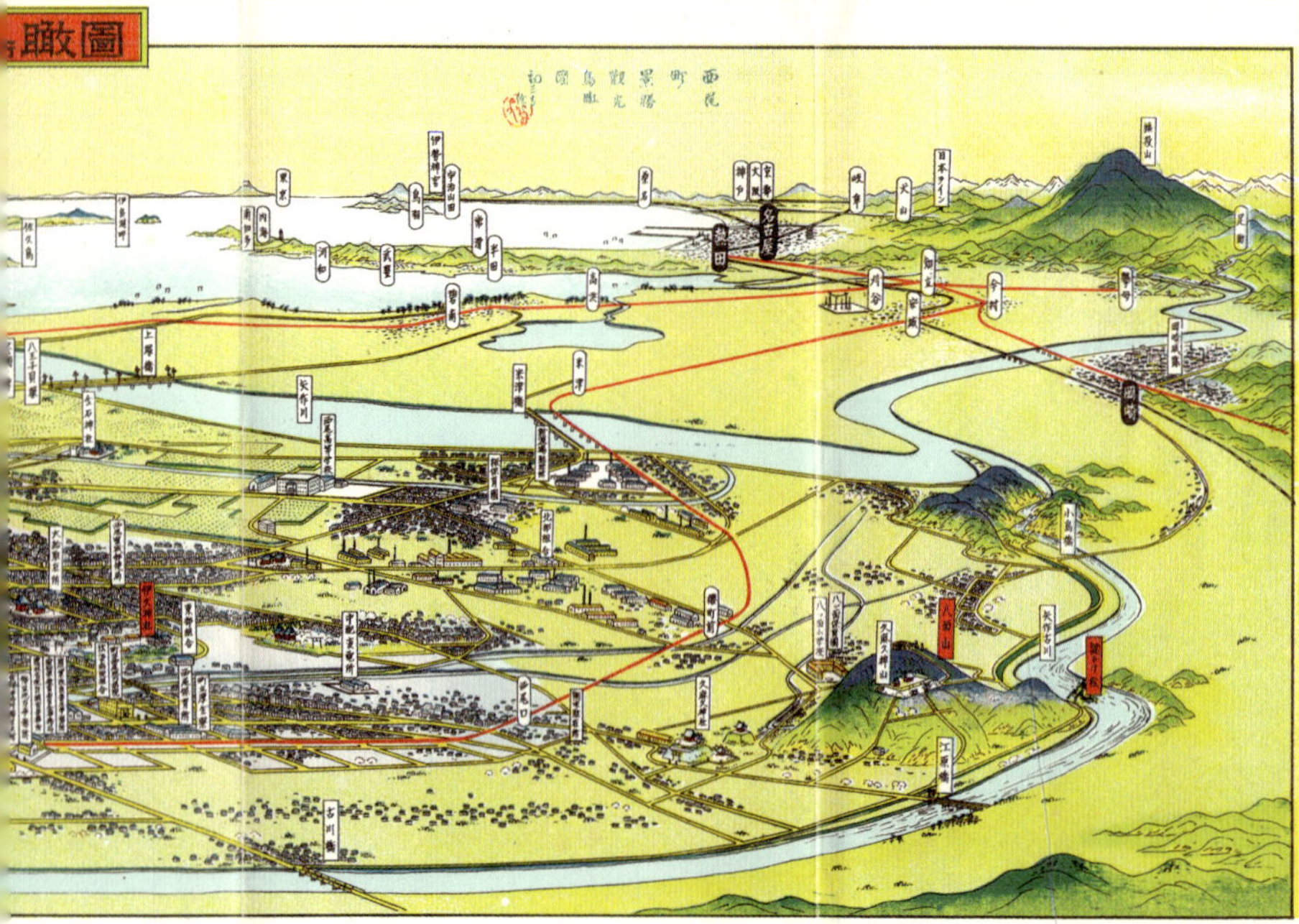

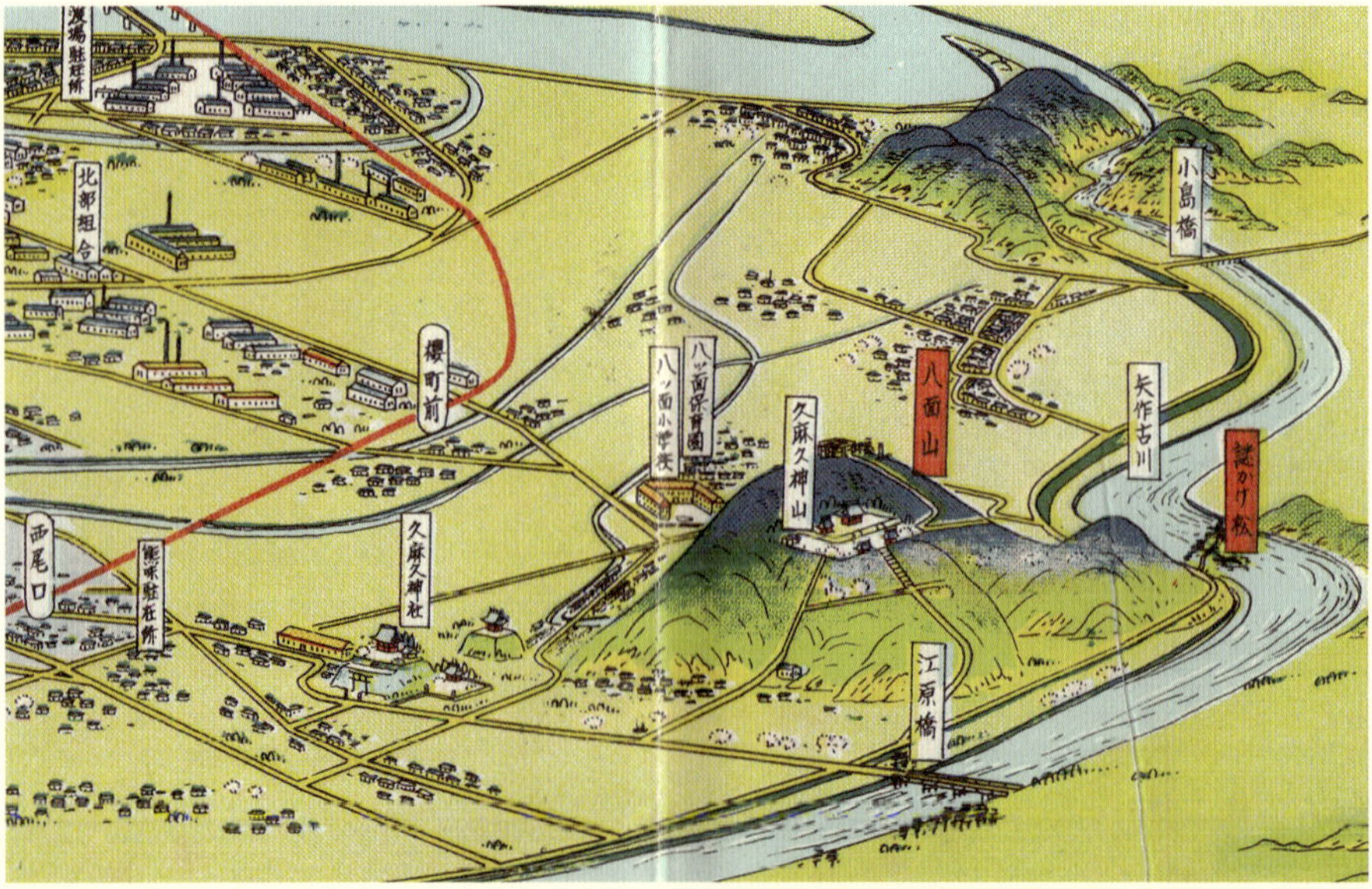

矢作古川の右岸にある八面山は、雲母山ともいい、雲母が採掘された坑道が今も残っている。雲母の別名はキララで、吉良の語源となった

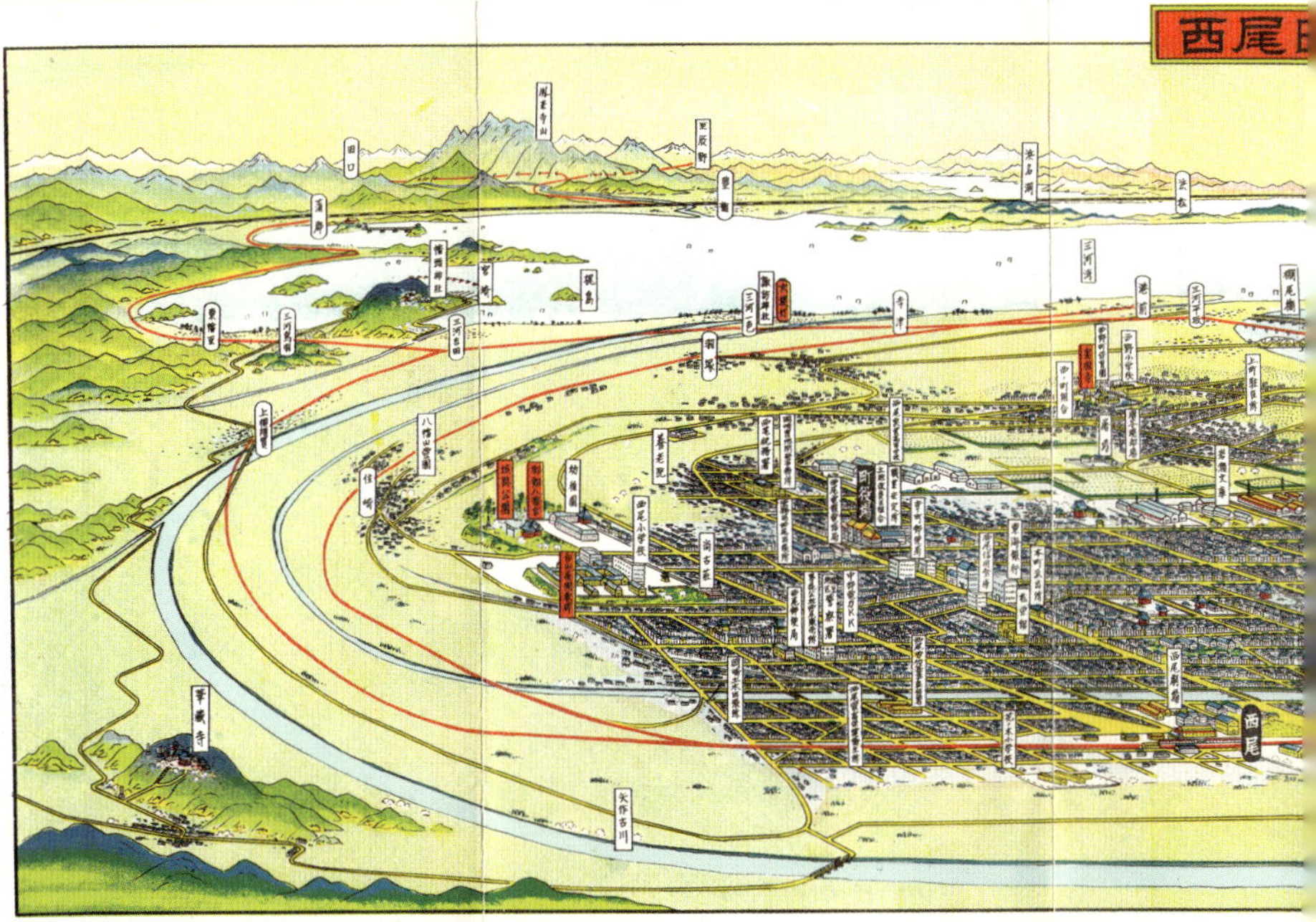

図 1 『西尾町鳥瞰図』東浦町郷土資料館所蔵
西尾町役場が吉田初三郎に依頼し 1940 年に製作したものである。西尾町は矢作古川と矢作川に挟まれ場所にある構図となっている

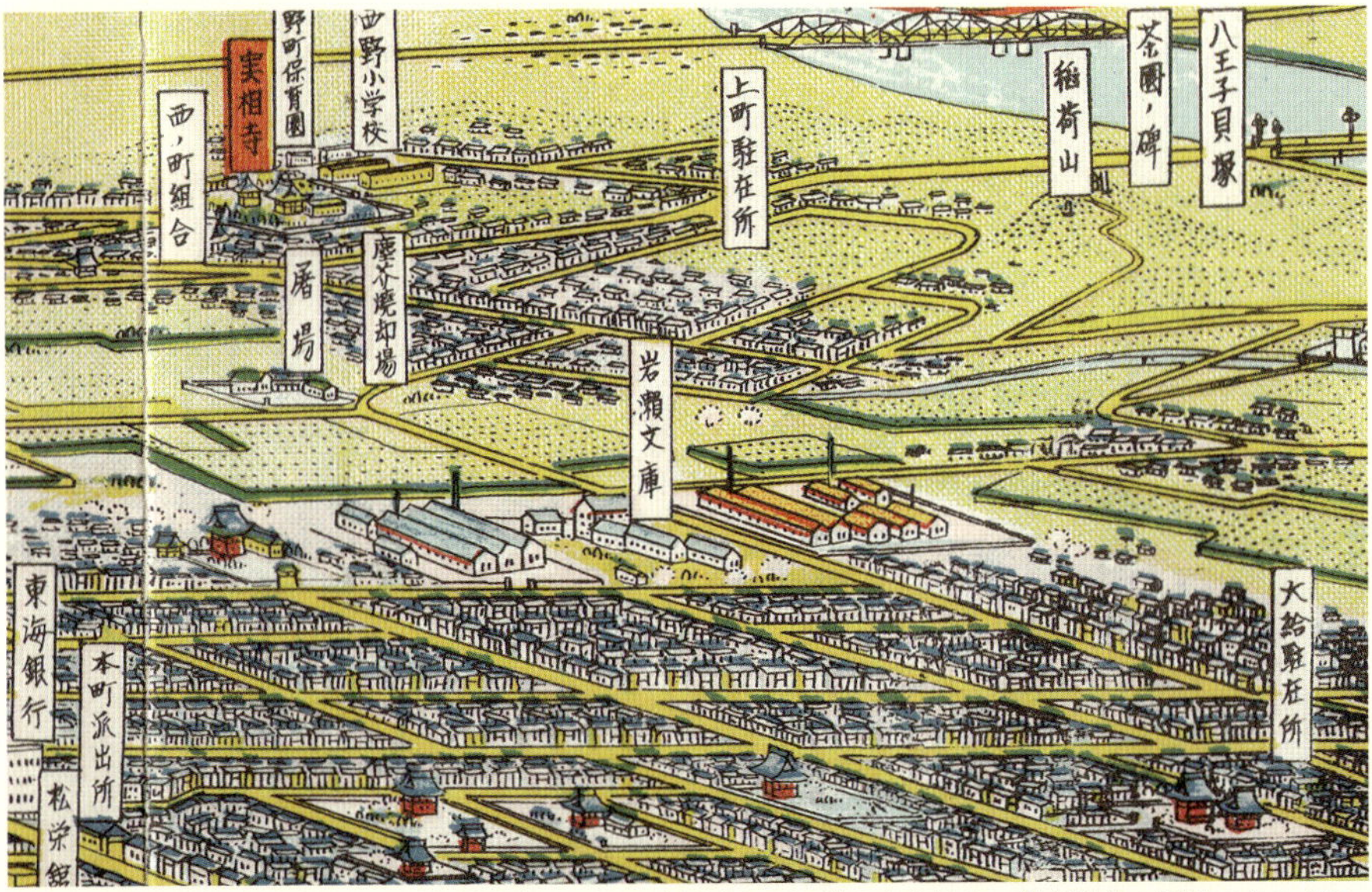

岩瀬弥助の収集した古書からなる岩瀬文庫、三河の安国寺として栄えた実相寺、縄文時代の遺跡である八王子貝塚と、その隣に稲荷山と茶園の碑がある

西尾城と城下町

林 知左子

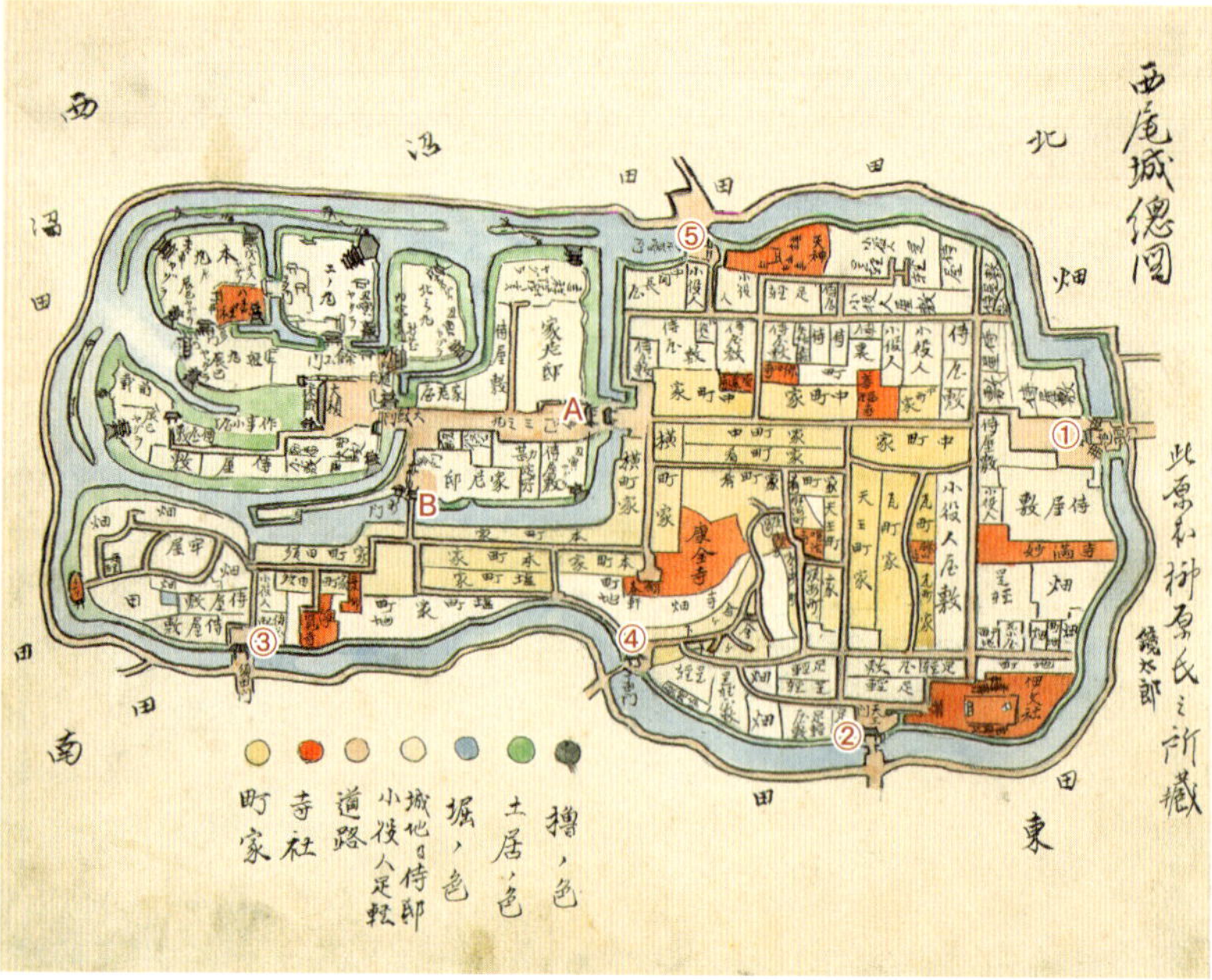

図１　「西尾城総図」（西尾市岩瀬文庫所蔵『西尾城郭覚書』1716 年成立、1908 年転写より、以下の図も同様）

A　大手黒門、同多門、三之丸丑寅櫓、高札場

B　新門並びに帯曲輪荷香（蓮花の香気）

西尾城

西尾城の創建は、承久の乱（1221年）で戦功を上げた足利義氏《あしかがよしうじ》が三河国守護に任ぜられ、その支配拠点として築かれたことに始まると伝えられる。足利氏は地名（当時この辺りは吉良荘《きら》といった）に因み吉良氏を名乗るようになり、以降、吉良氏がこの地を統治する。戦国時代末になると、支配力の衰えた吉良氏を追い今川氏麾下の牧野成定、次いで家康麾下の酒井正親が入城。その子忠重が城主であった1585年（天正13）、家康の号令によって城の修増築がなされた。家康の関東移封後の1590年（天正18）、岡崎城と兼帯で当地を治めた田中吉政により城域が拡大される。吉政は各地で精力的な都市計画を行ったことで知られるが、西尾においても整備を進め、城から城下への出入り口に大手門【A】と新門【B】を築いた（図1）。関ヶ原の合戦後、1601年（慶長6）に本多康俊が西尾藩主として入城。その後藩主は松平氏、本多氏、太田氏、井伊氏、増山氏、土井氏、三浦氏、大給《おぎゅう》松平氏と譜代大名が頻繁に入れ替わる。この間城も大規模に改修され、1657年（明暦3）には本丸を頂点とし、北へ順に二之丸、北之丸、三之丸、東へは姫丸、東之丸、帯曲《くる》輪《わ》と徐々に低くなる裾広がりの梯子《はしご》状に廓を配置した城と、総構《そうがま》えの城下町が完成した。

総構えの城下町

西尾の城下町の大きな特色は、「総構え」という構造であったことである。城のみならず城下町の周囲すべてを堀と土塁で取り囲むもので、城下への出入口は「五ヶ所御門」と称された五つの門だけであった。西尾城下への表門ともいうべき追羽門《おっぱもん》【①】は東海道の池鯉鮒や岡崎へ至る道に通じ、内枡形《うちますがた》を備えた楼門が建てられていた。西尾の産土神《うぶすながみ》・伊文《いぶん》神社の東にあった天王門《てんのう》【②】は藤川に通じ、北東部の領民に開かれたもの。須田門【③】は藩領であった一色・吉良や、水運交通の要であった平坂湊《へいさかみなと》に通じる門で、交通量も多く堀に石橋が架かった城下の通用口的存在であった。東の丁田門【④】と西の鶴ヶ崎門【⑤】は、それぞれ藩領東部と西部の在郷に通じていた。

また武士・町人・農民が混在居住していたことも西尾の城下町の特色の一つである。武士のうち上級の者は城

① 追羽門鳴虫

② 天王門松風

郭内に屋敷地を与えられていたが、中級武士は百石町・馬場町、下級武士は矢場町周辺に住み、足軽屋敷は天王門と丁田門を結ぶ外堀沿いに設けられていた。表《おもて》六か町と呼ばれた中町・横町・天王町・肴町・須田町・本町は商人の町として繁栄した。追羽門から城の大手門へ通じるメインストリートに面する中町は古くから「市場」として賑わった。

町の中心部という利点をもつ横町、天王門からの通路にあり侍屋敷にも接する天王町・肴町は日用品を扱う商家が軒を連ねた。須田町・本町は少し南へ偏っているが、須田門から城下に入ると必ず通過する位置にあるため郷村部からの来訪者が多く、大店が発展した。百姓家は須田門や丁田門、天王門の近くに散在していた。耕作地（畑）は城下町内にもあったが、大部分は城外にあり、西尾郷と呼ばれた。

西尾の城下町にはいわゆる寺町と称されるエリアはないが、外部に通じる須田門付近に浄賢寺・薬師寺、丁田門付近に康全寺・向春軒、追羽門付近に妙満寺、天王門に伊文神社、鶴ヶ崎門に鶴ヶ崎八幡宮が配されている。これらの寺社は戦闘時に砦として活用することを意図しており、広い境内は兵が駐屯する軍略的な場所でもあった。また城下の内部に入った町人町には庶民の信仰の厚い浄土宗や浄土真宗はじめ曹洞宗、真言宗、法華宗など様々な宗派の寺院が多数存在する。このように西尾の城下町は、面積的には決して広くはないが、堀と土塁によって守護された中に武士、町人、農民、寺社がバランスよく配された城郭都市であった。

③　須田門の夏景

④　丁田門及び叺ノ口橋蛙声

⑤　鶴ヶ崎門より三之丸戌亥櫓望図

Part3

地図は語る、地図と語る

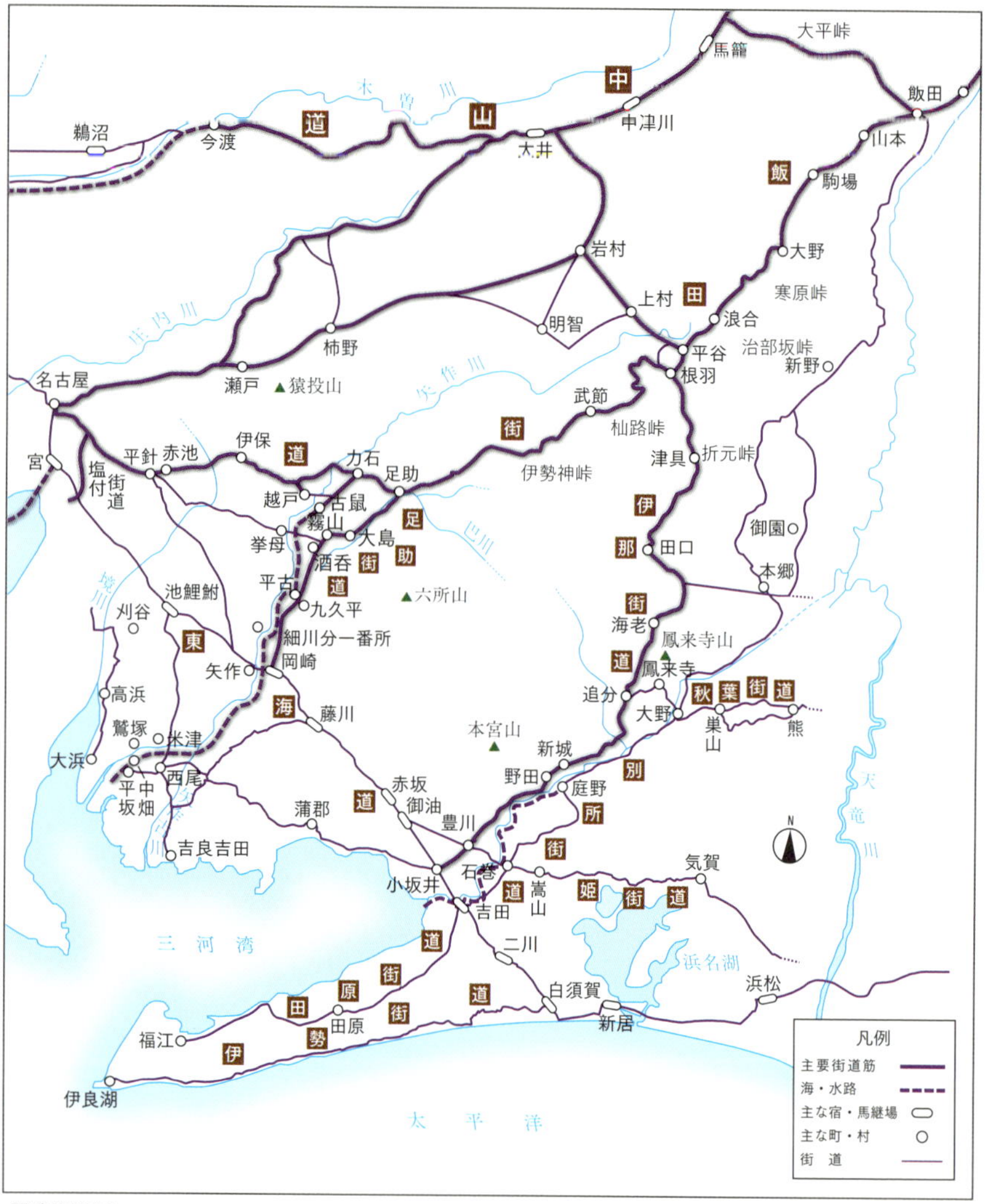
中
山
道
大平峠
馬籠
飯田
木曽川
鵜沼
今渡
中津川
大井
山本
飯
駒場
岩村
大野
寒原峠
上村
田
浪合
明智
柿野
庄内川
平谷
根羽
治部坂峠
新野
名古屋
瀬戸
猿投山
矢作川
武節
杣路峠
宮
塩付街道
平針
赤池
伊保
道
力石
足助
伊勢神峠
津具
折元峠
越戸
古鼠
霧山
大島
足
助
街
道
挙母
酒呑
平古
九久平
六所山
巴川
伊
那
街
道
田口
御園
本郷
刈谷
池鯉鮒
東
海
道
細川分一番所
岡崎
矢作
海老
鳳来寺山
鳳来寺
高浜
藤川
追分
大野
秋
葉
街
道
巣山
熊
鷲塚
米津
本宮山
新城
大浜
西尾
平坂
中畑
野田
別
所
街
道
庭野
赤坂
御油
蒲郡
豊川
吉良吉田
天竜川
石巻
小坂井
吉田
嵩山
気賀
姫
街
道
三河湾
二川
浜名湖
原
田
伊
勢
白須賀
浜松
福江
田原
新居
伊良湖
太平洋
N
凡例
主要街道筋
海・水路
主な宿・馬継場
主な町・村
街道

関連街道図

街道の風景

中馬街道と足助の町並み

天野博之

中馬が行き交った庶民の道

中馬《ちゅうま》とは、江戸時代に馬を利用して荷物を運び、駄賃稼ぎをした人や馬の総称である。そしてこの中馬たちが多く行き交いした道筋が中馬街道である。中馬が往来した道は様々であるため、地域によっては中馬街道と呼ぶ道筋が異なる場合もある。しかし、三河と信州を結ぶ中馬街道の代表としてまず挙げられるのは、名古屋・挙母、岡崎方面から足助を通り、武節・根羽・平谷・浪合・飯田・伊那に至る道筋で、江戸時代には「信濃道」「伊那（伊奈）街道」、明治時代以降には「飯田街道」と呼ばれる街道である。この街道が特に注目されるのは、太平洋側で産出された塩を信州方面へ運ぶ「塩の道」として最も重要な経路だったからであり、現在では一般的に中馬街道というとこの街道を指す。

中馬街道は、江戸時代から明治時代にかけて、中山道の脇往還として物資運搬や庶民が通行する道として賑わった。中馬街道が栄えたのは、中山道は五街道の一つとして公の通行が優先され、様々な制限もあったため、物資運搬や庶民の通行には中馬街道が便利だったためである。また、中馬街道は物や人の他にも様々な情報を各地につないでいる。郷土食としての「五平餅」については、その分布域と中馬街道を軸とした交通網とが重なっていることや、五平餅文化の伝搬に中馬街道が密接な関係を持っていることなどが、「とよた五平餅学会」によって指摘されている。街道筋に点々と伝わっている尹良親王にまつわる南朝伝説も、中馬によって運ばれたものの一例であろう。

街道筋の変化と町並み

足助の町は、中馬街道に関わる人や物の中継拠点として、商業的な側面から発展した在郷の商家町であった。中馬街道によって信州へ送られた象徴的な物資に塩があるが、その塩についても、各地から輸送され産地によって異なる俵の重量や大きさを統一し、山坂を馬の背に乗せて運搬するために包装を整える「塩ふみ」「塩直し」の作業が足助の町でおこなわれていた。

足助の町がいつ頃成立したかを示す具体的な資料はないが、現在見られる町並みの骨格は、中馬街道の成立後、江戸時代に改めて整えられたとみられる。近世以前の足助の町並み全体を描いた図としては、18世紀前半の様子を反映していると推定される『足助村絵図』（図1）が現在のところ唯一の資料である。

『足助村絵図』の描き方は模式的で簡略化されているが、町並みを構成する西町、新町、本町、田町とそこを通る街道の様子を知ることができる。街道は「信濃道」と記され、西からは落合橋を渡り西町に入り、再び中橋で足助川を渡って新町、本町、田町へと続く。田町から東では「おせん川」に架かった「スノコ橋」を渡って南へ折れ、その後は川沿いに街道が続いている。この道筋は基本的に変わらずに明治までは継承されていく。

　明治期に入り、運送方法が中馬から荷馬車等へ変わると、急勾配で幅員の狭い旧街道筋が機能しなくなる。そのため1890年代以降には、各所で道路の幅員を広くし勾配を緩やかにしたり、橋を架け替えたりする道路改修がおこなわれた。足助の町においては、新町西側の藪や崖が切り開かれ巴川右岸の街道が新町へ直接取り付くことになり、田町のスノコ橋東側では山側に街道が付け替えられた。これら新たに開削された道沿いには、道路の完成後に新たな町並みが形成された。

　以後の最大の変化は、1930年に足助川左岸、現在の国道153号線の位置に街道が付け替えられたことである。この新道に接続する道路の整備が進んで、新町から田町の間では既存の町家が立ち退くなど、道筋の変化は町並みにも大きな影響を与えているのである（図3）。

　このような街道の変遷は、中馬街道の最大の難所であった伊勢神峠でも、江戸時代の峠道（標高780m）から明治の伊世賀美隧道（標高705m）、昭和の伊勢神トンネル（標高640m）へと、峠越えの位置の低下やトンネル断面の拡大として観察される。実際に現地を歩いて、その変化を体感するのも一興である。

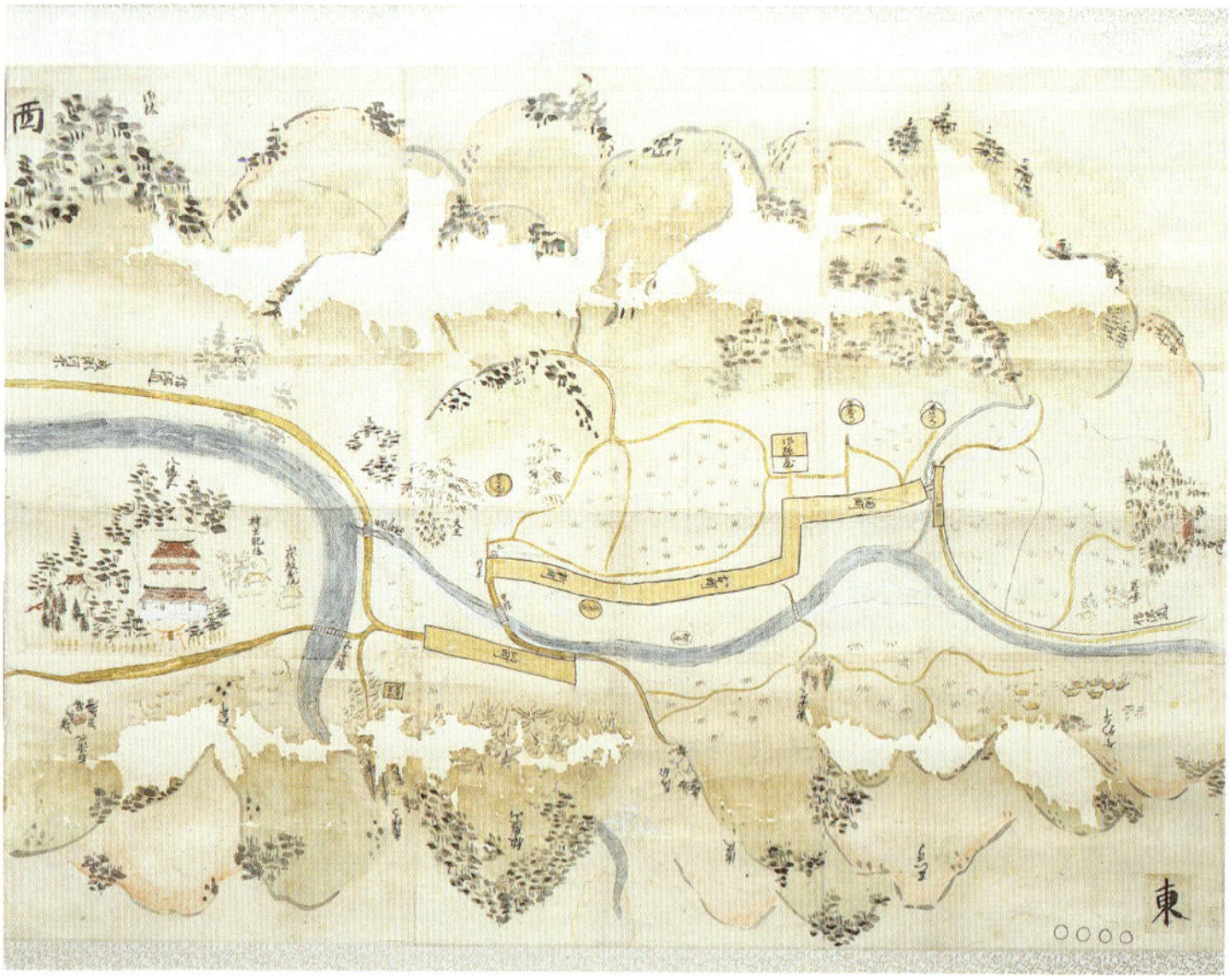

図１『足助村絵図』（写真協力：豊田市郷土資料館）

図２　積荷を満載したトラックで渋滞する伊世賀美隧道（年代不詳）（出典：『足助観光協会創立50周年記念誌　地域文化創造の50年』

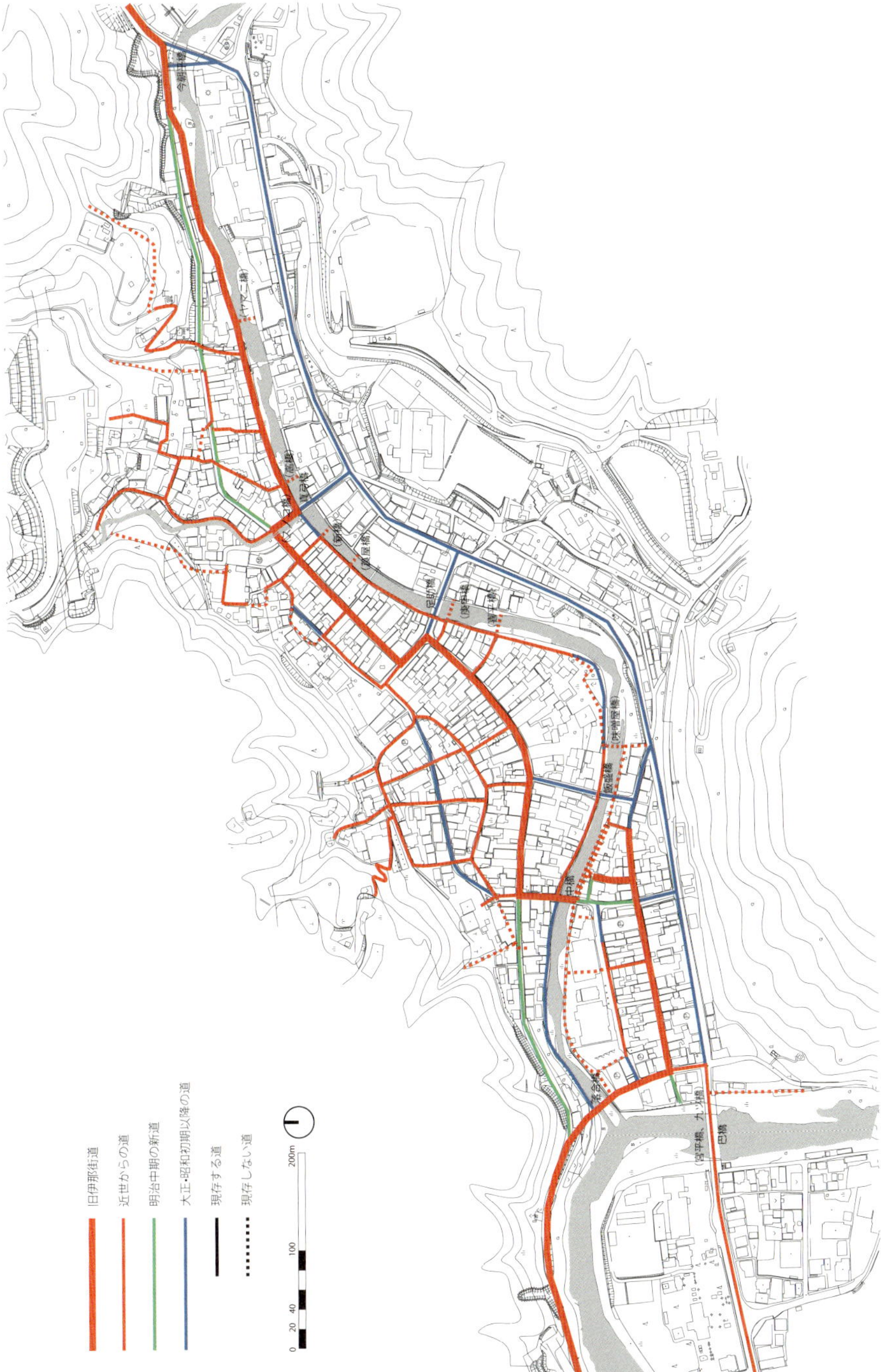

図3　足助の道の成立年代（出典：『足助　伝統的建造物群保存対策調査報告書』）

別所街道——悪路を解消した本郷隧道

内藤昌康

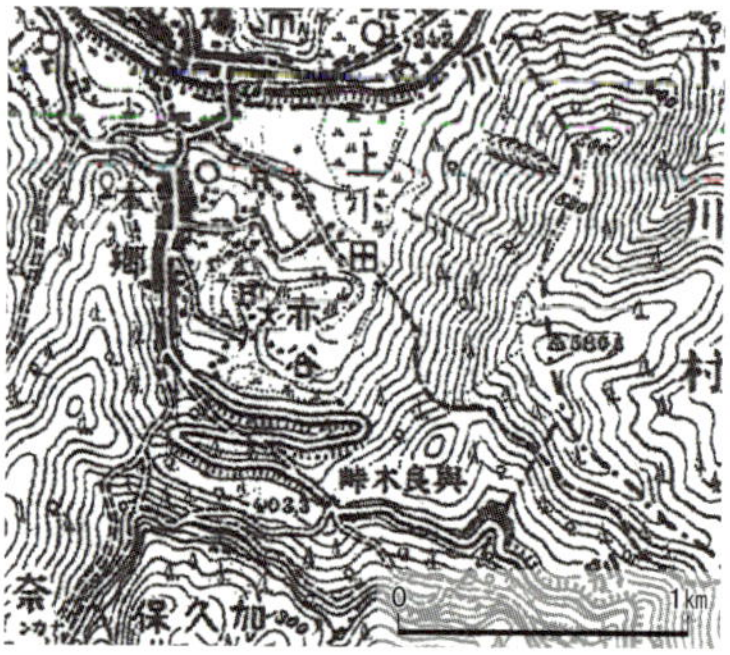

図1　5万分の1「本郷」1911年

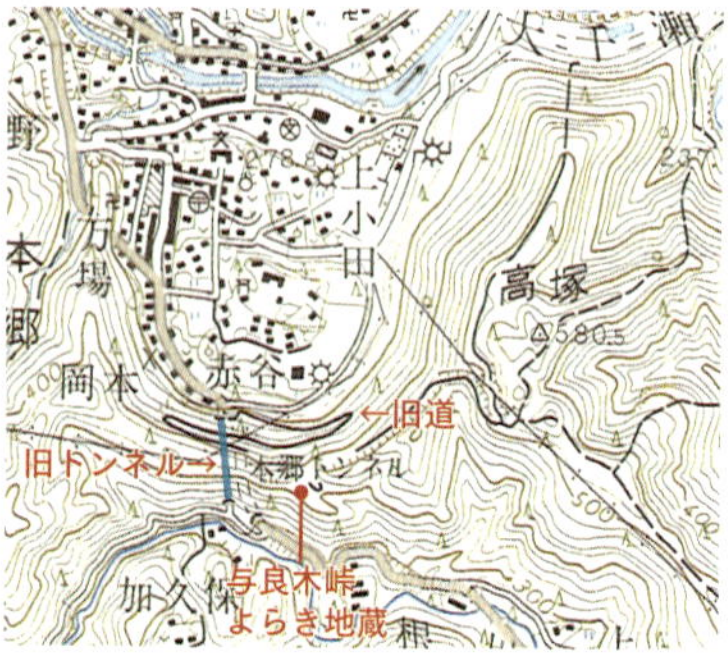

図2　5万分の1「田口」1995年修正

昭文社の道路地図やマピオン、グーグルマップなどの地図サイトでは、新城市北部から東栄町にかけての国道151号に「別所街道」と記されている。地元では日常的にこの街道名が使われることはないが、メジャーな地図に表記されているので、知名度だけはあるかもしれない。

別所街道の名は、1876年（明治9）に国道・県道・里道が制定された際、三等県道として認定されたルートに名づけられ、このとき世に初めて登場した。おおよそのルートは豊橋から豊川左岸を北上する県道69・439号と、新城市大野で合流する国道151号に相当し、終点の長野県境で長野県道の遠州街道（制定当初は金指街道）と接続した。ただし1891年まで、東栄町本郷から長野県境までは現在の県道74号が街道のルートだった。街道名については明治時代後期の記録に「明治九年ニ郵便局ヲ設置セラル、際局を北設楽郡別所村ニ置カレ遂ニ局名ヲ街道名ニ冠シテ別所街道ト名ケタリ」とある。別所村は現在の東栄町役場付近の旧村名だが、郵便局の所在地は現在の本郷である。これは、初代の局舎がたまたま本郷地内の別所村の枝郷にあったので「別所」が採用されたものと思われる。本来は「本郷街道」とすべきところを、県の役人の認識不足により分かりにくい街道名になったのではないだろうか。

恐怖の峠道

この別所街道のうち新城市川合より北、つまり北設楽郡内は、険しい山が連なる悪路の連続だった（先述の東栄町本郷～長野県境のルート変更も、道が険しく改修が困難であることが理由）。そのなかで最大の難所だったのが、本郷市街地に入る直前で立ちはだかる与良木《よらき》峠である（図1）。

別所街道は県道認定から順次改良が進められ、与良木峠越えの道も1892年（明治25）には車馬が通行できる道に改修されていたものの、険しい道であることに変わりはなかった。1919年（大正8）には豊川鉄道長篠駅（現・JR飯田線大海駅）から本郷へのバスが開通したが、豊橋の新聞「新朝報」が別所街道の悪路ぶりを「命掛けの自動車　罷《まか》り違えば数百丈の谷底へ」という表題で記事にしている。この乗車記から与良木峠の部分を抜粋してみよう。

「…其峻坂を右往左往迂曲上る、其危険名状すべからず。此峻坂亦《また》荷馬車の通行頻繁を極め、夫《そ》れを過ぎ行くことは池場峠以上の危険を感ずる。殊《こと》に坂路の曲折三十度位の所があるので、自動車は将に谷間へ飛び込まんとしたした刹那、運転手が進行を停止せしめ逆行せしめて、逐次に方向を転回せしむるのであるが、而《しか》も夫《そ》れが與良木山頂を過ぐる光景である。

自動車に乗りながら谷間を瞰むると、宛然《えんぜん》身は飛行機に搭乗したかの感を生ぜぬ者はない。どうして斯《か》く峻坂・道路狭隘《きょうあい》の所に自働車を許可したかと思われる…」（「新朝報」1919年［大正8］10月12日付）

文中の池場峠は現新城市川合―池場間の急坂のことで、ここについては「一寸誤れば断崖絶壁の底に墜落するので乗客は何れも戦慄して過ぐる」とある。現代人が読むと、奥三河なのにヒマラヤやアンデス山脈の秘境を走るローカルバスのように感じて大げさすぎる気がしなくもないが、開かれて間もない山道と、走り始めて間もない乗り物は、それなりに恐怖感を与えたのであろう。

この怖い峠道は、バス開通二年後の1921年に本郷隧道が開通したことによって解消された（図3）。奥三河では、伊那街道の与良木隧道（新城市―設楽町）、飯田街道の伊世《いせ》賀美《がみ》隧道に次ぎ三番目である。

本郷隧道は、その後70年にわたり北設楽郡東部の大動脈の役割を担うことになる。しかし大正時代の規格のままではさすがに狭く、1989年（平成元）には隣に新本郷トンネルが開通した。旧トンネルは現存しているが、出入り口が封鎖されている（図4）。

また、トンネル開通以前の旧道は林道として残されている。別所街道改修以前の旧道はその痕跡もほとんどわからないが、与良木峠には薄暗い木立の中に「よらき地蔵」が今なお立ち、かつて街道だったことを伝えている（図5）。

図3　本郷隧道（永江小夜子氏所蔵）

図4　新旧の本郷トンネル

図5　与良木峠のよらき地蔵

海岸線にそった伊勢街道

松岡敬二

●伊良湖まで続く陸路

伊勢街道は、東海道白須賀宿から分岐して、渥美半島の先端伊良湖までの陸路である。伊勢参宮への道者、熊野詣への行者により利用されていた。1701年（元禄14）の『三河国絵図』には渥美半島の遠州灘に面した海岸に沿って伊勢街道と集落が描かれている。当時の小松原海岸は、『小松原村ほか四ケ村入会争論絵図』1690年（元禄3）にあるように小松原村の東には小嶋村、上細谷村が、西側には寺澤村、東七根村の集落が並んでいる。伊勢街道は、1601年（慶長6）に近世の東海道が整備されるとともに衰退していった。また、利用度の減ったもう一つの理由としては、太平洋の荒波による侵食がはげしい浜沿いの街道は、津波等の被害を受けるたびにルートの変更が余儀なくされたと言われている（和田実「東観音寺略史」）。

小松原村には、観音川の両側に733年（天平5）開創の東観音寺があった。行基作とされる金銅造馬頭観音を本尊とする真言宗の寺院であったが、臨済宗に改宗している。街道筋の最も参拝の多かった東観音寺の伽藍配置は、『紙本着色東観音寺参詣曼荼羅』や『小松原村絵図』（図1）で伺える。『紙本着色東観音寺参詣曼荼羅』については、渡辺里志「東観音寺の仏教絵画」の『東観音寺の仏教絵画』のなかで観音寺の日常を解析している。製作年代

図1 『小松原村絵図』東観音寺所蔵

については、1547年（天文16）田原城主戸田氏の滅亡後、今川氏の支配化の時期とみている。絵図にある山地部から流れ出る2本の川に挟まれている平坦部分を中心に建物が配置され、奥部に本堂が描かれている。多宝塔は本堂の南東側に位置している。海岸は山地の南側に集落が並び、その海側に人日の往来と運搬船が行き交う構図となっている。当時の東観音寺の伽藍の配置は、発掘調査により明らかにされてきている。しかし、絵図にある川の流れは現在とは異なっている。1961年（昭和36）の豊橋市都市計画図の河川位置が当時に近いと考えられる。現在の観音川の河口は東側にそれている。本堂の跡地とされる場所は、特殊養護老人ホーム王寿園の北側を横切る道奥に平坦面として残っている（図2）。

谷口の幅は、狭いところで65mほどであり、西側が46・1m、東側が39・5mの標高の山地がある。谷は北北西から北に伸びている（図3）。

津波で高台に移転したお寺

東観音寺に津波被害があった地震は、1707年（宝永4）に東海道沖を震源とするマグニチュード8・3の宝永地震である。想定されている伊勢街道を襲った津波の高さは6～7mとされている（飯田汲事『愛知県被害津波史』）。1～2時間遅れで南海道沖地震が起こっている。東観音寺本堂は、谷奥部の標高にして15mほどの平坦部に建っていた。谷口から侵入した津波は、谷筋をさかのぼり、本堂のふもとまで達したものと考えられる。本堂の南側の建物や浜辺にあった小松原村の集落は、津波にのまれたものと推定できる。大きな被害を受けた東観音寺は、現地での再建は断念され、数年の内には倒壊しなかった多宝塔などともに高台に移転された。伊勢街道もこの災害を境に内陸部へ付け替えられている。現在の東観音寺（小松原町坪尻14）は、ほぼ北へ2・2km、海抜66mの高さにある。谷奥の数段の平坦面に建設されていた本堂と多宝塔など建物は、元に近い位置関係に復元されているようにみえる。この場所は、天伯原礫層からなる平坦面であり、渥美半島を横断する国道42号線の北側にあたる。

図2　東観音寺の本堂址。行基菩薩の石碑のある祠

図3　小松原海岸の海側から東観音寺があった谷を望む

街道の風景

描かれた池鯉鮒

近藤真規

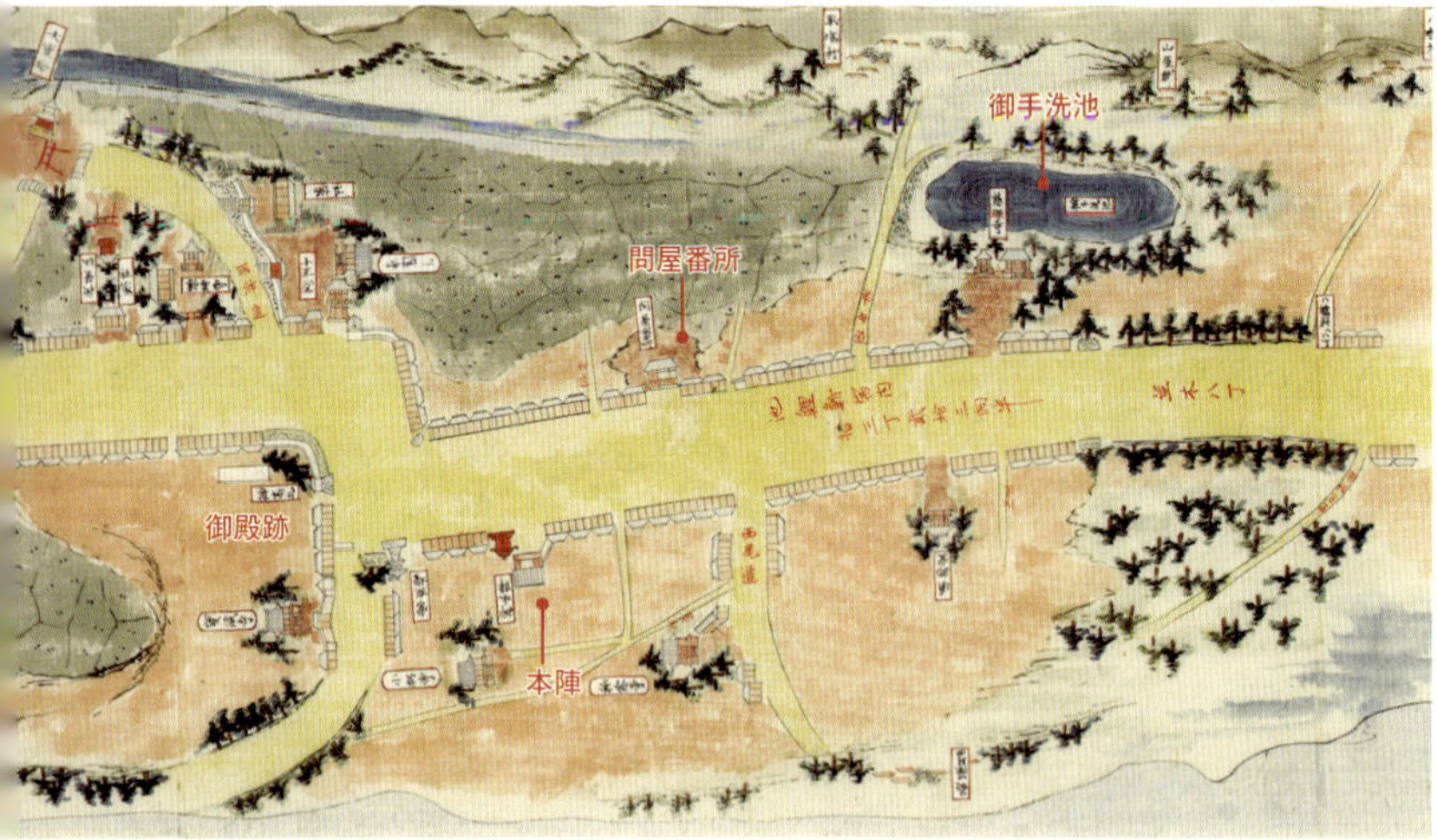

図1　『東海道池鯉鮒宿街道絵図面』（1864年）知立市歴史民俗資料館所蔵
刈谷藩領の東海道（池鯉鮒宿の東端から境川まで）が太く強調されて描かれている。街道沿いには松並木や町並みが表現され、問屋場、本陣、高札場のほか、御手洗池、知立神社などは比較的丁寧に描き込まれている

今も残る鉤《かぎ》形の道

「池鯉鮒」と書いて「ちりゅう」と読む。知立神社領で殺生禁断であった御手洗池には鯉や鮒などが多かったという。地名の由来というより風流な当て字である。

中世以前の東海道は、池鯉鮒より北、伊勢物語で知られた八橋を通るルートが使われていたが、近世東海道を整備するにあたり、岡崎宿と鳴海宿との間に位置し刈谷城下への玄関口としても便利な池鯉鮒が宿として選ばれた。

宿場内は山町・中町・本町・西町からなり、問屋場・本陣宿、旅籠屋や商家などが軒を連ねた。刈谷城下に至る刈谷道、西尾城下・吉良に至る西尾道、挙母城下に至る挙母道が分岐していた。

宿場内中央やや西側で東海道が鉤の手状に屈曲するところがある（図1）。そこには現在、児童遊園があるが、かつては知立城があった（図2）。桶狭間の戦いで落城し、後には将軍上洛のための御殿が建てられたが江戸時代中頃に地震で倒壊したという（図3）。また明治になると碧海郡役所が建てられたという歴史ある場所である。

宿の西には三河国二の宮の知立神社（池鯉鮒大明神）が鎮座する。マムシ除けとして知られ全国から多くの参拝者があった。

当時の町並みがほとんど失われているのは残念であるが、残された旧東海道や脇道から宿場町の面影を感じることが

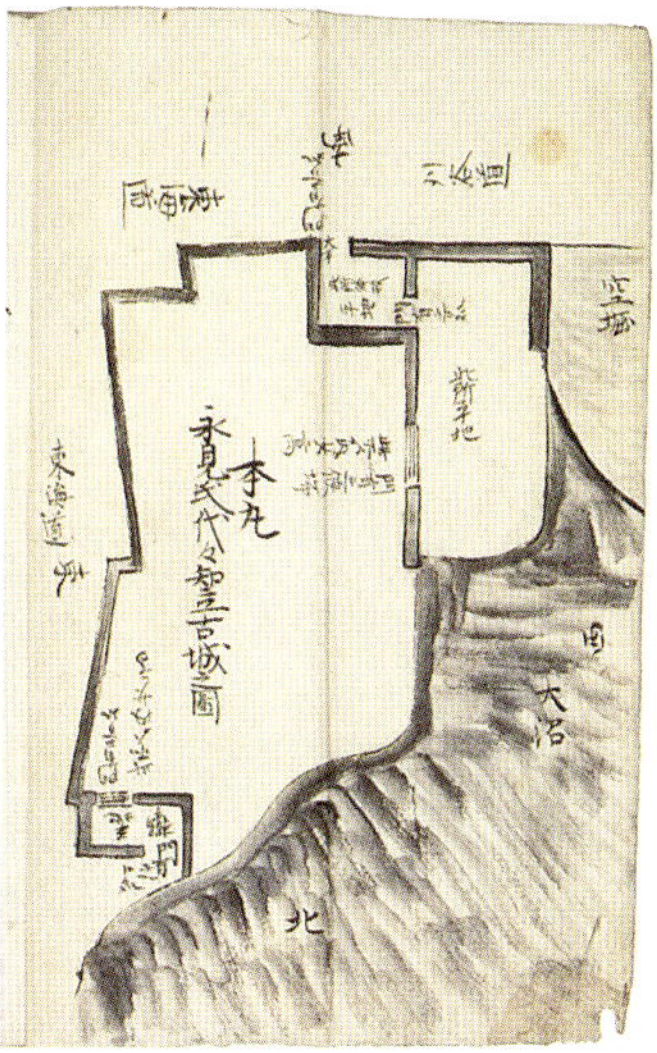

図２『永見氏代々知立古城之図』
（知立神社所蔵「永見氏家譜」より）
西町児童遊園のある場所に知立城があった。城主の永見氏は知立の豪族で代々知立神社の神主を勤めていた

図３　西町児童遊園に建つ御殿跡の石碑

図４　葛飾北斎が描いた池鯉鮒の風景（知立市歴史民俗資料館所蔵）
岡崎池鯉鮒間の風景として、八橋への道標が描かれている。この道標は元禄の頃に建てられたもので現在も残されている

できる。宿場より東のはずれの街道沿いの来迎寺一里塚や並木八丁と呼ばれた松並木もみどころである。

猿猴庵が描いた江戸時代の東海道

内藤昌康

●庶民の風俗描いた一級史料

江戸時代の東海道を描いた書物に『東街便覧図略《とうがいべんらんずりゃく》』がある。1795年（寛永7）の成立で、尾張藩士で文筆家・画家の高力猿猴庵《こうりきえんこうあん》の手によるもの。猿猴庵は本名を高力種《たね》信《のぶ》といい、1756年（宝暦6）名古屋生まれ。若い頃から多くの作品を手掛け、往時の風俗や風景を記録し続けた。『猿猴庵日記』をはじめ『尾張名陽図会』『尾張年中行事絵抄』など、1831年（天保2）に71歳で没するまで多くの著作を残しており、それら文章と絵による記録は当時を知る一級の資料として高い価値が認められている。

東街便覧図略は、宮宿から品川宿までの街道風景や沿道の名所を文章と絵でまとめたもので、猿猴庵が1876年（天明6）に江戸へ往復した際の写生画がもとになっている。当時の庶民の風俗などが描き込まれており、たいへん興味深い内容だ。題材は宿場町や名所ばかりではなく、間《あい》の宿や、知名度がさほど高いとは思われない社寺なども数多く取り上げられており、旅人視点のリアルなルポルタージュになっている。

ここではその中から、宿場と宿場の間の、あまりかえりみられないような風景をいくつか取り上げてみよう。

●牛田《うしだ》（知立市）

東海道を上る場合、池鯉鮒《ちりゅう》宿の先の東海道沿いに山林があり、ここで古くから馬市が

図1　牛田（高力猿猴庵『東街便覧図略』江戸時代後期）名古屋市博物館所蔵

おこなわれていたことはよく知られている。その馬市の場を過ぎた先にあるのが、ここに描かれている牛田村だ。

　牛田村の坂田篤次が幕末から大正時代にかけて執筆した「牛田しるべ」に、馬市の盛況とともに繁栄した牛田村の様子が記されている。

「知立馬市の名の下に植木販売、仏壇販売、食物商、菓子商、小間物商、雑品商その他種々の商店列をなし、両側に店を構え町内を満たす盛況となす」。

　図1の猿猴庵の絵に描かれているのは馬市による賑わいではないようだが（本作には馬市について触れられていない）、旅人相手に商売をする者が多かったことがわかる。添えられた文章には「土器に黒大豆を煎、はぜ等を交て盛ならべ、往来の旅人を見かけ、茶をたて、商ふ」とある。なんとものどかな風景だ。

　奥に松並木が見えるので場所は村はずれのようだが、西

図2　池鯉鮒宿～牛田間の松並木

図3　牛田の旧東海道

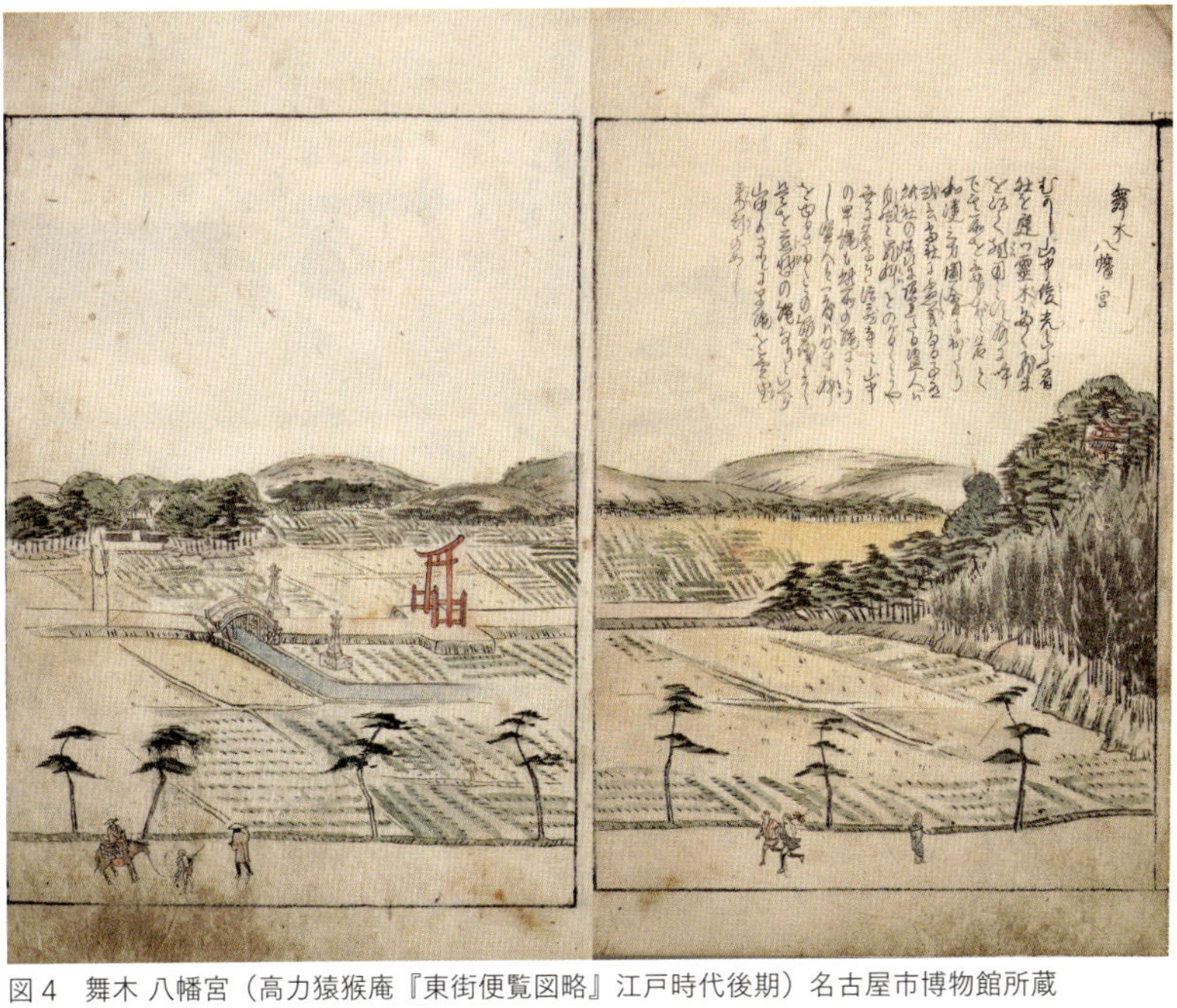

図4　舞木 八幡宮（高力猿猴庵『東街便覧図略』江戸時代後期）名古屋市博物館所蔵

図５　山中八幡宮参道の常夜燈と鳥居

か東かはわからない。現在の風景と比較すると、村の西外れから池鯉鮒宿方面を見て描いたように思われる。

舞木《まいぎ》（岡崎市）

藤川宿を抜けて少し東へ進み舞木町に入ると、右手にこんもりとした小山がある。この山上に山中（舞木）八幡宮がある。

図4の絵は若干デフォルメされているようだが（あるいは耕地整理で川の流路が変わったか）、東海道の南側に広がる田圃の中に参道が伸びる風景は今とあまり変わらない。

図６　山中八幡宮の社殿

社伝によれば699年（文武天皇3）、八幡大神を信仰する山中光重なる人が霊夢により祀ったのが起源。松平家、徳川家に代々崇敬され、1563年（永正6）には三河一向一揆の際に徳川家康が境内の鳩ヶ窟に隠れて難を逃れており、のちに家康は石川数正、酒井与四郎に命じて社殿を造営させている。

図７　舞木の旧東海道

絵に添えられた文章には「この神社の杜に逃げ隠れた盗人は咎めを受けない」という伝説が記されている。神社の所在地である山中《やまなか》の里では当時、早縄（捕縛のための縄）が特産品だったようで、これについて「山中の早縄で捕えられた罪人は、一度は罪科を許されるので『慈悲の縄』と呼ばれている」とも。

舞木の次のページには「山中」と題して、東海道沿いに並ぶ店の軒先に早縄を吊り下げて売っている様子が描かれている。

長澤（豊川市）

山中から間の宿として栄えた本宿を経て山を越えると、両側を山に挟まれた長沢村の家並が約2・5kmにわたって続く。「長澤」と題して描かれているのは、村の東外れにある栄善寺。文章は「大日堂の石だんの側に、一つの大岩あり。三本の松生たり。其松葉の見事さ、岩の形等も自然にして、工なせるがごとし」と記されている（図8）。

ここで大日堂としているのは、この寺に大日如来が祀られているからだろう。伝承で

図８　長澤（高力猿猴庵『東街便覧図略』江戸時代後期）名古屋市博物館所蔵

図９　図８と同じ角度から見た栄善寺

図10　栄善寺下の祠

は、弘法大師が盲目の子を持つ親に請われて作ったとされ、当初は村の西に聳《そび》える大日嶽にあった西興寺に安置されていた。ところが1530年（享禄3）に山崩れで堂宇とともに流失。村近くに埋まっていたところを救い出され、のちに栄善寺に安置されたという。

　東海道の参道入口には1931年（昭和6）に建立された大日如来の標柱が立ち、古くから知られた仏像だったと思われる。しかし猿猴庵は、大日如来像には触れておらず、石段脇の巨岩と老松を激賞している。現在の風景は絵とかなり近いものの、岩の上の松はなく、雑木が生い茂っている。大岩の場所には自然石を組み上げた祠があり、阿弥陀如来と役行者《えんのぎょうじゃ》像が祀られている。

豊橋鉄道東田本線

内山知之

豊橋鉄道東田本線は豊橋電気軌道株式会社により1925年（大正14）7月14日に駅前〜豊明館前〜札木十字路と神明〜柳生橋が開通したのが始まりで、一週間後の7月21日には札木〜赤門が延長開業した。しかし、その先の赤門〜東田間は市道幅員が4間（約7・3m）しかなく、営業認可の得られる幅員5間（約10m）に足らず営業認可が下りなかった。同区間の道路拡築猶予を申請し、1925年12月25日に何とか全線4・16kmの開通にこぎつけた。軌道敷設の目的は1909年4月に第15師団司令部が吉田城址に設置され、その東部（東八町〜旭町）に軍人住宅が立ち並んでいたため「東部地区の発展に伴う市内交通機関の整備」とされているが、その先の前畑以東は人家も少なく需要が見込めない区間にもかかわらず道路拡築猶予を申請してまでも敷設をおこなったのは東田終点付近にあった1907年に札木・上伝馬から移転された東田遊郭（本書36ページ参照）への足としての側面があったと考えられる。

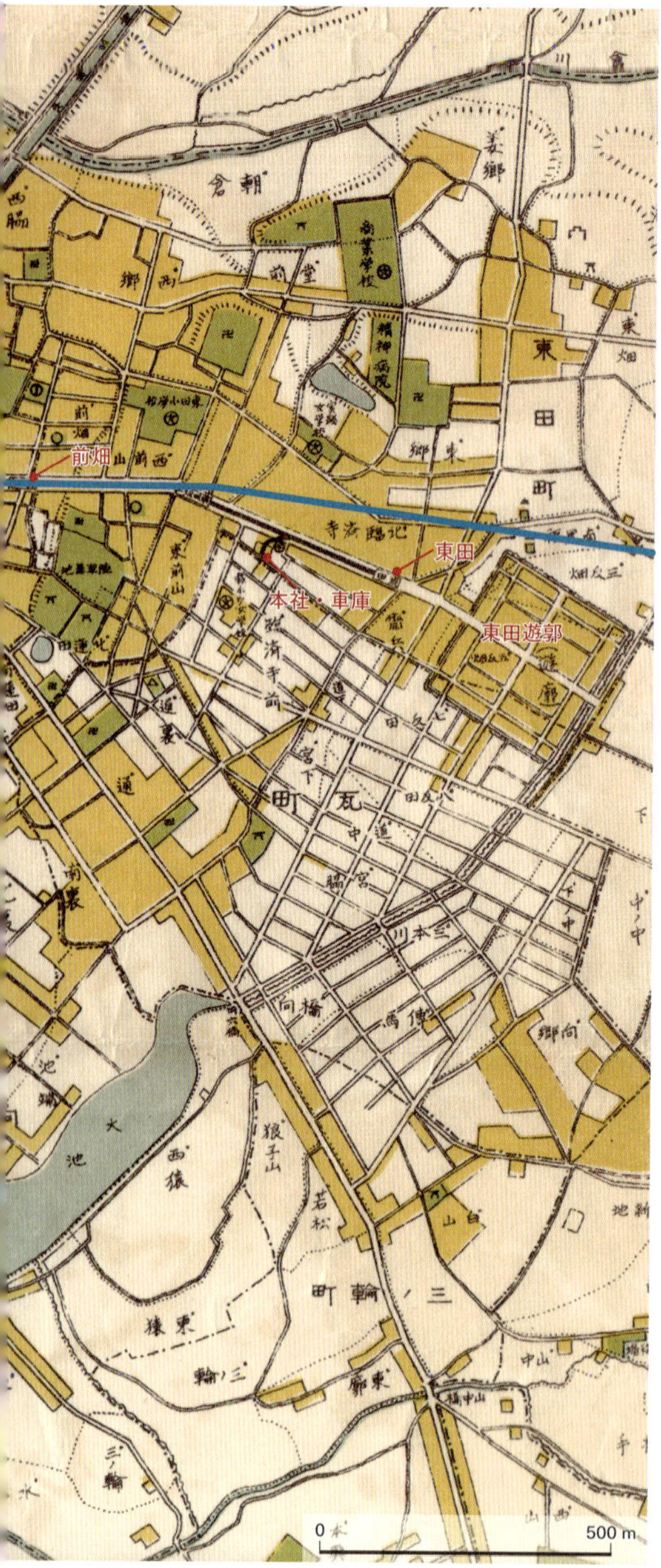

図 1　「豊橋市街明細図」(1927 年) 伊東重光氏所蔵

凡例

現在線　廃止線　未成線　開業当初線(廃止)　開業時免許未成線

災い転じて福となす

開業時から終戦までは全線単線で、前述の赤門～東田間は道路拡築猶予申請を更新し続けている状況のままであったが、1945年6月20日未明の豊橋空襲により豊橋市街は全戸数の70％が焼失し、とくに市電の走る中心地はほとんどが灰となった。市電も東田にあった車庫・本社・変電所を残してはとんどの架線及び架線柱を焼失し全線不通となったが、45年9月19日までに柳生橋線を除く全線が復旧した。依然線路は狭い道路に敷設されており複線化もままならない状況であったが、折しも戦災復興計画に伴う街路計画に合わせて線路を移転、複線化することとなった。事業の進捗とともに線路の移設がおこなわれた結果、多くの区間が従前とはまったく違う広い道路の中央を走行することとなった（図2）。その結果、後に訪れたモータリゼーションによる道路渋滞を解消する対策としておこなわれた軌道撤去の嵐にも飲み込まれることなく現在も運行を続けられている。戦前と現在の路線は図1のとおりである。

幻の路線

豊橋電気軌道開業時に特許（1923年3月特許）を受けた路線のうち、豊橋駅～船町の線が未成に終わっている。これは駅前から西宿より分岐し豊橋（とよばし＝豊川に架かる東海道の橋）付近までの路線で、当時やはり道路幅が狭く軌道の敷設ができなかった。36年6月に起業廃止の申請をおこなっている。

　また、戦災復興計画に伴う街路整備及び軌道移設・複線化が進んでいた48年に軌道の循環線化を計画し、同年12月13日に西宿（駅前）～西八町間（1・27㎞）の軌道敷設特許を申請し、翌年5月27日に認可を受けた。52年10月5日に駅前～市民病院間が開業したが、その先の市民病院～西八町間については未成のままとなり、63年3月に廃止申請をしている。この未成区間のうち国道23号線西八町交差点から守下交差点に至る区間の道路中央にある幅の広い中央分離帯（図3）は「軌道敷設のための用地として確保してあった」との伝聞があるが、それを確認できる資料は発見できなかった。ただ、『豊橋市戦災復興誌』には「電気軌道やバス網の整備を予想しこれに即応するよう街路の系統や幅員を考慮した」とあるので、市役所の街路計画にはこの軌道敷設申請が考慮されていたのかもしれない。

図2　新線に切り替えられた神明町付近：右斜めの道路が旧線路敷き

図3　軌道となるはずだった区間の中央分離帯（守下～西八町中間部分から守下を望む）

なつかしの鉄路

呉越同舟——平井信号場—豊橋間

藤井 建

豊橋行の名鉄電車の先頭に乗り、伊奈駅を出てしばらくし、前方を注視していると、左からの線路（JR飯田線）と合流する。合流地点（平井信号場）から豊橋駅までの上り線の線路は、名鉄が所有している。一方、豊橋からの下り線が名鉄線と飯田線に分かれる地点（旧平井信号場。現在は小坂井駅の構内）までの線路はJRの所有である。つまり、所有者が異なる上りと下りの線路を名鉄とJRが共有して走るという、全国でも稀有な例を見ることができる（図2）。共有区間内には下地、船町の両駅があるが、これはJR飯田線の駅で、名鉄電車は停まらない。なぜこうしたケースが生まれたのか、不思議に思う人もいるであろう。ここではこの疑問に答えてみよう。

● 豊鉄VS愛電

「豊橋おりて乗る汽車は　これぞ豊川稲荷道　東海道にてすぐれたる　海のながめは蒲郡」と鉄道唱歌の30番に歌われた豊川稲荷道の汽車とは、「豊川鉄道」のことである。

豊川鉄道は、豊川稲荷への参拝客を目的とした鉄道で、当初は軌間762㎜の軽便鉄道で計画していた。その後、鉄道敷設の競願もあって、豊橋と大海を結ぶ軌間1067㎜の蒸気鉄道として免許が下りた。1897年（明治30）7月15日に吉田（現・豊橋）—豊川間を開業した。その後、順次路線を延ばし、大海（長篠を経て現・大海）まで全通したのは1900年9月23日のことである。当時の地方鉄道としては蒸気動力が普通で、同時期の1898年に関西鉄道の弥富—津島間を開業した尾西鉄道も蒸気動力であった。

しかし、明治末期から大正にかけて電車が市街地の交通機関としてだけなく、郊外鉄道にも採用され始めると、豊川鉄道でも例外でなく、電化を模索し始めた。全線電化と吉田—豊川間の複線

図1　2.5万分の1「小坂井」1926年部分修正

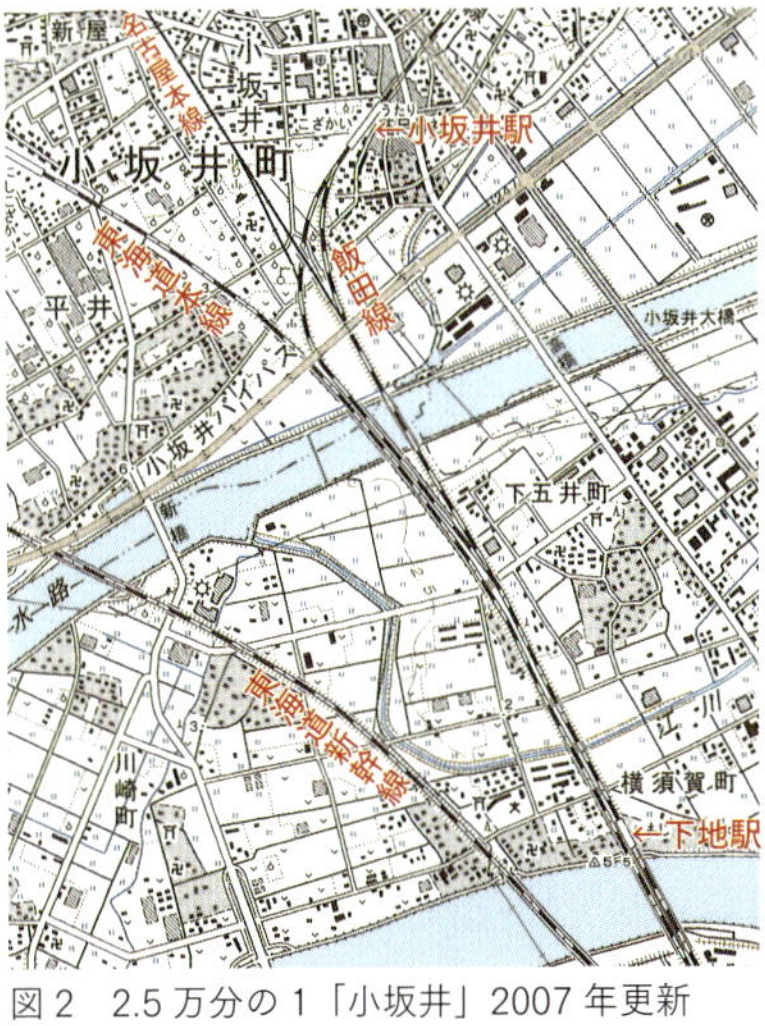

図2　2.5万分の1「小坂井」2007年更新

化のための増資をおこない、工事に着手した結果、1925年（大正14）7月28日に電車の運転が始まった。

　ちょうどこの頃、神宮前から東に向けて路線を延ばしてきたのが愛知電気鉄道（通称「愛電」のちの名鉄）である。豊川架橋の建設費と工事期間をかけずに豊橋への延伸を図るには、小坂井で豊川鉄道に乗り入れるのが得策と考えた愛電は、豊川鉄道に提携を働きかけた。

　一方、ドル箱路線を奪われかねない豊川鉄道としては、この提携は到底受け入れられるものではなかった。これに対し、愛電は豊橋北部と浜松を結ぶ遠三鉄道の計画もあることから、御油から直接豊川を経て豊橋の北部に至る路線を計画し、地元との交渉を始めるなど、豊川鉄道に対して揺さぶりを掛けた。豊川鉄道としては名古屋方面からの参詣客を奪われるという懸念に加え、豊橋の政財界も豊橋駅を経由しないというルート案に動揺したこともあって、結局、小坂井―豊川間に乗り入れることについて妥協することになった。

図3　上り線を行く名鉄電車

図4　下り線供用区間から分岐して小坂井に向かうＪＲ飯田線の電車

図5　下り線供用区間から分岐して伊奈に向かう名鉄電車

　愛電は1926年4月に東岡崎―小坂井間を一気に開業し、豊川乗り入れを開始した。

　1927年（昭和2）6月1日には愛電の伊奈信号所（現・伊奈駅）―吉田間の路線が完成。豊川鉄道の線路共用による複線運転が開始され、愛電としては小坂井乗り換えをせずに直接、吉田へ乗り入れることが可能になった。

　1930年9月、愛電は神宮前―吉田間を57分で走る超特急「あさひ」を運転し、世間を驚かせている。

　この運行形態は、1935年に愛電が名岐鉄道と合併し名古屋鉄道になったあとも、国策によって1943年に豊川鉄道が鳳来寺鉄道、三信電鉄、伊那電気鉄道と一緒に国有化されて飯田線（豊橋―辰野間）に代わってからも継続し、現在に至っている。

なつかしの鉄路

豊橋と渥美半島とを結ぶかけがえのないパイプ——豊橋鉄道渥美線

木村洋介

渥美線の誕生

豊橋鉄道渥美線は豊橋駅のすぐとなりにある新豊橋駅と、渥美半島の付け根にある三河田原駅とを結ぶ18kmの全線電化・単線の鉄道路線である。開業以来、約90年間にわたって豊橋と渥美半島とを結ぶパイプとして人や物資を運び続け、現在に至っている。

図1　開業間もない三河田原駅ホーム（大正末）

この渥美線を建設しようという話が持ち上がったのは、明治の末ごろ。この時期、日本国内では主要都市を結ぶ鉄道網が整備され、鉄道による移動が何よりも早く、便利になった。すると、鉄道の通っていない「ちょっと」田舎の地域にとっては、地元にレールを敷いて既存の路線に接続することが、経済の浮沈を左右する重要な問題となった。豊橋や渥美半島の事業家たちは、渥美半島を縦貫して豊橋へと結ぶ鉄道をつくるべく活動を展開した。紆余曲折を経て、1921年（大正10）には渥美電鉄株式会社が設立され、1924年に一部区間が開通、その後も工事は続き、1927年（昭和2）には新豊橋・黒川原間が開通した（三河田原―黒川原間は1944年に廃止）。（本書24ページも参照）

開業したころの沿線風景

ここで、開業して間もないころの渥美線の様子を描いてみたい。豊橋駅の改札（現東口）を出ると、目の前の道に小さな電停が二つ見える。正面が現在も豊橋市内を走る路面電車で右側が渥美線新豊橋駅である。小さな木製の一両（たまに二両）編成の電車に乗っていざ出発。すぐに花田駅（現信号所）停車。ここで国の鉄道との貨物のやりとりをおこなった。まもなく線路は大きく右にカーブし、陸軍の学校や訓練場、兵器の貯蔵庫、病院などが立ち並ぶ、「軍都」豊橋を象徴する光景が車窓に広がる。現在でも愛知大学の構内などにその痕跡が残る。なお、開業当初はこのあたりの区間の線路は太い軍用道路のまん中を走っており、法律上も路面電車扱いだった。貨物の操車場があった高師駅を過ぎると、景色は田園風景へと変わる。大清水駅は郊外に立地し、近くに野球場や芋掘り場などの娯楽施設をつくって誘客を図ったが、その後製糸工場を誘致し、貨物利用の増加を図った。老津・杉山駅は集落近くを通り、大きな町のある三河田原駅を過ぎ、茶畑の広がる終着駅は黒川原。本来の終点はさらに先、渥美半島の西の中心地で伊勢湾・三

図2　渥美線路線図

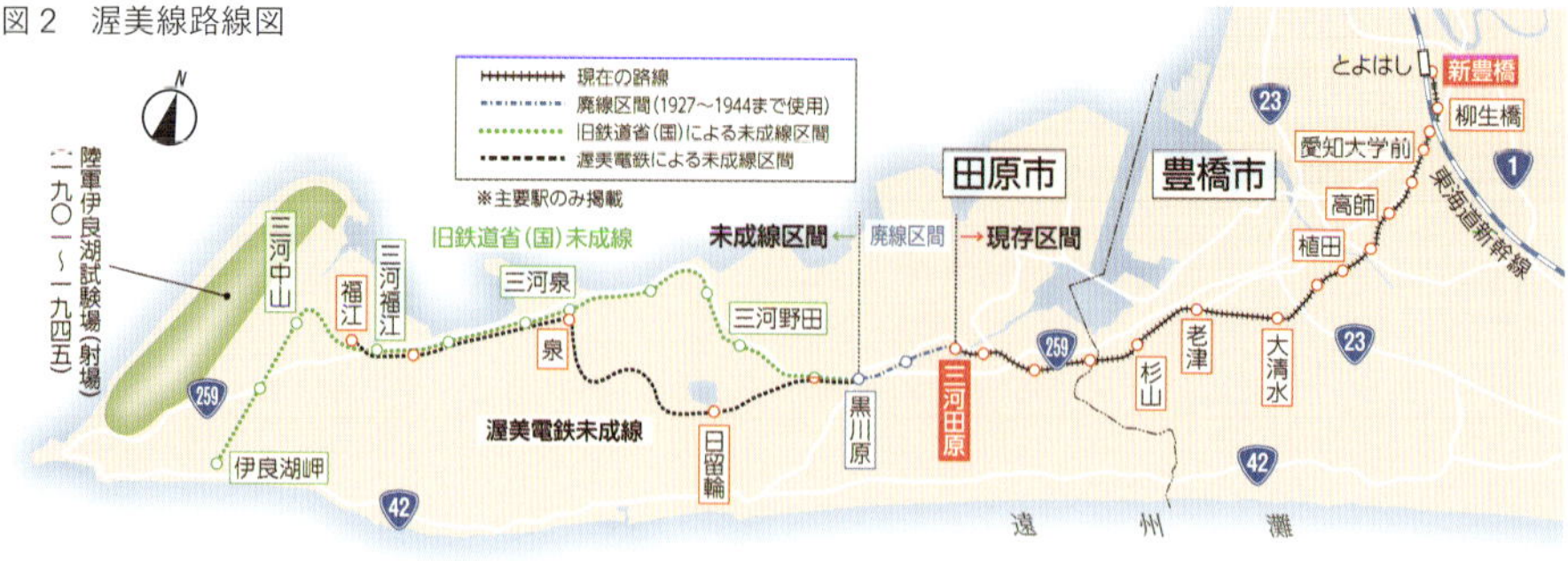

河湾水運の要地であった福江だったが、資金難で果たせなかった。

なお、この当時は小型船による水運が重要だったため、柳生橋駅と三河田原駅は海との接続を考慮した立地となっている。また、戦時中には国によって半島先端まで鉄道を通す計画があった。これは陸軍の大砲の試射施設であった伊良湖試験場への物資輸送が主目的であったと思われるが、第二次世界大戦の激化によって工事は中止になった。この工事の「遺構」は今もあちらこちらに存在する。（本書137ページも参照）

●渥美線の過去・現在・未来

渥美線の経営は、開通当初から乗合自動車などのライバルや、世界大恐慌による生糸に代表される地場産業の崩壊で危機に直面したが、これをなんとか乗り切った。戦後は貨物列車がサツマイモやキャベツなどの農産物や、肥料や飼料、田原で生産していたセメントなどを運んだ。しかし、自動車が大衆のものとなった70年代には貨物、乗客ともに減少し、貨物輸送は1984年に廃止。渥美線の経営は1954年には豊橋鉄道に移っていたが、同社は沿線の住宅開発を進めるとともに、車両や路線などの設備の近代化をおこなって速度向上や人的コストの削減をおこない、さらにほぼ終日にわたって全線15分ヘッドのダイヤを実現し、旅客への利便性向上を図った。そして、これらの施策は大きな成果を挙げた。沿線に多くの高校と愛知大学があることも幸いした。

こうして、渥美線はまずまず安定した経営を確保して現在に至っている。路線は近代化・効率化され、ひっきりなしに来る電車は大都会・東京を走る東急のお下がり。確かに渥美線は一部の鉄道マニアが好むような郷愁や風情をあまり持ち合わせないかもしれない。しかし、それは渥美線が地域の生活に密着した「現役の」路線として、堅実に、かつ力強く多くの旅客を運び続けているからに他ならない。地元住民にとってまことにたのもしい存在である。

図3　芦原・植田間を快走する現在の電車（2015年11月3日）

なつかしの鉄路

馬車鉄道がルーツ——名鉄岡崎市内線

藤井 建

かつて岡崎の街を南北に結んで小さな電車が走っていた。市民から〝岡崎の市電〟と呼ばれ、親しまれていたが、1962年（昭和37）6月16日をもってその姿を消した。

南の福岡町と北の大樹寺の間、約8・8㎞を走った電車の名を名古屋鉄道「岡崎市内線」といった。しかし、これは正確ではない。法的に言うと、路面電車が走る軌道線である「岡崎市内線」は、岡崎駅前から岡崎井田までの5・8㎞をいい、岡崎駅前—福岡町間2・5㎞は「福岡線（西尾鉄道をルーツとする岡崎新—西尾間の旧西尾線を一部復活したもの）」、岡崎井田—大樹寺間0・5㎞は「挙母線（岡崎井田—上挙母間）」の一部で、法的には鉄道線であった。しかし、全線を通じて電車が直通したため、一般には福岡町—大樹寺間を岡崎市内線と称していた。

ご存じのように1889年（明治22）に官設鉄道（のちの国鉄、現JR）の東海道線が全通するが、愛知県内の御油、赤坂、岡崎、知立、鳴海といった旧東海道筋の宿場からは離れて敷設された。これは、旧宿場町が鉄道の敷設によって寂れることを恐れての反対したためといわれている。

図1 5万分の1「岡崎」応急修正版、1959年、地理調査所

もちろん、岡崎でも機関車の火の粉による沿線火災や耕作地が汚されることや人力車夫らの仕事がなくなることに対する反対の声があった。しかし、近年では当時の土木技術や機関車の能力から本宿近辺の勾配を避けて、海岸周りの路線になったという説が有力である。それでも、東海道有数の宿場であった岡崎の街を素通りできず、蒲郡からできるだけ北に寄り、街に近づけるような位置に岡崎駅を設置し、矢作川を最短で渡って刈谷へ向かうルートが選択されたというのである。

●市内線のルーツはどこに？

さて、岡崎市内線のルーツは、街の中心と約3・8㎞離れて設置された官設鉄道の岡崎駅を結ぼうと、地元の経済人が設立し、1898年12月28日（1899年1月1日という資料もあり）に岡崎駅前―明大寺（殿橋南側）を開業した軌間762㎜の岡崎馬車鉄道である。1907年6月には殿橋に線路を敷き、乙川（菅生川）を渡った康生町まで延長した。

しかし、輸送力の小さいことや排泄物による環境面などもあって、電化することになり、社名も岡崎電気軌道と改称。軌間も1067㎜とし、1912年（大正元）9月に電車が走り出した。

その後、岡崎駅前―殿橋間を複線化するとともに、岡崎井田まで単線で延長している。

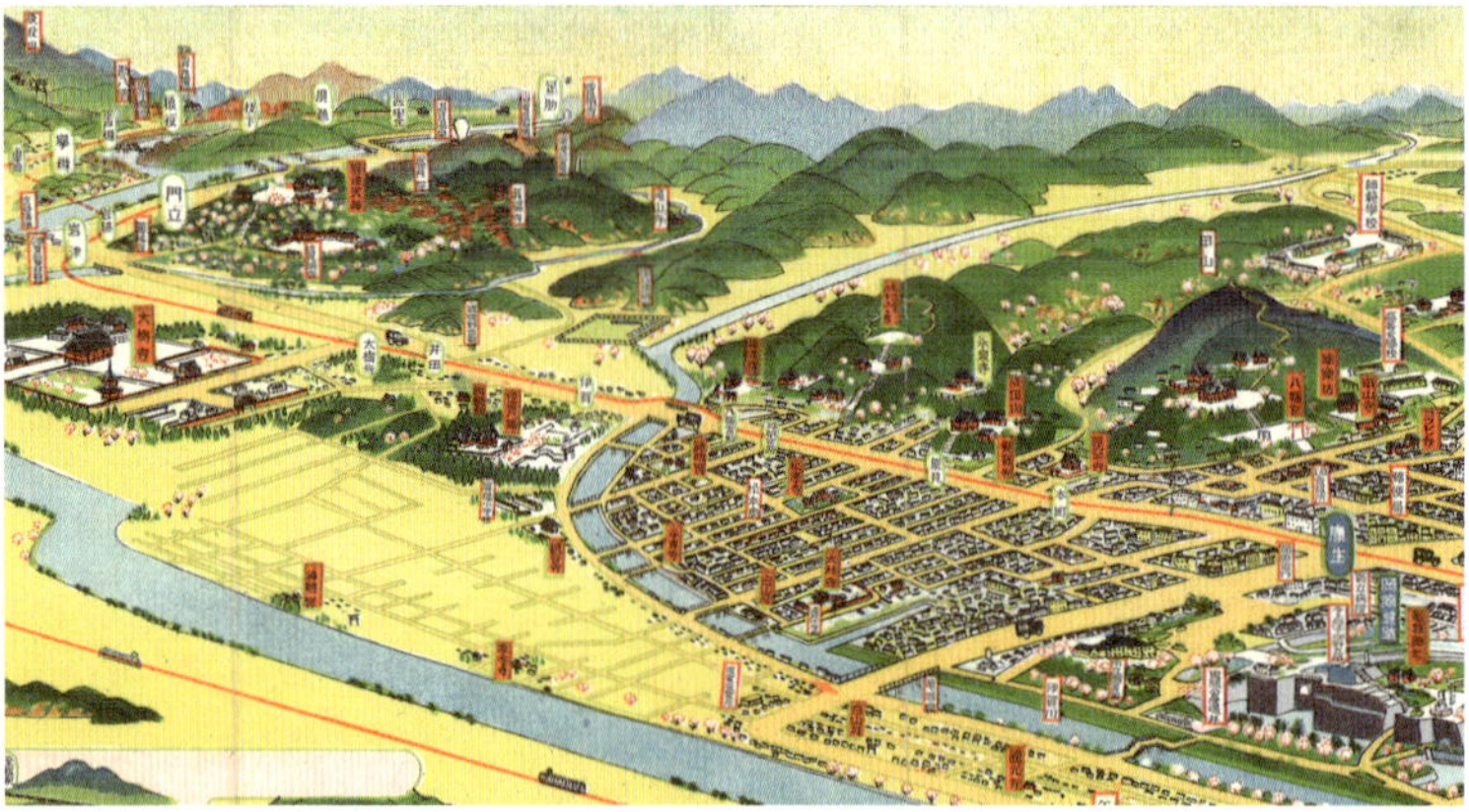

図2　吉田初三郎『岡崎を中心とする三鉄愛電両社沿線名所図会』（1928年、部分）
中央左上に延びている路線が三河鉄道。「門立」が見える。

さらに足助を目指して、この先の大樹寺を経て門立《もだち》までを郡部線（鉄道線）として開業している。この郡部線は、1927年に三河鉄道と合併した際、岡崎線と称された。後の名鉄挙母《ころも》線の一部である。

岡崎市内線の特徴の一つに貨物電車の運行があった。岡崎駅についた貨車を貨物電車がひっぱり、沿線の繊維工場へ原材料や製品の受け渡しをおこなっていた。

1945年7月の空襲で大きな被害を受けたが、すぐに復興の足として走り始めている。

こうした中、戦時中の不急不要路線として廃止された旧西尾線の岡崎新―土呂間が岡崎駅前―福岡町の福岡線として復活している。

昭和30年代半ばになると全国的にバスの大型化による閑散路線のバス化の波が訪れた。

岡崎市内線も電車の老朽化もあいまってバス化されることになった。本格的なモータリゼーションが始まる前のことであった。

1962年6月14日から三日間、電車の側面に「63年間ありがとう」の文字を付けた二両の電車が福岡町―大樹寺間を走った。うち一両は屋根にスピーカーを取り付け、蛍の光を流して走り、市民との別れを告げた。それから半世紀以上が経った。

図3　古い家並みの中を走る岡崎市内線（神明社付近）（1960年ごろ、藤井建撮影）

なつかしの鉄路

開業100年——知立の駅の物語

藤井 建

2015年10月28日、名鉄三河線の「三河知立」駅は開業100周年を迎えた。この駅が、知立で初めての鉄道の駅であり、当初は「知立」駅と呼ばれたことは、意外に知られていない。

1889年（明治22）9月、官設鉄道（のちの国鉄、現JR）の東海道線が全通し、鉄道の効用が知られるようになった。知立をはじめとする沿線から離れた町や村の有力者たちも危機感を持つようになり、さまざまな鉄道敷設計画が立てられたが、実現するまでには至らなかった。

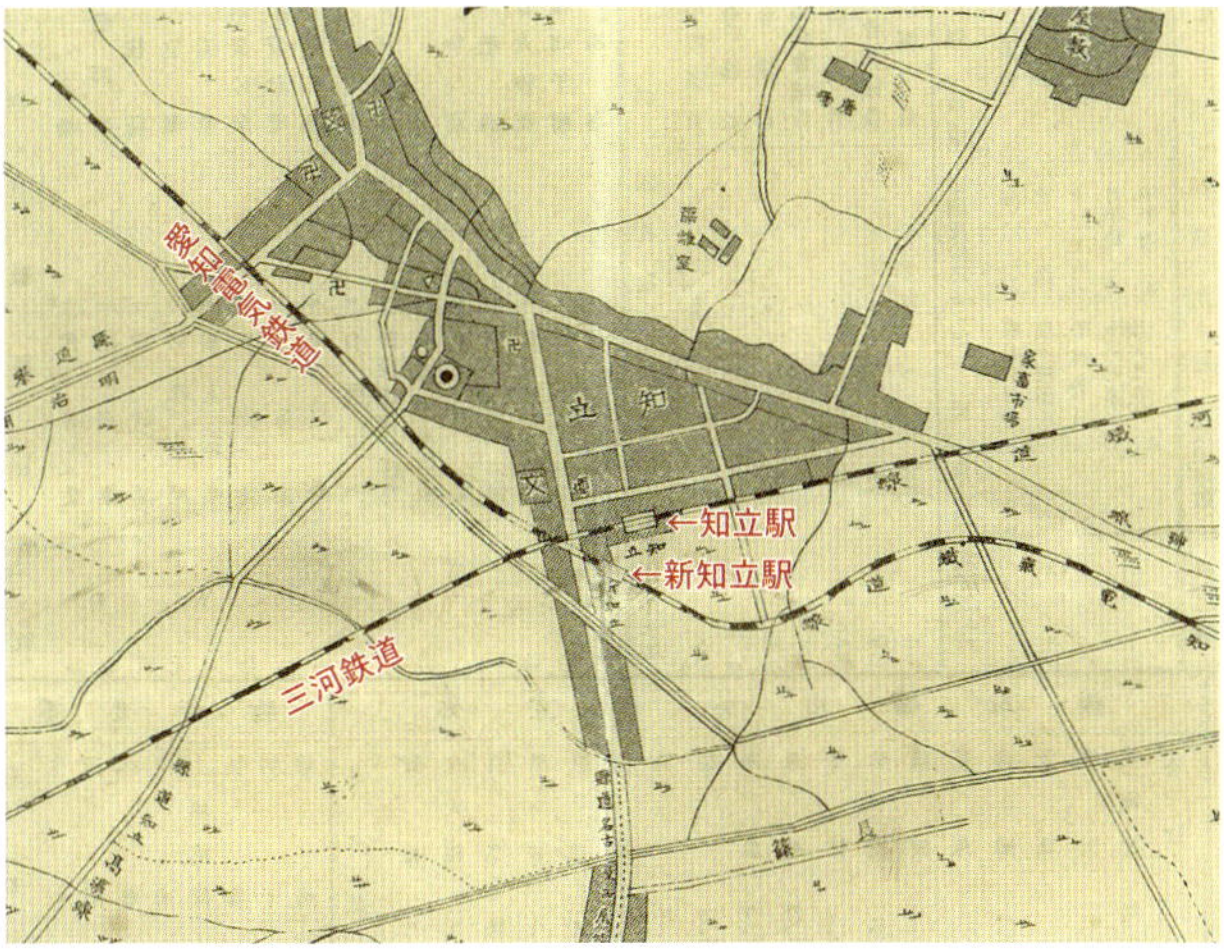

図1　2.5万分の1『知立市全図』（1927年）知立市所蔵

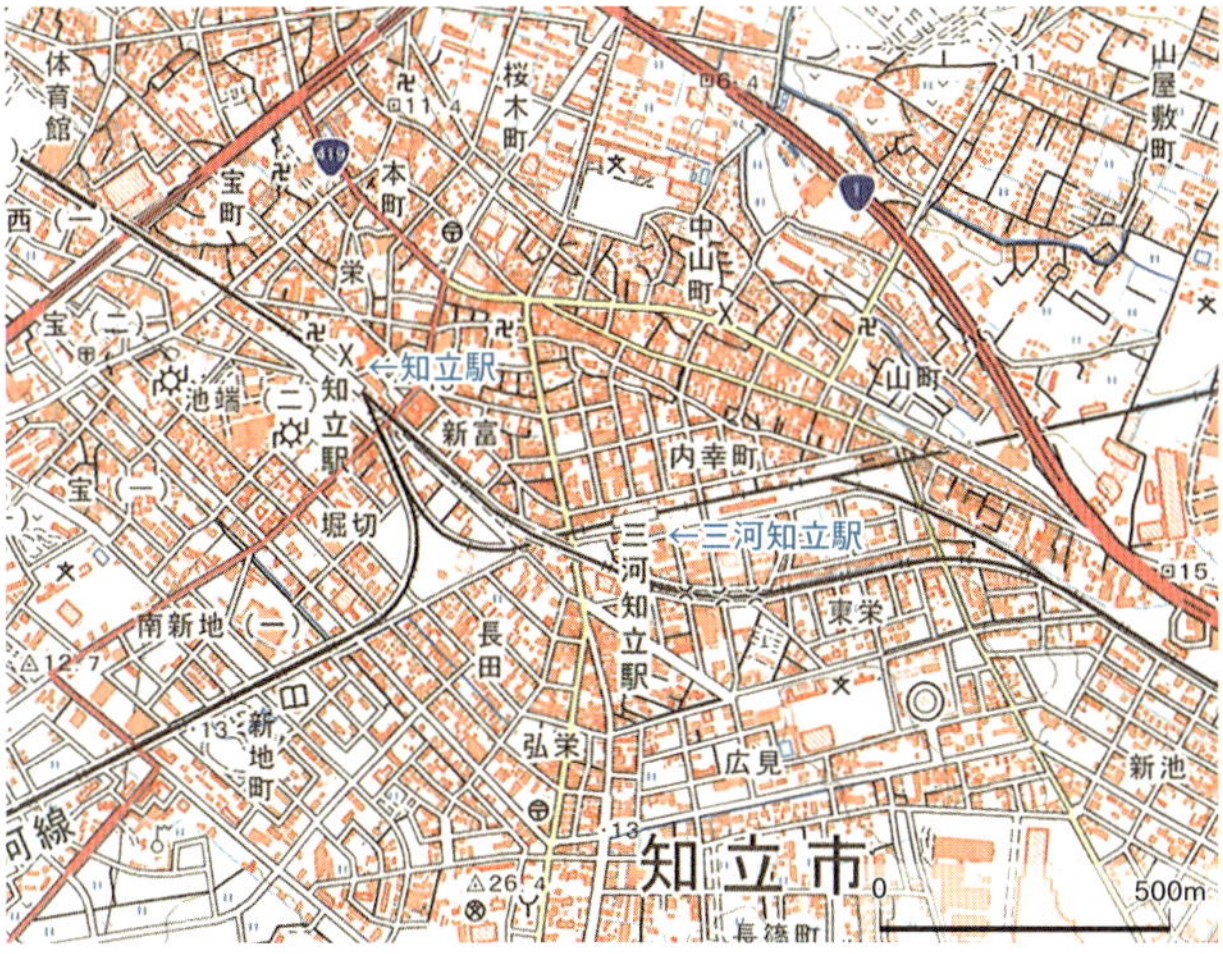

図2　2.5万分の1「知立」2014年

「知立」駅の変遷

1911年（明治44）、知立と大浜（現・碧南市）を結ぶ「碧海軽便鉄道」と知立と挙母（現・豊田市）を結ぶ「知挙軽便鉄道」の二つ軽便鉄道敷設の免許が下りた。翌年、碧海軽便鉄道は創立総会において、社名を「三河鉄道」と改め、レールの幅（軌間）を官設鉄道と同じ1067㎜にすることを決定。知挙軽便鉄道の免許を譲り受けて、三河を南北に結ぶ鉄道としての一体化を図り、建設工事に着手した。

1914年（大正3）2月5日に、まず刈谷新（現在のJR刈谷駅の南方約100mの場所）と大浜港（現・碧南）の間14・5kmが開業し、翌1915年10月28日、東海道線を超えて刈谷新—知立間4・0kmが竣工。知立駅（初代）が開業した。知立駅の位置は、知立弘法（遍照院）に向かう吉良道（西尾街道）に隣接し、当時の幹線であった旧東海道にも近いという絶妙な場所が選ばれた。

一方、神宮前から知多半島に路線を展開していた愛知電気鉄道（通称「愛電」）は、1917年に有松へと路線を延ばし、さらに東へ向かって有松から豊橋への路線敷設に取りかかった。当初、愛電は、三河鉄道（通称「三鉄」）の知立駅へ乗り入れる計画を持って、三鉄に協議したが、拒否された。その結果、三鉄の線路を立体交差で乗り越したところに新知立駅を設けることになったのである。この工事のため、1923年（大正12）4月1日に現在の知立駅辺りに仮駅を設け、暫定開業をし、同じ年の6月1日に西岡崎（現・岡崎公園前）まで開業したときに本来の予定地に新知立駅が開業した。

図3　狭い駅前にバスが並ぶ知立駅。手前がA知立。奥がB知立。（倉知満孝氏撮影・名古屋レール・アーカイブス所蔵）

ライバル同士であった三鉄と愛電であるが、愛電の新知立—牛田間から分岐して三鉄の知立駅まで貨物用の連絡線が敷かれるという協調関係が進んだ。そうしたなか、三鉄と愛電は合併を模索して交渉するまでになった。1930年（昭和5）4月には合併契約書の調印まで進んだが、その後の業務引継ぎのなかで、三鉄が粉飾決算をおこなっていたことが判明。この合併はご破算となった。三鉄と合併を回避した愛電は、1935年8月1日に名岐鉄道と合併して名古屋鉄道（通称「名鉄」）を成立させている。

戦時体制が進むなか、地方交通の統合という政策の下で、三鉄は名鉄との合併を余儀なくされ、1941年6月1日、名鉄三河線となった。合併後の8月1日、これまでの知立駅と新知立駅を連絡通路で結び、統合して知立駅（二代）とした。

名鉄関係者の間では、本線（豊橋線）上の駅を「A知立」、三河線上の駅を「B知立」と呼んで区別していた（図3）。

駅前広場も狭く、乗り換えの不便を解消し、本線への直通運転を容易にするため、約400m名古屋方向に移転、新設し、1959年4月1日に新たな知立駅（三代）が開業した。これに伴い、本線上の駅を「東知立」に、三河線上の駅を「三河知立」に分離、改称している。

しかし、東知立は乗降客の減少により1968年1月7日に廃止され、姿を消した。

現在、知立駅は駅前周辺の再開発事業と合わせ、2023年度の完成を目指して高架化事業を進めている。

なつかしの鉄路

三河沿岸・吉田の二つの駅

藤井 建

吉良町は平成の大合併で西尾市に包含されてしまったが、三河湾を望む市の南部に位置する。1924年（大正13）に吉田村は町制施行し、1955年（昭和30）に横須賀村と合併し、吉良町となった。

この吉田には終戦間近まで二つの吉田駅があった。一つは、西尾鉄道（のちに愛知電気鉄道に合併）の吉良吉田駅。もう一つは、三河鉄道の三河吉田駅である（図1）。

●駅の変遷をたどる

西尾鉄道は、東海道線の岡崎駅と西尾の街を結ぶ目的で、西尾の豪商である岩瀬弥助等が中心になって設立した軌間762mmの軽便鉄道で、1911年（明治44）10月に岡崎新—西尾間13・3kmが開業した。当初は「西三軌道」という名であったが、翌年の1月に西尾鉄道と改称している。

その後、西尾と平坂港を結び、さらに南へと路線を延ばして、吉田村に達したのは、1915年（大正4）8月5日のことであった。現在の吉良吉田駅とは300mほど北に寄った場所であったという。

図1　2.5万分の1「吉田」1920年測図　1930年鉄道補入（1945年ごろ線名修正）

図2　2.5万分の1「吉田」1920年測図　1969年改測

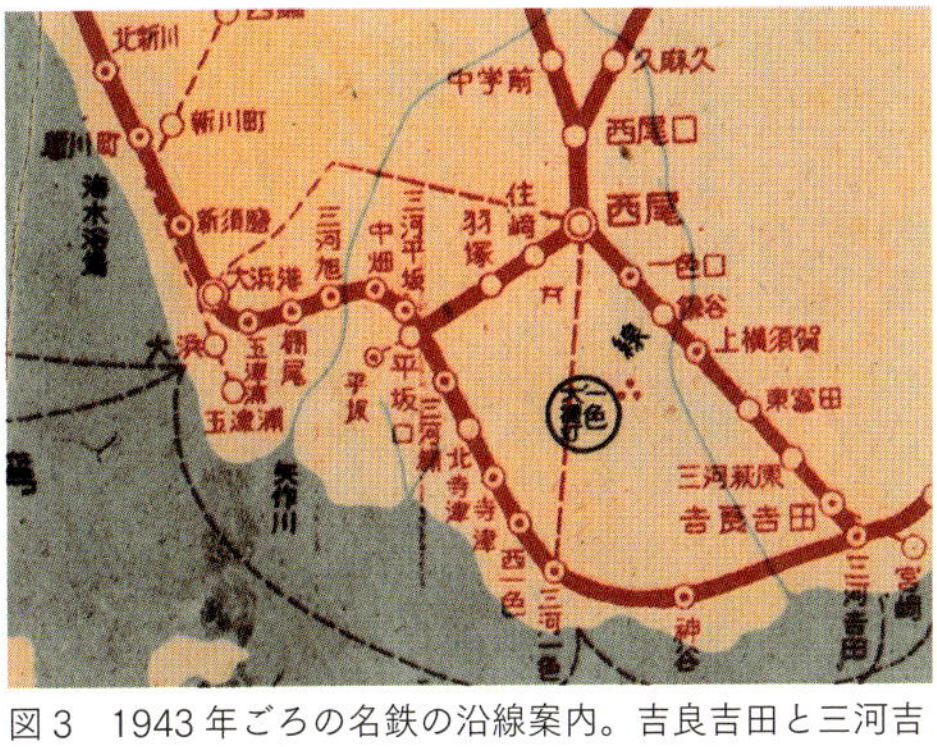

図3　1943年ごろの名鉄の沿線案内。吉良吉田と三河吉田が併存していることがわかる

翌年2月には矢崎川右岸に接する吉田港まで貨物専用線を開業し、吉田港に集積する石炭や肥料そして吉田の塩田でつくられる饗庭塩を貨車で内陸に運んだ。

一方、三河鉄道（以下「三鉄」という）は、衣浦湾沿岸の高浜、新川、大浜といった港町と旧宿場町の知立やその北に位置する挙母（現・豊田市）などと東海道線の刈谷と結ぶ目的で敷設された軌間1067㎜の蒸気鉄道である。1914年（大正3）2月に刈谷新（現在の刈谷駅付近）―大浜港（現・碧南）14・5㎞を開業。ついで翌年10月には刈谷新―知立間4㎞開業するとともに、貨物輸送のための新川臨港線0・6㎞、大浜臨港線0・4㎞を1925年中に開業している。

その後、北へと路線を延ばした三鉄は、1926年2月に猿投―大浜港間を電化したあと、蒲郡を目指して路線を延伸していく。そして1928年（昭和3）8月25日、三河吉田駅（仮駅）が開業し、電車が走り出した。1936年7月に三河鹿島まで開業した折、三河吉田駅を西に移設して整備している。

これより先の1926年7月、愛知電気鉄道（以下「愛電」）の傍系である碧海電気鉄道が今村（現・新安城）から米津までの11・6㎞を開業している。こうした二社の動きは、西尾鉄道にとって存続を脅かす存在であった。西尾鉄道としても1067㎜への改軌と電化を模索して行動を起こしていた。しかし、いかんせん経営状況は芳しいものではなく、資金不足もあり、電化計画は進まず、将来の経営を危ぶむ役員や株主の間から愛電との合併話が持ち上がった。交渉の結果、1926年12月には正式に合併が成立し、西尾鉄道は、愛電の西尾線となった。二年後の1928年10月、西尾―吉良吉田間の改軌と直流600Vの電化を実施するとともに、今村―吉良吉田間に直通電車が走り出した。なお、このとき、吉良吉田―吉田港の貨物線を廃止する。

愛電は、1935年8月に名岐鉄道と合併して名古屋鉄道に、三河鉄道も1941年6月に名古屋鉄道に合併し、それぞれ、同社の西尾線、三河線となった。1943年2月、西尾線の吉良吉田駅から線路を南へ延ばして、三河吉田駅を設置するとともに、三河線の三河吉田駅を東に200mほど移設して両線の連絡を図った。同時に三河線の三河吉田―三河鳥羽間の電圧を1500Vから600Vに降圧し、今村から三河鳥羽まで電車を直通させた。

1945年1月に発生した三河地震で吉良吉田駅が被災したこともあって、この後、吉良吉田駅を三河吉田駅に一体化したと思われる。

戦後、1960年11月には、三河吉田駅を吉良吉田駅と改称し、現在に至っている。

図4　昭和30年代の吉良吉田駅（右が西尾線、左が蒲郡線、井上人令氏撮影）

戦争遺跡をさぐる

第十五師団

伊藤厚史

１８８８年（明治21）、鎮台条例を廃して師団条例を制定した際、全国六鎮台から六師団が誕生した。東京を第一とし、北から仙台を第二、名古屋、大阪、広島、熊本をそれぞれ第三、第四、第五、第六師団とした。１８９１年には宮城防衛のための近衛を近衛師団、１８９６年に対露戦備のため北海道の第七師団から小倉の第十二師団の増設等軍備拡張を計画した。

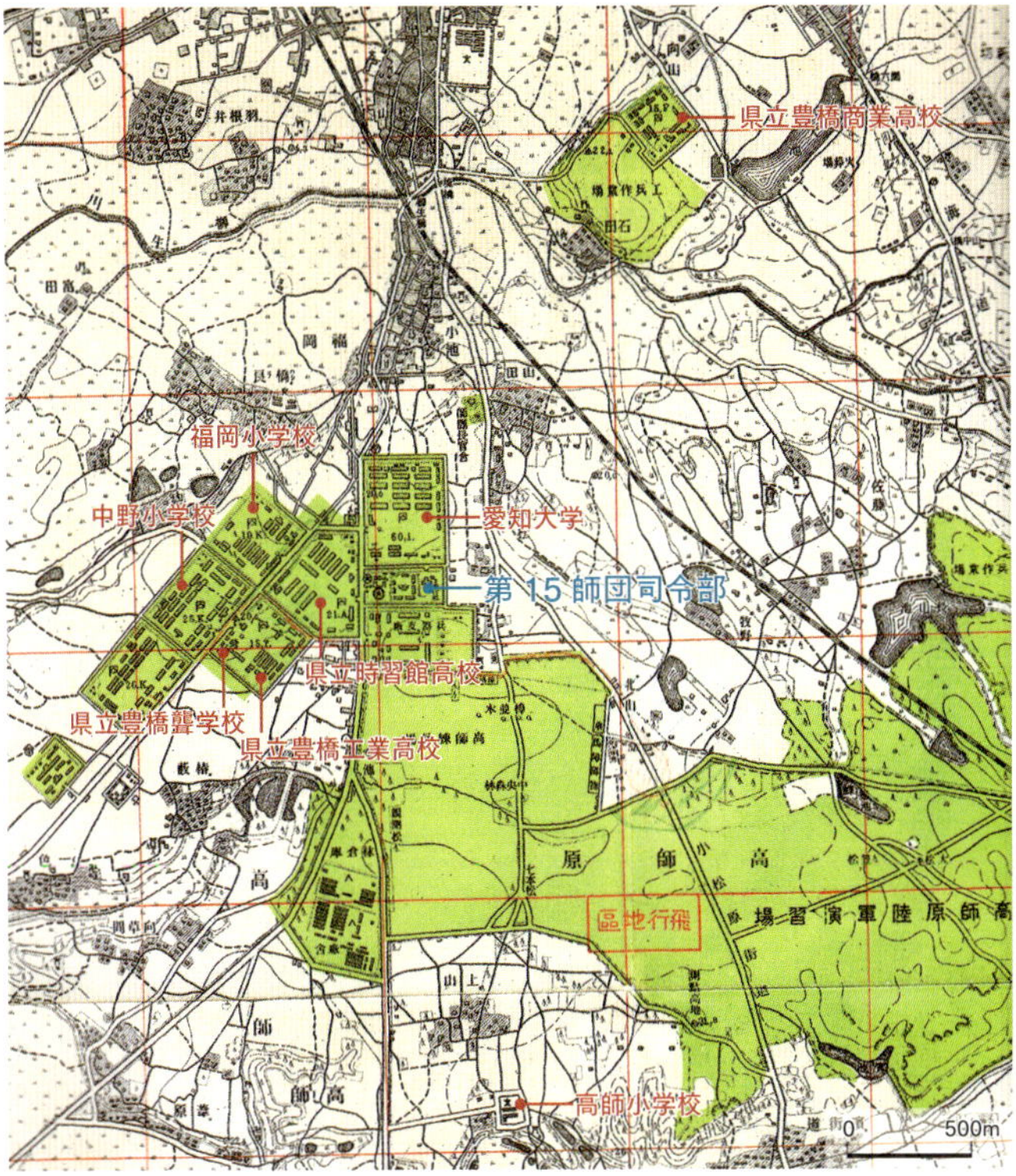

図1　高師原演習場・練兵場・小銃射撃場・作業場竝大﨑水馬場位置要図（大正中期ごろ）豊橋市美術博物館複製　地図上に示した学校は現在のもの

師団制度は、維新以降もくすぶり続ける佐幕派や市民暴動など内乱鎮圧のために設置された鎮台から、外征が可能な兵制へと大転換するものだった。１８７３年の徴兵令による徴兵開始と１８８９年の改正により選抜された兵、三十年式小銃、三十一年式速射野砲はじめ、各種兵器や生活品が確保できるようになったことから可能となったといえよう。

明治三十七八年戦役（日露戦争）では、当初は13の師団を基幹とする兵力だったが、戦争の進展により野戦師団四（第十三、第十四、第十五、第十六師団）などが新設された。第十五師団は、こうして誕生し、戦後帰還し後に豊橋市・渥美郡高師村へ駐屯することになったのである（図1）。

１９０７年3月、陸軍省は第十五師団を豊橋に設置することを決定した。豊橋の郊外に天伯原陸軍演習場があり、大陸での戦場を想定しての演習ができることが決め手となった。同年12月、隣接する

図２　第十五師団司令部庁舎

高師《たかし》村で地均し工事が始まり、1908年4月には建物・井戸・排水路などの工事に着手、同年11月に開庁した。

高師村には田原街道（現在の国道259号線）に沿い、第十五師団司令部、歩兵第六十聯隊《れんたい》、野砲兵第二十一聯隊、豊橋陸軍兵器支廠、豊橋憲兵分隊が配置され、その西側の道路に沿い輜重《しちょう》兵第十五大隊、騎兵第十九聯隊、騎兵第二十五聯隊、騎兵第二十六聯隊、少し離れて豊橋衛戍《えいじゅ》病院、豊橋衛戍監獄が配置された。整然と区画された敷地（排水溝・道路）は、兵舎が無くなった今日でも使用されている。豊橋市内では、工兵第十五大隊が独立丘のような向山《むかいやま》に建設されたほか、軍用水道貯水池及び水道布設、道路の整備や遊郭の東田移転などの工事がおこなわれ、様相は一変したという。

1910年11月には嘉仁《よしひと》皇太子（後の大正天皇）の巡幸、1915年（大正4）1月には竹田宮恒久王が騎兵第十九聯隊長として着任した。また、1917年8月には、七代目師団長として久邇宮《くにのみや》邦彦王が着任された。着任の日には沿道に3万人余の市民が出迎えたと伝えられている。

第十五師団司令部敷地（現在愛知大学、図2））には、久邇宮邦彦王や嘉仁皇太子の来訪を記念して松が植樹され、記念銘が刻まれた石柱が残っている。また、太平洋を見下ろす市内高塚町や西七根町の山林には、竹田宮恒久王や久邇宮邦彦王が地引網を見学したことを記念して建てられた御台覧記念碑（前者1915年、後者1928年〔昭和3〕）も風雪に耐え残っている（図3）。

第一次世界大戦後、世界の流れは軍縮の方向に向かった。第十五師団は軍縮の対象となり、師団司令部、歩兵第六十聯隊、騎兵第十九聯隊、野砲兵第二十一聯隊、工兵第十五大隊、輜重兵第十五大隊が廃止された。こうした廃止は、軍縮と共に軍の刷新、近代化をめざしたもので、大戦で初登場した飛行機や戦車、また高射砲の研究開発、部隊の教育に予算を振り分ける必要が生じていたのである。

太平洋戦争の後、軍用地には、1946年11月に愛知大学、1948年4月に県立豊橋高等学校（10月に県立豊橋時習館高等学校に改称）、が開校したのをはじめ県立豊橋工業高等学校、県立豊橋聾学校、市立南部中学校、市立栄小学校、福岡保育園が設置された。軍縮後早くに騎兵第十九聯隊跡に移転した福岡尋常高等小学校（現在豊橋市立福岡小学校）と共に文教地区を形成し今日に至っている。

図３　久邇宮邦彦王同妃殿下地引網台覧之地

戦争遺跡をさぐる

豊川海軍工廠

伊藤厚史

日本の海軍工廠は、日本海軍の艦船や各種兵器の製造・修理などをおこなう官営の軍需工場である。1903年（明治36）に制定された海軍工廠令により、鎮守府・軍港のある神奈川県横須賀・広島県呉《くれ》・長崎県佐世保《させぼ》・京都府東舞鶴《まいづる》に設置された。

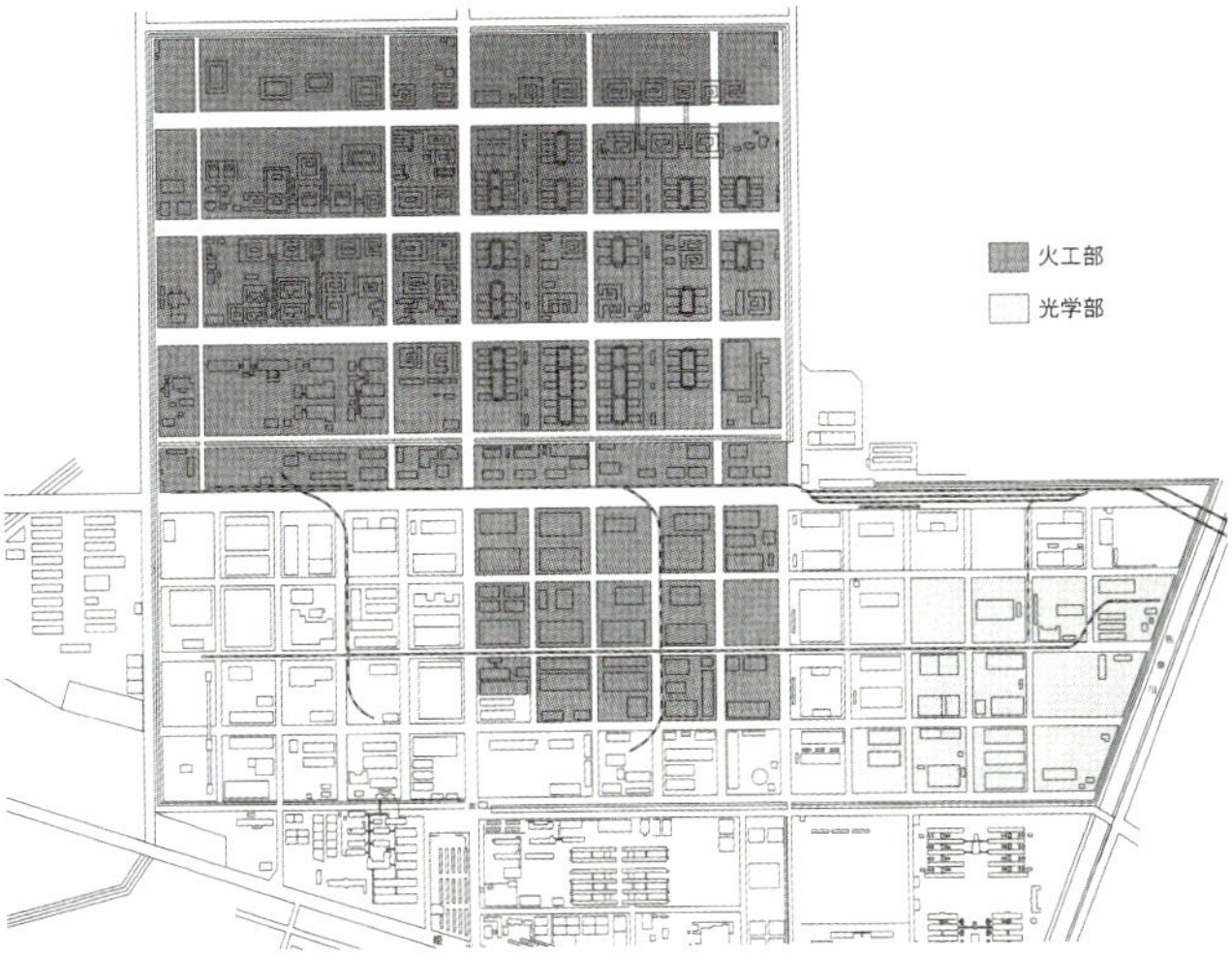

図1　豊川海軍工廠（出典：『豊川海軍工廠の記録』）

1931年（昭和6）の満州事変以降、戦場の拡大、長期化を帯び、また1934年のワシントン海軍軍縮条約の破棄を通告、1936年12月失効した。海軍では艦船や航空機の建造、それに搭載する機銃や弾丸の製造など急務となり、こうした大量の兵器生産のため、広大な敷地を有する工場が必要となった。海軍では、新たに二カ所の海軍工廠建設の検討に入り、A廠、第二A廠と呼び、1936年から用地の選定が始められ、A廠は山口県光町の海岸部に、第二A廠は愛知県宝飯郡豊川町の台地、本野が原に求め、前者は魚雷と機雷を、後者では機銃と弾丸を製造することに決定した。

A廠は、正式名を光海軍工廠とし、海軍工廠令改正、1940年10月1日に施行された。第二A廠は、正式名を豊川海軍工廠とし、同様に1939年12月15日に施行され開庁した。

開庁当初は、59万4400坪（約200ha）を買収して、機銃部、火工部を建設、工員約1500人で操業を始めた。さらに拡張して1941年12月に光学部、43年に指揮兵器部と器材部が新設された。同年には約90万坪という広大な敷地に約700棟の工場が建てられた。1945年2月以降、職員や工員は、次のように構成されていた。

一　職員

（一）廠長（中将）…1名

（二）部長（少将または大佐）

（三）主任（左官級）　…9名
　…40名
（四）係官（尉官）

二　工員　工長（下士官）、工手、職手、一等工員、
　…351名
　二等工員　…1万名

三　徴用工員
　徴用工、女子挺身隊
　…4万名

四　動員学徒
　大学、中学校、女学校、国民学校高等科の学生生徒
　…6000名

図2　豊川海軍工廠　第3火薬庫

図3　豊川海軍工廠　薬筒乾燥場

豊川海軍工廠の特徴として、第一に官営軍需工場として規模が大きく、生産品をみても20ミリ機銃は全海軍の63%、30ミリ機銃は90%、7・7ミリ機銃や13ミリ機銃は100%生産されていた。火工部は、薬莢、弾丸関係の機械加工設備、火薬工場設備、装填設備の三部門から成り、敷地・人員共に工廠全体の約3分の2を占めており、誘爆を防止するために個々の工場建物が土塁で囲まれた施設となっていた。また、火薬製造から貯蔵に至るまで製造工程の効率を上げるように機能的に配置されていた。

第二に空襲による被害が甚大であったことである。豊川海軍工廠へは1945年5月19日に初めて爆弾が投下されたが、ほぼ無傷で残っていた。しかし終戦間際の45年8月7日、B29百二十四機によりわずか26分間の爆撃で、250キロ爆弾3256発が投下され、ほぼ壊滅した。このため、動員学徒を含む2700人近い人が亡くなった。一説には3000人ともいわれる。海軍は、遺体を遺族に返還せず、第二工員養成所（豊川市新道町）の林に約1200体、山手試射場の東方山林（豊川市千両町《ちぎりちょう》数谷原《すやはら》）に約1300体を仮埋葬した。戦後、1951年になりようやく遺体は掘り返されたが、すでに身元を確かめることは困難な状態となっており、遺族は再び悲しみにくれたのであった。工廠職員については、直後に火葬され、遺骨も遺族のもとに戻っていることと著しい差である。

第三に豊川海軍工廠の遺構が戦後70年を経てもまだ多く残っていることである（図2、3）。工廠の敷地を囲む塀は今日でもそのまま排水路として利用されている。敷地の北西部に所在する名古屋大学宇宙地球環境研究所豊川分室には、当時の火工部の施設や爆弾穴、弾痕などが残っている。また近年の考古学的発掘調査により、防空壕や爆弾穴の規模、当初に建設された施設と増築された施設の差異なども明らかにされた。

豊川海軍工廠の跡地は、愛知県を代表する戦争遺跡の一つである。

戦争遺跡をさぐる

陸軍「伊良湖射場」と伊良湖村の移転

天野敏規

渥美半島には、近代における戦争に関する遺跡が多く残されている。なかでも陸軍「伊良湖射場」は、その代表格である。

中部電力渥美火力発電所の近くに地元から「六階建」と呼ばれる不思議な建物がある。これは、かつてここに存在した陸軍の大砲等の試験場施設の一つで「気象塔兼展望塔」（図1）がその正式な名称である。試験場は、現在の田原市小中山町から西山町、伊良湖町地区にかけての西ノ浜一帯に太平洋戦争が終結するまで存在していた。「陸軍技術研究所伊良湖試験場」が本来の名称であるが、通称で伊良湖射場とか試砲場と呼ばれ、今日でも田戸《たど》神社付近を中心にいくつかの施設跡が現存している。

図1　気象塔兼展望塔と無線電信所（現在左、昭和初期右）

伊良湖試験場建設の経緯

そもそも渥美半島の先端に陸軍の試験場が建設されることになったのは、1891年（明治24）に陸軍砲兵会議が適地候補として伊良湖を視察したことに始まる。その後、1897年に候補地の調査、1900年に主要な施設と大砲を据えるための砲床の位置を現在の小中山町とすることが決定され、その翌

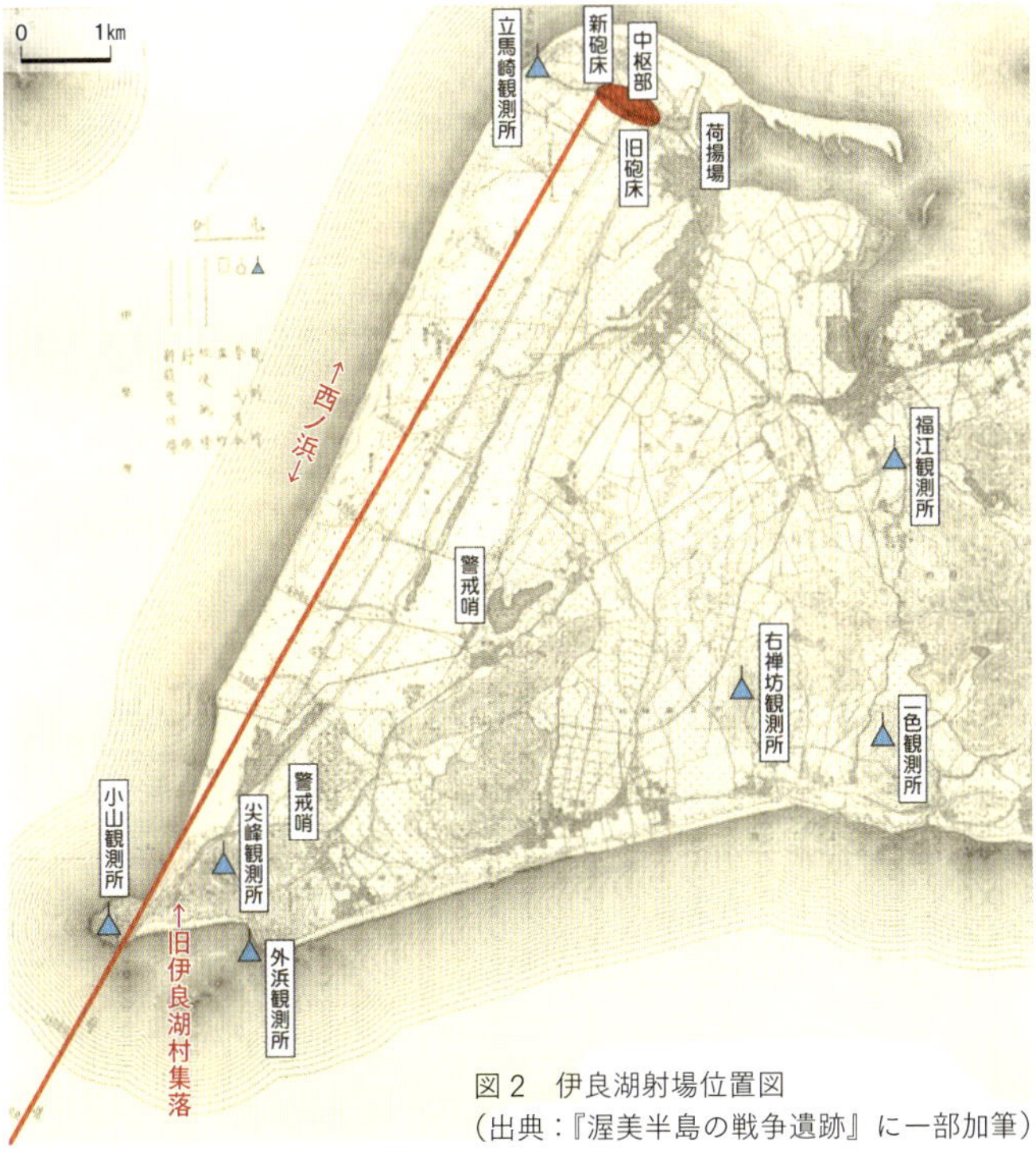

図2　伊良湖射場位置図
（出典：『渥美半島の戦争遺跡』に一部加筆）

図3　伊良湖試験場中枢部付近図（福江町之図「愛知県渥美郡福江町勢一覧」1936年（田原市博物館所蔵）

年に工事は完了した。

　ところが、日露戦争などで大砲性能の重要性が実証されたため、当初の予定（小中山～西山地区）よりも高性能の大砲を試験するため、試験場の拡張（西山～伊良湖地区）をすることが必要となった。それまでは、6000mの射程距離を確保していたが、今後は1万mの射程を確保することが必要となったのである。これにより、着弾地点となるこれまでの伊良湖村集落は、1905年9月に村ごと（全戸）の移転を余儀なくされた（図2）。

　その後、伊良湖射場は、軍にとってますます重要な施設となり、第一次世界大戦後の1918年（大正7）、特別兵器研究費としての予算が増大され、1924年には、射線の移設、各監的や射場内に軽便鉄道が敷設されるなど、さらに施設が充実した。そして1934年（昭和9）の時点で、約285万坪の敷地に約1000坪の建物が建てられた日本陸軍の大火砲実験施設となった（図3、4、5）。

伊良湖村の移転

　1905年の伊良湖集落は、114戸、人口729人であった。村は、現在の伊良湖リゾート&コンベンションホテルから伊良湖シーサイドゴルフ倶楽部周辺にあり、御《おん》衣祭で有名な伊良湖神社もかつては宮山の中腹に鎮座していた。同年9月に陸軍から土地収用の命令が出されると、伊良湖の人たちは、翌年3月までのわずか半年間という短期間での移転を強いられた。このとき、現在の伊良湖集落へ移転したのは、112戸であった（図6）。

　かつて、松尾芭蕉が愛弟子杜国とともに訪れ「鷹一つ見つけてうれし伊良湖崎」の句を残し、伊良湖に生まれ「まじない歌」で多くの人を救った漁夫歌人糟谷磯丸が暮らし、日本民俗学の父柳田國男や小説家田山花袋が逗留した伊良湖村は、すべて移転前の伊良湖集落であった。

現存の伊良湖射場関連施設

　伊良湖射場の関連施設で、現在確認できるものは30カ所程度ある。程度としたのは、いまだ未確認のものや近年取り壊されたものがあると思われるからである。その多くは、射場の中心部であった小中山町に残されている（正門柱・警戒哨舎・無線電信所・気象塔兼展望塔など）が、遠距離射撃の際に砲弾を観測するための観測所は、日出町（外浜観測所）や古田町（福江観測所、図7）などにもあり、伊良湖水道をはさんだ神島（三重県鳥羽市）にも設けられていた。なお、この神島観測所は、三島由紀夫が著した小説『潮騒』にも登場する。

　太平洋戦争が終結して70年が経過し、自然が多く残された渥美半島にも過去の戦争に関連する施設があったことを知らない世代が多くなった。当地に残された射場関連施設は、そのほとんどが無機質なコンクリート製で造られている。その存在理由や意義を知り、かつ現地を訪れ、その施設を目の当たりにしたとき、個々の胸には、過去の戦争や現在の平和な生活に対する感慨が沸いてくるはずである。

図4　射場内（旧砲床）にあった30糎榴弾砲

図5　砲座（旧砲床）にて砲身組立作業

図6　伊良湖集落移転記念碑（新・旧）

図7　今も残る福江観測所跡

三河地震

武村雅之

M6・8の直下型地震

それはまさに太平洋戦争の最中であった。1945年（昭和20）1月13日深夜の午前3時38分、西三河地方を直下型地震の激しい揺れが襲った。同時に幡豆郡豊坂村、額田郡幸田村（現在はいずれも幸田町）から寶飯郡形原町（現在は蒲郡市）にかけて最大で2mの食い違いを伴った地震断層が出現、深溝《ふこうず》断層と呼ばれている。その地下には地震の原因となった震源断層があるものと思われる。東海地方全域は、その37日前の1944年（昭和19）12月7日にも大地震に見舞われた。マグニチュードM7・9の海溝型地震の東南海地震である。その際も西三河地方でかなりの被害が出た。図1は住家の全潰率から推定した三河地震の震度分布図である。斜線部は東南海地震の時と比べ震度が同じかまたは高かった地域である。三河地震では、西三河一帯の震度はおおむね6以上で震度7になったところも多く、地震の規模が小さくても局所的に非常に強い揺れに見舞われるという直下型地震の特徴がよく現れている。

図2の地形図と比べながらさらに詳しく震度分布の特徴を見ると、震度の高い地域は地震断層が出現したところの周辺地域ではなく、むしろ矢作川や矢作古川流域の地盤が軟弱な岡崎平野に広がっていることがわかる。これは地震断層が出現

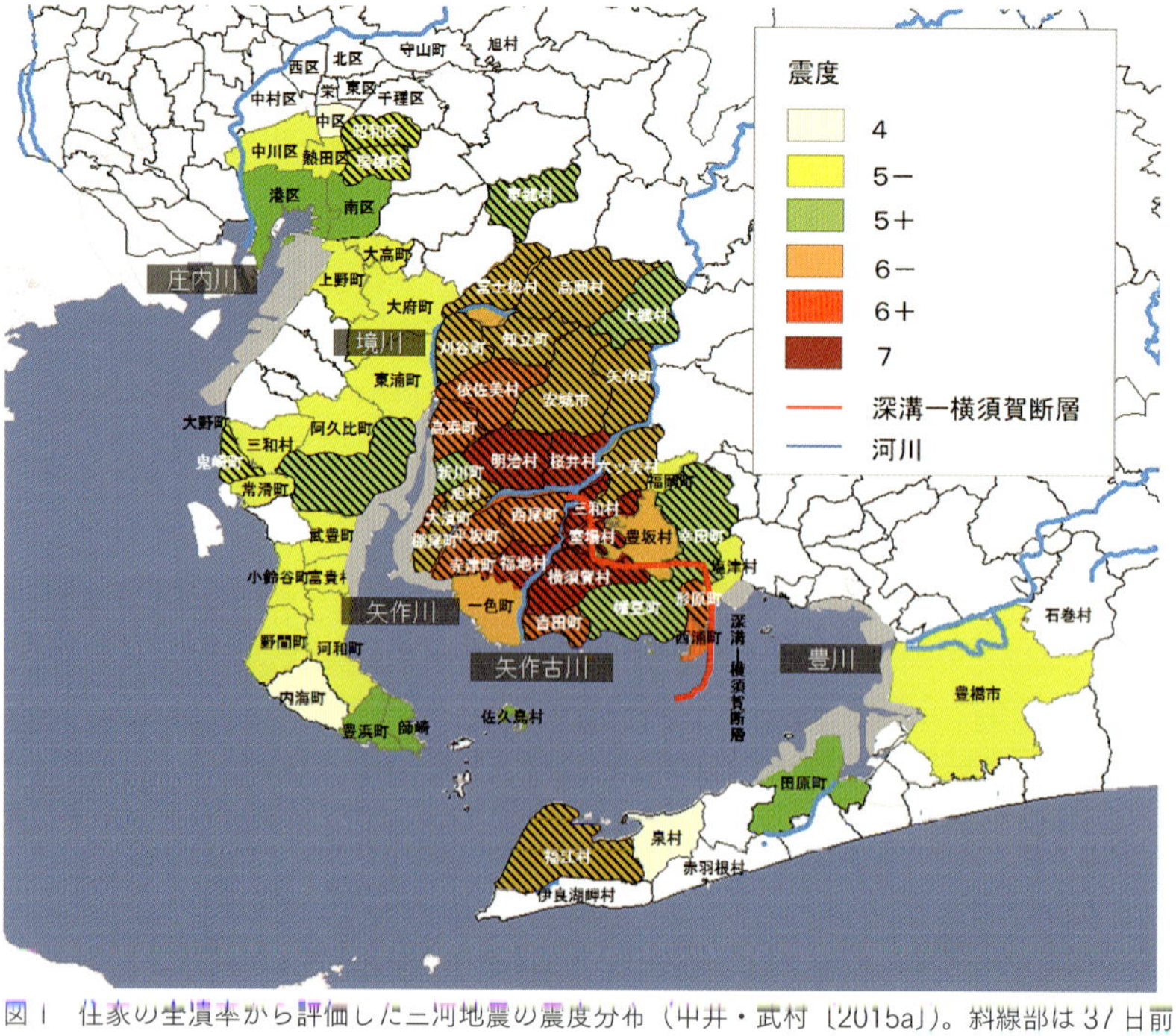

図1　住家の全潰率から評価した三河地震の震度分布（中井・武村［2015a］）。斜線部は37日前の東南海地震と震度が同じかより高かった地域。灰色の部分は地震後（戦後）生まれた埋立地

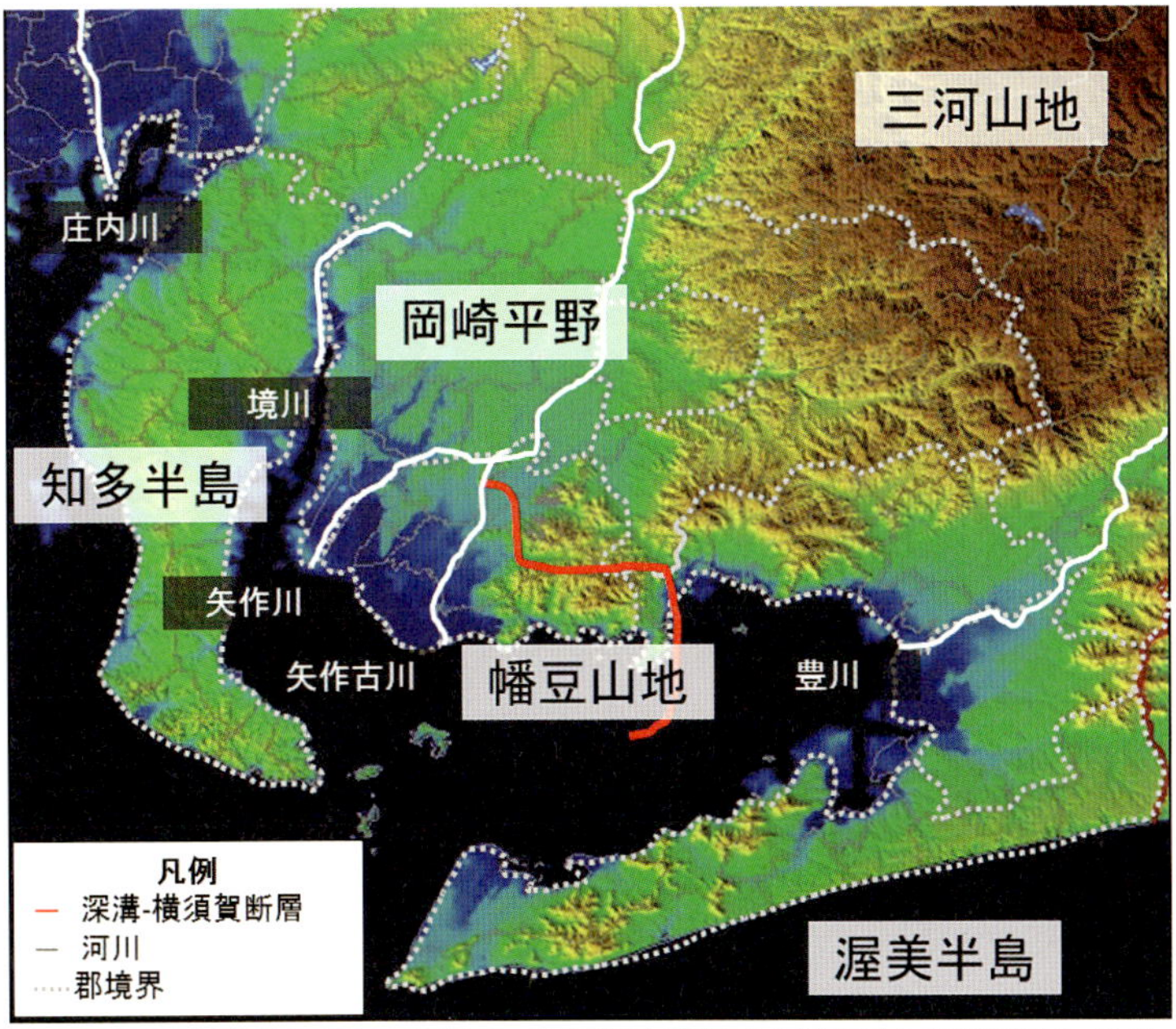

図２　西三河地域の地形図と三河地震で地震断層が現れた深溝断層と横須賀断層の位置（中井・武村〔2015a〕）

した地域が主に幡豆山地と呼ばれる比較的地盤が硬い地域であるのと対象的である。一般に地震の揺れは震源に近いほど大きくなるが、地盤の良し悪しによっても左右され、軟弱な地盤の地域は震源から多少離れていても油断できないことがよくわかる。

●大量の死者

三河地震の被災地は主に西三河の狭い地域に限られていたが、死者数は２０００人を超え、先の東南海地震の2倍近くに達した。20世紀に日本で起こった地震の中では6番目の多さである。死亡原因のほとんどは建物の全潰によるものであった。直下型地震の特徴として突然強い揺れに襲われ逃げる間がなかったこと、真冬の真夜中でほとんどの人が眠りについていたこと、さらに一月前の地震で壊れかけた建物が多かったことや戦争中で充分な復旧がままならなかったこと、さらには戦局が悪化する中、名古屋などから多くの子供たちが集団疎開で西三河のお寺などに身を寄せ、宿泊先の本堂などが全潰して大量に亡くなったことなど、さまざまな悪条件が重なり大量の死者に繋がったものと思われる。

図3に死者数の分布を示す。最大の死者数を出したのは現在の安城市、碧南市、西尾市にまたがる碧海郡明治村で３２５人。２００人以上の死者を出したのはこの他に、幡豆郡横須賀村２７５人、同郡福地村２２９人（現在はいずれも西尾市）、寶飯郡形原町２３３人（現在は蒲郡市）で、形原町を除く3村はいずれも震度7の揺れに襲われた岡崎平野の村々である。図3には、震災後に建てられた慰霊碑と復興碑の位置も示されている。対応する碑の番号、名称、地域ならびに建立年を表１に示す。

●復興と教訓

図3の慰霊碑と復興碑の位置を見ると、いずれも被害の

図３　三河地震の死者数の分布。●は慰霊碑と復興碑の位置。番号は表１の建立年順の番号（No）に対応する（中井・武村〔2015b〕に加筆）。灰色の部分は地震後（戦後）生まれた埋立地

No	名称	現市町村	旧市町村	分類	建立年
1	**浅間神社頌徳碑**	**安城市**	**桜井村**	**復興碑**	1946年1月
2	白山神社震災碑	西尾市	西尾町	慰霊碑	1952年10月
3	熊味観音寺震災碑	西尾市	西尾町	慰霊碑	1953年10月
4	薬師堂戦死震災者之碑	西尾市	三和村	慰霊碑	1954年10月
5	震災記念碑	安城市	桜井村	慰霊碑	1955年4月
6	震災殉難者之碑	安城市	明治村	慰霊碑	1955年9月
7	栄安寺震災殃死者霊碑	西尾市	西尾町	慰霊碑	1955年12月
8	米津墓地慰霊碑	西尾市	明治村	慰霊碑	1956年8月
9	震災死歿者精霊碑	安城市	明治村	慰霊碑	1957年1月
10	**土地改良碑**	**西尾市**	**三和村**	**復興碑**	1957年3月
11	蓮正寺震災之碑	西尾市	西尾町	慰霊碑	1957年4月
12	震災遭難之碑	安城市	明治村	慰霊碑	1958年11月
13	震災供養碑	西尾市	横須賀村	慰霊碑	1960年8月
14	**土地改良碑**	**西尾市**	**室場村**	**復興碑**	1961年9月
15	形原神社わすれじの碑	蒲郡市	形原町	慰霊碑	1977年1月
16	藤井町追悼之碑	安城市	桜井村	慰霊碑	1977年1月
17	**鍬神明堂造営遷座記念碑**	**西尾市**	**三和村**	**復興碑**	1977年11月
18	三河大地震之碑	西尾市	横須賀村	慰霊碑	1983年1月
19	三河大地震追憶の碑	西尾市	横須賀村	慰霊碑	1994年8月
20	**明治航空基地之碑**	**安城市**	**明治村**	**復興碑**	1996年3月

表１　慰霊碑、復興碑（ゴチック）の名称、所在地、建立年。建立年順に番号を振り並べた（中井・武村〔2015b〕に加筆）

大きい地域に分布していることがわかる。また建立年代も1周忌や3回忌など直後のものよりも、時間が経ってからのものが多く、戦後の荒廃の中で進められた震災復興の苦労の跡が偲ばれる。図4に慰霊碑と復興碑のそれぞれ一つずつを例として示す。一つは慰霊碑で、現在の安城市和泉町（旧明治村）の共同墓地にある「震災死没者精霊碑」である。13回忌の1957年（昭和32）に建立された。この碑には地震で一瞬にして亡くなった83名の名前と年齢が刻まれている。また戦争中であったために、おそらく火葬の煙が敵の攻撃目標になることを恐れ、近くの明治海軍航空基地の隊員の助力で遺体を埋葬したという痛ましい記憶も刻まれている。

もう一つは復興碑で、現在の西尾市室町（旧室場村）にある「土地改良碑」である。震災後16年目の1961年（昭和36）に建立されたもので、震災によって家屋が潰れ死傷者が多数出た上に、地盤の液状化などで田畑の灌漑施設も使い物にならなくなった状況から、戦中・戦後の混乱の中、人々は一致協力し、自力で美しい田畑を蘇らせた。その苦労が偲ばれる。

これら多くの碑からは、戦争の最中に起こった震災の悲惨さ、そこから人々が一致協力苦労の末に立ち直った過程がわかる。一方で、二度とこのようなことが無いようにという当時の人々の強い願いが感じられる。我々が自覚すべきは、それら多くの人々の苦労の結果として、現在の平穏無事な生活があるということだ。この生活を護り通すことが、我々が先人の願いに報いる唯一の道ではないだろうか。そのためには、いかなる時も災害対策を怠らず、「人生無常の実際に覚醒」して生きる必要がある。

図4　慰霊碑と復興碑の例（中井春香撮影）
（上）安城市和泉町（旧明治村）の共同墓地にある「震災死没者精霊碑」
（下）西尾市室町（旧室場村）にある「土地改良碑」

＊本項の地図はすべて国土地理院の基盤地図情報を用いている。

巨岩がならぶ海岸と津波除け堤防

松岡敬二

渥美半島の太平洋岸は、静岡県浜名湖今切口から伊良湖岬まで東西に海浜が連続しており、「片浜十三里」と呼ばれている。静岡県側から砂浜や礫浜が東西に連続し、美しい景観を醸し出している。「片浜十三里」に変化をうんだ秘密は、3カ所の岩礁海岸誕生に深く関係しているのである。

国道42号線を伊良湖岬に進み田原市高松一色の信号を左折すると、太平洋ロングビーチの名で呼ばれている海岸に出る。一色ノ磯をはじめ中生代ジュラ紀のチャートの巨岩からなる岩礁海岸になっている。これら巨礫や巨岩は、山の稜線の先端部が侵食による露出と、「大石」の地名があるように山側から落下した岩も含まれている。西側は古くはジャワ（大羽康利氏私信）と呼ばれていた砂浜海岸がゆるく弧を描きながら赤羽根に伸びている。赤羽根町の中心街に入ると赤羽根港に向かって徐々に標高が下がっている。旧道は、現在の国道より海側をほぼ平行に通っていた。建設省河川局海岸課監修『海岸―30年のあゆみ』1344ページをみると、数十年間の侵食により集落が北側に移転している（図1）。移転前の八柱神社（つばき神社）のあった場所は、すぐ南側は海食崖が迫り、1960年代にあった崖下の鳥居（図2）の痕跡すら今はない。赤羽根漁港は、1950年（昭和25）の『漁港法』制定にともない、愛知県管理漁港として整備計画に基づき堤防等が沖合に向けて設置されていった。赤羽根港の東側は、崖下から沖に向かい砂浜が広がり、堆積の場に転じていることがわかる。

土田海岸の岩礁地帯は、珪質頁岩等からなる岩棚に巨岩が直接のっている。海浜が発達していた時期は、巨岩が堆積物により覆われ、陸続きであった。侵食が進むにつれて、基盤岩の上に取り残されたのである。昭和30年ごろまでの土田海岸の巨岩は、雀が巣をつくっていたとされる「オオスズメ岩」、岩上面のくぼ地で野菜を洗うのに利用していた「シオミズ岩」など巨岩し砂浜が陸続きであった記録が

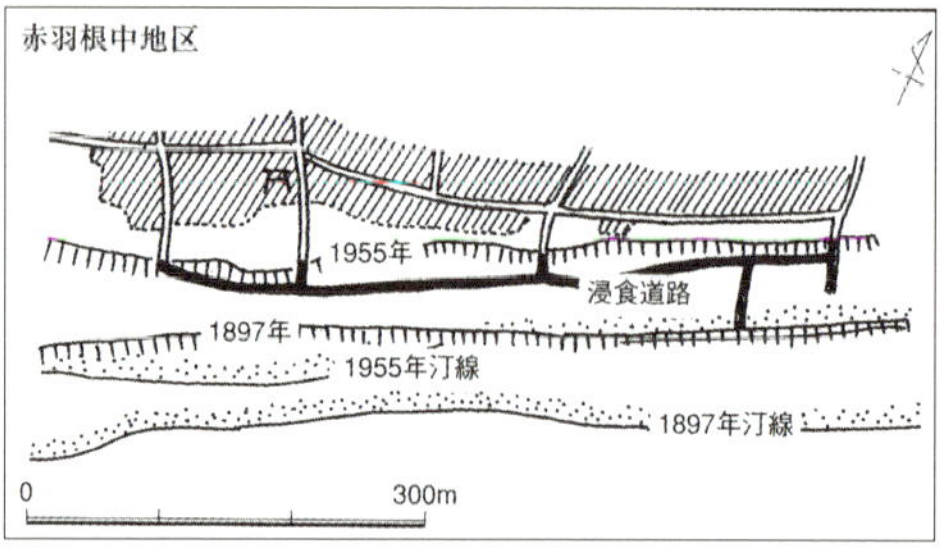

図1　赤羽根の海岸線の変遷（出典：建設省河川局海岸課監修『海岸―30年のあゆみ』1981）

図2　八柱神社の鳥居（池田芳雄氏撮影、1967）八柱神社は1965年に現在地に移転

ある（藤城信幸氏私信）。ただし、陸側の巨岩群は洗い出しだけでは説明しにくいほど不自然に密集している場所がある。過去の大きな津波により岸近くに移動した「津波石」も含まれていると推定される。

図３　『西堀切村絵図』（田原市博物館所蔵）

いまも残る江戸期の堤防

愛知県に到達した津波は有史以来42回にのぼっている（飯田、1981）。遠州灘に面した堀切海岸は、1096年（嘉保3）、1498年（明応7）、1605年（慶長9）、1707・1708年（宝永4・5）、1854・55年（嘉永7・安政2）、1944年（昭和19）の8回を超える大津波に見舞われている。安政東海地震は、1854年（嘉永7）11月4日に遠州灘沖を震源（マグニチュード8・3）とし、翌日には紀伊半島沖を震源（マグニチュード8・4）として地震が連動して起きている。まとめて、安政地震とされる。安政地震の津波は8〜10mに達し、海堤を乗り越え堀切村落に甚大な被害を与えた。村全体が津波に飲み込まれた様子は、『西堀切村絵図』に残っている（図3）。この安政の津波後に住民の手により土と貝殻を混ぜて造られた人為的な津波除け堤防が「貝殻ぼた」である（図4）。国道の整備にともない一部が消失したが、自転車専用道に沿った形で約2・5km残っている。紙芝居『ボタの話——みんなで守る・伝える堀切・日出海岸ものがたり』は、NPO法人レスキューストックヤードが「貝殻ぼた」を後世に伝える目的に、2008年に制作された。堀切海岸の「貝殻ぼた」の列は、島崎藤村の『椰子の実』の石碑が立つ日出《ひい》町骨山から遠望することができる。

図４　「貝殻ぼた」とその海側のテトラポット

新田開発と海岸線の変化

松岡敬二

図1 『三河国全図』（斎藤員象／小田切多芸、1879年）愛知大学綜合郷土研究所所蔵

地形図における陸と海の境界は、毎日潮の干満があるために高潮線の位置で描かれている。高潮線の位置は大潮で最も高くなる。三河湾（知多湾・渥美湾）の新田開発や工場誘致・宅地造成のため、人為的に大きく海岸線を改変してきた。

描かれた水中洲

江戸時代の三河湾の海岸線は、国土地理院が公開している伊能忠敬が1821年（文政4）に幕府に上掲した『最終上呈図』で知ることができる。細部では現在の地図との精度の差があるものの当時の海岸線の様子や豊橋から田原の大洲岬に伸びた水中洲の存在を知る地図としては、貴重である。斎藤員象・小田切多

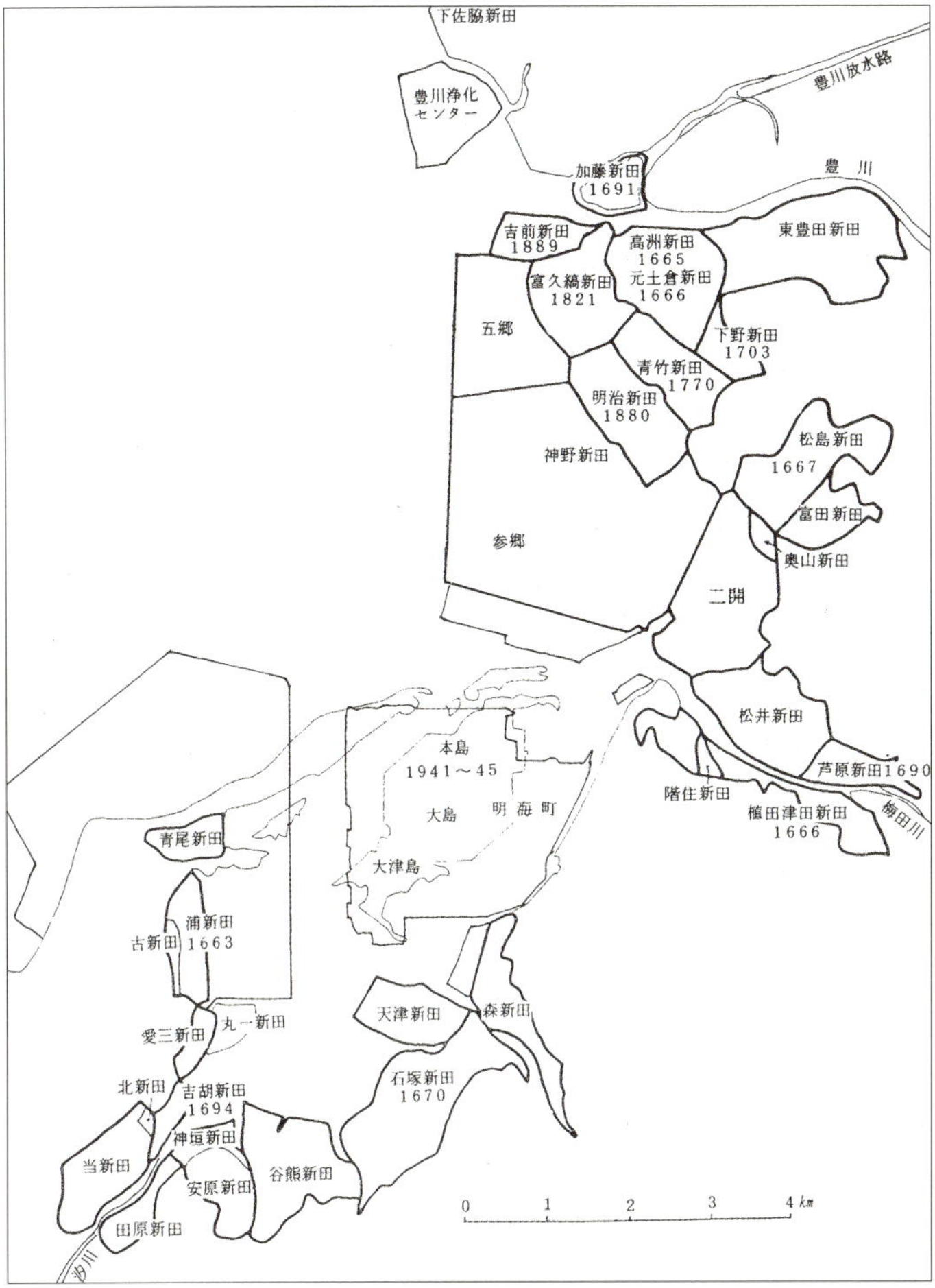

図2　渥美湾の干拓地（岡田、1984 を『田原町史中巻』田原町（1975）のデータを加え一部改変）

芸『三河国全図』1879年（明治12）は、伊能の水中洲に相当する砂洲が描かれている（図1）。1887年（明治20）の参謀本部陸軍部測量局発行の20万分の1『愛知県地図』は、測量技術の進歩はあるが、水中洲までは描かれていない。

知多湾の海側への干拓は、衣浦湾の東側の矢作川河口域から矢作古川にかけての地帯で始まった。矢作川左岸の新田開発は、江戸時代（延享年間）から西尾藩の赤坂陣屋が中心におこなわれた。地形図を見てみると、北から市川新田、新実新田から海側に干拓が進み、南奥田新田が三河湾側である。造成面積の84％を占める800ha弱が田畑として利用されている（西尾市史編纂委員会『西尾藩の新田』）。西尾藩旧一色町（西尾市）は、江戸時代からの干拓により面積が大きくなった町であり、80％ほどが海抜ゼロメートル地帯であることにその歴史が読み取れる。この平地は農業用地が70％以上を占め、市街化調整区域となっている（一色町誌編纂委員会『一色町二十五年誌』）。海側に伸びていった干拓地は、高潮や台風による浸水被害が重なり、稲作から、養鰻池への転換も進められた。

新田開発と海岸線の変化

渥美湾では、江戸時代の寛

文～享保年間まで海岸部を埋め立てによる新田開発が盛んであった。それは石高を増やすために、吉田藩・田原藩の政策であった。豊川河口部、柳生川、梅田川、境川、そして田原藩の田原湾内の汐川下流域からはじまっている（図2）。豊橋側は豊川左岸の高洲新田（1665年）、元土倉新田（1666年）、柳生川流域の松島新田（1667年）、梅田川下流部の植田津田新田（1666年）、芦原新田（1690年）など海側と川の氾濫原を耕地化していったものである。田原領内の新田開発は、田原当新田（1664年、1672年）など田原湾の西側及び東側にかけて干拓が進められた。天津新田の1915年頃を境に新田開発はおこなわれていない。

渥美湾奥の新田は1953年（昭和28）の13号台風、1959年の伊勢湾台風により壊滅的な被害が出た。その一部である「丸一新田」は放棄され、今では干潮時に畦部分が露出する。

渥美湾の開口部、豊橋市大崎沖には大津島があり、その北東側の浅瀬を埋め立てた人工島は1944～45年間に空港として利用された（本書38ページ参照）。高度成長期（1954～1973年）には、耕地としての海岸の埋め立てに代わり、港湾整備の一環として人工地盤による造成が大津島周囲まで進められた。さらに、ウオーターフロント開発は、港湾施設の再整備とともに、工場明海工場団地、レジャー施設「ラグナシア蒲郡」へと変貌する場となった。現在の海岸線は、高潮対策や津波対策のためにコンクリート護岸により堤防が廻らされている。

自然に近い三河湾の海岸線と埋め立て後の海岸線について、菊池原図（菊池、2015）を抜粋改変して掲載する（図3）。

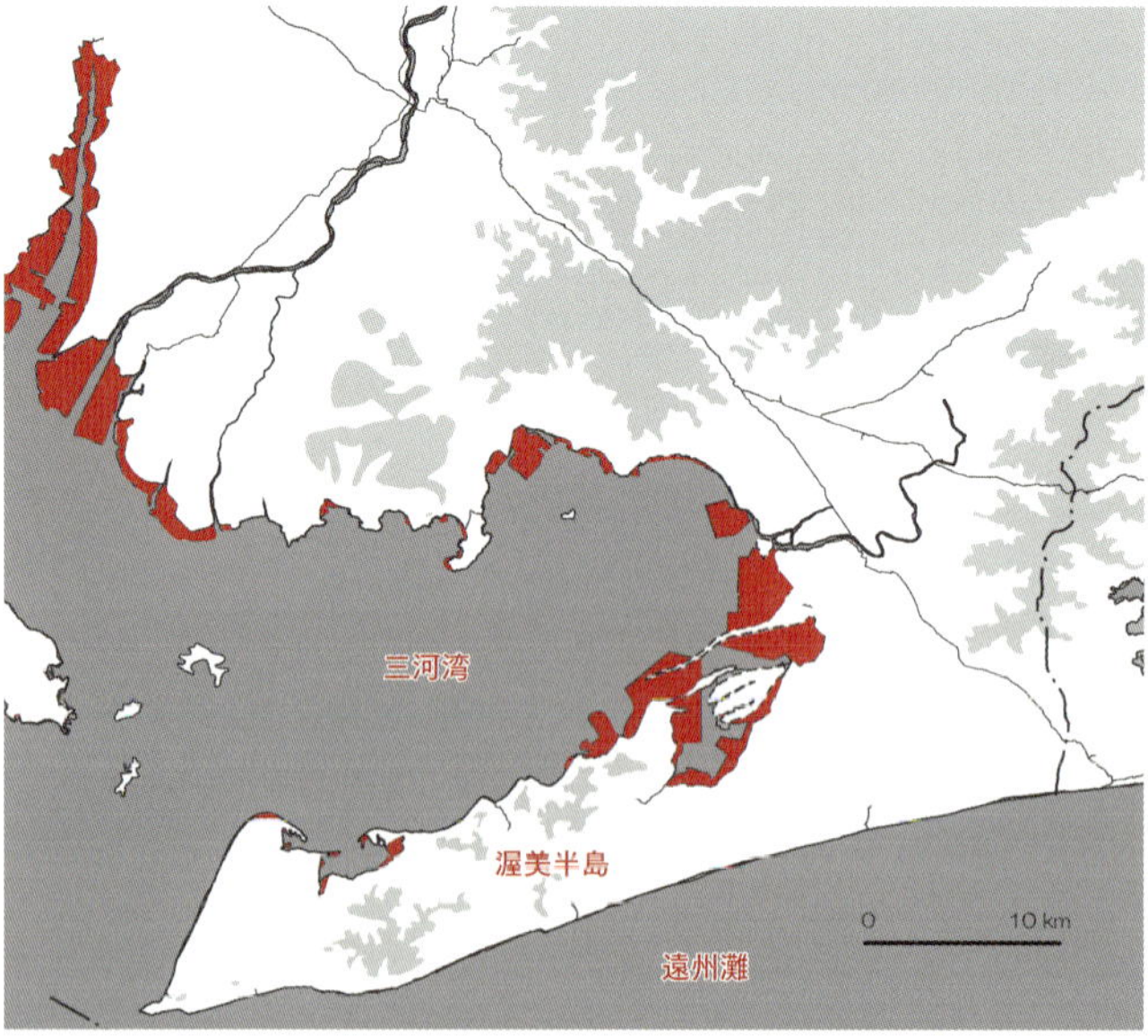

図3　三河湾の明治時代の海岸線と埋め立てによる海岸線の変化（菊池、2015 を改変）。明治期の海岸線の基本図は大日本帝国陸地測量部（1890 年測量の 1899 年発行）の 5 万分の 1「豊橋町」に基づいている。牟婁沖から西南西に伸びる伊能忠敬の水中洲が破線に記入されている。

column

地盤の高さを示す海抜

松岡敬二

日本各地の標高は陸地の高さであり、日本水準原点が基準となっている。日本水準原点が収納されている建物（日本水準原点標庫）は、国会議事堂に近い、憲政記念館構内（東京都千代田区永田町1―1）にある（図1）。建物の横には、国土地理院による日本水準原点の2011年10月23日付の説明が以下のように石碑に刻まれている。

図1　日本水準原点標庫

「日本水準点は、わが国の土地の標高を測定する基準となる点である。明治24年（1891）5月にこの場所に設置した。日本水準原点の位置は、この建物の中にある台石に取り付けた水晶板の目盛りの零線の中心である。その標高は、明治6年から12年までの東京湾の平均海水面から測定したもので、当時24・500メートルと定めた。その後、大正12年（1923年）の関東大震災による地殻変動に伴いその標高を24・4140メートルに改正したが、平成23年（2011年）3月11日の東北地方太平洋沖地震による地殻変動に伴い24ミリメートル沈下したため、新たに24・3900メートルに改正した」とある。

東京湾の平均海面を基準面としている海抜は、日本水準原点の基準と同じとなった。

津波の防災教育の一つとして設置されている看板には、海抜表記が多く使われている。海の近くに住む人たちは、陸地の高さは干満による変化はあるものの海水面からの高さで認識するほうがわかりやすい。そのため海岸地域では「海抜」の表記が多く見られる（図2）。山頂や峠では、「標高」が普通である（図3）。海抜の表記は自治体により異なり、少数点までのものや、約の付いたものまである。

図2　道の駅「あかばねロコステーション」入口の海抜表示

図3　明神山山頂（新城市と東栄町境）の標高柱

参考文献

●Part1

愛知県史編さん委員会編『愛知県史　資料編18』付録（三河国正保国絵図、三河国元禄国絵図）2003年
愛知県史編さん委員会編『愛知県史　資料編19』付録（三河国絵図）2008年
佐藤博之「明治26年吾妻山殉難記百年史の一こま（4）」、「地質ニュース」374号
ジーボルト『江戸参府紀行』斉藤信訳、平凡社、1967年
『設楽町誌「近世村絵図」』設楽町、1999年
鈴木源一郎『東三河―郷土散策―』1973年
豊橋市二川宿本陣資料館編『三河国名所めぐり展』豊橋市二川宿本陣資料館、2005年
豊橋市二川宿本陣資料館編『絵図から地図へ―移り変わる豊橋の風景―』豊橋市二川宿本陣資料館、2011年
三浦宗次郎「20万分の1地質図幅「豊橋」及び豊橋図幅地質説明書」地質調査所、1889年
望月勝海『日本地學史』平凡社、1948年

＊

国土地理院 古地図コレクション 古地図資料閲覧サービス http://kochizu.gsi.go.jp/HistoricalMap/

●Part2

愛知県衣浦港務所編『衣浦港史料　第1集』愛知県、1969年
愛知県史編さん委員会編『愛知県史　資料編33』愛知県、2007年
愛知県神社庁豊橋支部神社誌編纂委員会編『豊橋市神社誌』1969年
愛知県立福江高等学校編『渥美半島（改定二版）』愛知県立福江高等学校、2013年
愛知大学日本史専攻近世近現代史ゼミ「三河国八名郡岡部藩半原陣屋御用状留（二・三）」、愛知大学文学部人文社会学科『愛大史学』第18号・第19号、2009年・2010年
渥美郡国民教育報国会編『半島渥美』渥美郡国民教育報国会、1941年
渥美町町史編さん委員会『渥美町史　歴史編　上巻』渥美町、1991年
渥美町町史編さん委員会『渥美町史　歴史編　下巻』渥美町、1991年
渥美半島郷土研究会編『渥美半島と文学』渥美半島郷土研究会、1997年
天野暢保『安城ヶ原の歴史』安城市農業協同組合、1990年
安城市史編集委員会編『新編安城市史　3　通史編近代』安城市、2008年
石川松衛編『人濱町誌』1924年
一宮町歴史民俗資料館『川とくらし―豊川の諸相―』1990年
『一冊まるごと大特集　野球場』ベースボールマガジン社、1997年
『江戸時代の城下町西尾』西尾市、1993年
大石収弘『岡崎南風土記』2001年
大河愛二編『豊橋市案内―市制三拾周年記念―』豊橋市案内刊行会、1936年

岡安雅彦『日本デンマークの姿　大正・昭和の農村振興』安城市歴史博物館、1987年
音羽町誌編纂委員会『音羽町誌』音羽町、1975年
籠瀬良明「生き別れにも似た二つの巴川」、堀淳一／山口恵一郎／籠瀬良明『地図の風景』中部編Ⅱ愛知・岐阜、アイノア、1981年
刈谷市史編さん編集委員会『刈谷市史　第2巻』刈谷市、1994年
刈谷市史編さん編集委員会『刈谷市史　第3巻』刈谷市、1993年
倉地格『勘八峡紀行』勘八峡山水会、2012年
幸田町史編纂委員会『幸田町史』幸田町、1974年
近藤正典『大崎島』大崎島変遷史編纂委員会、1977年
枝下用水一三〇年史編集委員会編『枝下用水史』風媒社、2015年
新行紀一監修『西三河今昔写真集』樹林舎、2006年
新編岡崎市史編集委員会編『新編岡崎市史　現代5』新編岡崎市史編集委員会、1985年
新編岡崎市史編集委員会編『新編岡崎市史　近代4』新編岡崎市史編集委員会、1991年
高浜市誌編さん委員会『高浜市誌　第二巻』高浜市、1976年
種田山頭火「道中記」、『定本山頭火全集　第5巻』春陽堂、1973年
田原町文化財保護審議会／田原町史編さん委員会編『田原町史　下巻』田原町／田原町教育委員会、1978年
田原市教育委員会『田原の文化財ガイドⅢ　渥美半島の城館』2012年
田原市政策推進部広報秘書課編『たはら歴史探訪クラブ　第1集』田原市、2012年
田山花袋「伊良湖半島」『難破船北馬』博文館、1899年
中部産業遺産研究会『依佐美送信所調査報告書』1999年
著者未詳「梅翁随筆」、『日本随筆大成　第2期11巻』吉川弘文館、1994年
辻村太郎『日本地形誌』古今書院、1929年
電気興業株式会社「依佐美送信所70年の歴史と足跡」1997年
東栄町誌編集委員会『東栄町誌　自然・民俗・通史編』東栄町、2007年
戸賀里甫『愛知県三河国宝飯郡地誌略』村田英吉、1884年
豊川市史編纂委員会『豊川市史』愛知県豊川市役所、1973年
豊川閣妙厳寺『霊場豊川稲荷』豊川閣妙厳寺、1961年
豊田市教育委員会『衣城（金谷城）跡・藪下遺跡　豊田市埋蔵文化財発掘調査報告書　第60集』豊田市教育委員会、2014年
豊田市教育委員会豊田市史編さん専門委員会『豊田市史　一巻　自然　原始　古代　中世』豊田市、1976年
豊田市教育委員会豊田市史編さん専門委員会『豊田市史　二巻　近世』豊田市、1981年
豊田市郷土資料館編　豊田市文化財叢書33／牧野敏太郎著／牧野廉編『挙母郷土史　付「郷土の御談」・「郷土略誌」』豊田市教育委員会、1998年
豊田市郷土資料館『市制50周年記念特別展「豊田市の城下町展」中世～江戸期の豊田』豊田市教育委員会、2001年
豊田市郷土資料館『挙母城　内藤氏居城・七州城の発掘調査報告書　豊田市埋蔵文化財発掘調査報告書　第8集』1997年
豊田市郷土資料館『挙母城（桜城）跡　豊田市埋蔵文化財発掘調査報告書　第33集』豊田市教育委員会、2008年
豊根村『豊根村誌』豊根村、1989年
豊橋市『豊橋百科事典』2006年
豊橋市史編集委員会編『豊橋市史　第三巻』豊橋市、1983年

豊橋市美術博物館編『すりもの展［錦絵・引札・包装紙］印刷物にみる豊橋の近代』豊橋市美術博物館、２０１０年
豊橋市二川宿本陣資料館編『ふるさとの風景展―絵図・地図・航空写真から見る豊橋―』豊橋市二川宿本陣資料館、２００４年
豊橋市二川宿本陣資料館編『絵葉書のなかの豊橋―思い出の風景をたずねて―』豊橋市二川宿本陣資料館、２００６年
豊橋市二川宿本陣資料館編『絵図から地図へ―移り変わる豊橋の風景―』豊橋市二川宿本陣資料館、２０１１年
豊橋市二川宿本陣資料館編『絵葉書のなかの豊橋Ⅱ』豊橋市二川宿本陣資料館、２０１２年
鳥居直『南吉が安城にいた頃　新美南吉生誕百年記念事業』安城市歴史博物館、２０１３年
中井均編著『東海の城下町を歩く』風媒社、２０１０年
長塚節「旅日記」、『長塚節全集　第4巻』春陽堂、１９７８年
新見幾男「さくら「青春日記」35歳の頃」、『矢作新報』、２０１５年10月2日、9日、16日
西尾市史編纂委員会編『西尾市史　二　古代中世・近世上』西尾市、１９７４年
日本遊覧社編『全国遊廓案内』日本遊覧社、１９３０年
野村泰三『牛田村秘話　牛田しるべ』１９８８年
早川彦右衛門『三河国宝飯郡誌　第4集』早川彦右衛門、１８９２年
林弘『時習館野球部一〇〇年史―健児が腕に力あり―』時習館野球部一〇〇周年記念事業実行委員会、２０００年
林博史「遊廓・慰安所」、『地域のなかの軍隊9　軍隊と地域社会を問う　地域社会編』吉川弘文館、２０１５年
東浦町誌編さん委員会『新編東浦町誌 本文編』東浦町、１９９８年
福江尋常高等学校『郷土資料』福江尋常高等小学校、１９３４年
藤原石山『豊川稲荷参拝案内』三遠文化協会、１９８０年
札木町内会『郷土豊橋　札木町四百年史』１９８９年
『ふるさと山中』岡崎市立山中小学校同窓会、１９８７年
碧南市史編さん会『碧南市史　第三巻』碧南市、１９７４年
碧南事典編さん会『碧南事典』碧南市、１９９３年
松井貞雄監修『写真集 岡崎いまむかし』名古屋郷土出版社、１９８９年
三浦源八『くるわの子』私家版、１９８０年
溝口正人編著『安城の農業倉庫と産業組合施設　安城市文化財調査報告第4集』安城市教育委員会、２０１２年
みよし市町誌編さん委員会『新編　三好町誌　本文編』愛知県みよし市、２０１３年
三好町立歴史民俗資料館『秋季特別展　国境―三河と尾張―』三好町立歴史民俗資料館、２００４年
柳田国男「遊海島記」、『柳田国男全集　2』ちくま文庫、１９８９年
吉江孤雁『霧の旅』中興館、１９１４年

＊

新朝報マイクロフィルム（大正14年6月〜15年3月分）豊橋市中央図書館蔵

●Part3

愛知県史編さん委員会『愛知県史　別編　建造物・史跡　文化財1』愛知県、２００６年
愛知大学地域政策学部学生有志著『聞き取りから知る三河田原駅九〇年史』愛知大学地域政策学センター、２０１４年
足助観光協会『足助観光協会創立50周年記念誌　地域文化創造の50年』２００５年
足助伝統的建造物調査会『足助　伝統的建造物群保存対策調査報告書』豊田市教育委員会、２０１０年

足助町誌編集委員会『足助町誌』愛知県東加茂郡足助町、１９７５年

渥美半島郷土研究会編『渥美線―まぼろしの「豊橋伊良湖岬間鉄道」をめぐって―』渥美半島郷土研究会、１９９３年

飯田汲事『愛知県被害津波史』愛知県防災会議地震部会、１９７１年

一色町誌編纂委員会『一色町二十五年誌』一色町役場、１９９４年

市村咸人「中馬」、『伊那』３３７号、伊那郷土史学会、１９５６年

市村咸人／大沢和夫『伊那の中馬制』下伊那歴史同好会、１９５６年

伊藤厚史「陸軍伊良湖試験場の沿革と現存する建物群について」、『愛知県史研究　第4号』愛知県、２０００年

伊藤厚史「伊良湖試験場建設の経緯とその発展　火砲テクノロジーの開発実験のあとをたどる」、『伊良湖誌』伊良湖自治会、２００６年

今井琢磨「豊橋鉄道」、『鉄道ピクトリアル』3月臨時増刊号、鉄道図書刊行会、１９８６年

岩成政和「信号場と信号所 乗り降りできない停車場の話題」、『鉄道ピクトリアル』通巻８８２号、鉄道図書刊行会、２０１３年

岡田篤正「地形分類」、『愛知県土地分類基本調査　豊橋・田原』愛知県企画部土地利用調整課、１９８４年

菊地直哉「三河湾・伊勢湾地域の海岸線を復元する」三河考古25、２０１５年

建設省河川局海岸課監修『海岸―30年のあゆみ―』山海堂、１９８１年

小坂井町史編集委員会編『小坂井町史』小坂井町、２０１０年

白井良和「豊橋鉄道」、『鉄道ピクトリアル　臨時増刊』3月号、鉄道図書刊行会、１９６２年

白井良和「豊橋鉄道渥美線」、『鉄道ピクトリアル』11月号、鉄道図書刊行会、１９７１年

白井良和「名鉄三河線ものがたり」、『鉄道ピクトリアル』通巻６１１号、鉄道図書刊行会、１９９５年

『田原の文化財ガイドV　渥美半島の戦争遺跡―たはらの戦争遺跡―』田原市教育委員会、２０１５年

田原町教育委員会「新田の開発」『田原町史中巻』田原町、１９７５年

知立市史編纂委員会編『知立市史』知立市、１９７６年

豊川海軍工廠跡地保存をすすめる会編『フィールドワーク豊川海軍工廠』平和文化、２０１５年

『豊川海軍工廠の記録』八七会、１９９５年

豊田市郷土資料館『塩の歴史と民俗―三河の塩生産と交易―』豊田市教育委員会、２００９年

豊橋市戦災復興誌編纂委員会編『豊橋市戦災復興誌』豊橋市、１９５８年

豊橋市史編集委員会編『豊橋市史　第三巻』豊橋市、１９８３年

豊橋市史編集委員会編『豊橋市史　第四巻』豊橋市、１９８７年

豊橋鉄道創立50周年記念事業委員会編『豊橋鉄道50年史』豊橋鉄道、１９７４年

中井春香／武村雅之「１９４５年1月13日三河地震の広域震度分布の再評価とその特徴」、『日本地震工学会論文集』第5巻、第7号（特集号）、２０１５年ａ

中井春香／武村雅之「三河地震の慰霊碑にみる土地改良と復興の歴史」第32回歴史地震研究会、講演要旨集42、２０１５年ｂ

名古屋鉄道株式会社『名古屋鉄道社史』名古屋鉄道、１９６１年

名古屋鉄道広報宣伝部編『名古屋鉄道百年史』名古屋鉄道、１９９４年

西尾市史編纂委員会『西尾藩の新田』西尾市、１９７１年

森松俊夫『図説陸軍史』建帛社、１９９１年

吉川利明『豊橋鉄道80年のあゆみ』東三地方史研究会、２００１年

和田実「東観音寺略史」、豊橋市美術博物館編『東観音寺展』、豊橋市美術博物館、２０００年

渡辺里志「東観音寺の仏教絵画」、豊橋市美術博物館編『東観音寺展』、豊橋市美術博物館、２０００年

［執筆者一覧］（あいうえお順）

天野敏規（あまの・としき）田原市博物館
天野博之（あまの・ひろゆき）地域人文化学研究所
伊藤厚史（いとう・あつし）名古屋市教育委員会
内山知之（うちやま・ともゆき）とよはし市電を愛する会
加藤 修（かとう・おさむ）依佐美送信所記念館ガイドボランティアの会
加藤俊彦（かとう・としひこ）依佐美送信所記念館ガイドボランティアの会
木村洋介（きむら・ようすけ）田原市博物館
久住祐一郎（くすみ・ゆういちろう）豊橋市二川宿本陣資料館
熊澤美弓（くまざわ・みゆ）豊橋技術科学大学非常勤講師
桒原将人（くわはら・まさと）豊川市桜ヶ丘ミュージアム
近藤真規（こんどう・まさのり）知立市歴史民俗資料館
齋藤弘之（さいとう・ひろゆき）安城市教育委員会
鈴木利昌（すずき・としまさ）田原市教育委員会
高橋洋充（たかはし・ひろみつ）豊橋市二川宿本陣資料館
武村雅之（たけむら・まさゆき）名古屋大学減災連携研究センター
塚本弥寿人（つかもと・やすひと）みよし市立歴史民俗資料館
逵 志保（つじ・しほ）愛知県立大学講師、豊田土地改良区資料室長
内藤昌康（ないとう・まさやす）ライター・編集者
長澤慎二（ながさわ・しんじ）刈谷市歴史博物館
林 知左子（はやし・ちさこ）西尾市岩瀬文庫
葉山茂生（はやま・しげお）田原市文化財保護審議会委員
平野仁也（ひらの・じんや）蒲郡市博物館
藤井建（ふじい・けん）NPO 法人名古屋レール・アーカイブス
増山真一郎（ますやま・しんいちろう）豊橋市美術博物館
増山禎之（ますやま・ただゆき）田原市博物館
豆田誠路（まめた・せいじ）碧南市教育委員会
湯浅大司（ゆあさ・だいじ）新城市設楽原歴史資料館
湯谷翔悟（ゆたに・しょうご）岡崎市美術博物館

［編著者略歴］
松岡敬二（まつおか・けいじ）
1954年生まれ。前 豊橋市自然史博物館館長。
共著書に、『琵琶湖の自然史』（八坂書房）、『恐竜と絶滅した生き物』（世界文化社）、『博物館資料論』、『展示論』（雄山閣）、『新化石の研究法』（共立出版）、『進化のかるた』（奥野かるた店）、『ため池と水田の生きも物図鑑』（トンボ出版）、『愛知県史別編自然』（愛知県）ほか。

装幀／三矢千穂

＊本書収録の5万分の1、2.5万分の1の地形図は、国土地理院（前行政組織も含む）発行のものを使用した。

古地図で楽しむ三河

2016年4月20日　第1刷発行　（定価はカバーに表示してあります）
2023年7月21日　第4刷発行

編著者　松岡　敬二

発行者　山口　章

発行所　名古屋市中区大須1丁目16番29号
電話 052-218-7808　FAX052-218-7709　風媒社
http://www.fubaisha.com/

乱丁・落丁本はお取り替えいたします。　＊印刷・製本／シナノパブリッシングプレス
ISBN978-4-8331-0168-4

目崎茂和 編著

古地図で楽しむ三重

古地図を読み解けば、そこから歴史が立体的に見えてくる！江戸の曼荼羅図から幕末の英国海軍測量図、あるいは「大正の広重」吉田初三郎の鳥瞰図——歴史の証人としての古地図、絵図から浮かび上がる三重の姿。　一六〇〇円＋税

美濃飛騨古地図同攷会編 伊藤安男監修

古地図で楽しむ岐阜 美濃・飛騨

地図から読む〈清流の国〉のいまむかし——。多彩な鳥瞰図、地形図、絵図などをもとに、そこに刻まれた地形や地名、人々の営みの変遷をたどると、知られざる岐阜の今昔物語が浮かび上がる！　一六〇〇円＋税

溝口常俊 監修

明治・大正・昭和 名古屋地図さんぽ

いま自分がいる場所の五十年前、百年前には何があったのか。廃線跡から地形の変遷、戦争の爪痕、自然災害など、地図に刻まれた名古屋の歴史秘話を紹介。新旧の地図を頼りにまち探索に出かけよう！　一七〇〇円＋税

溝口常俊 監修

古地図で楽しむなごや今昔

地図は覚えている、あの日、あの時の名古屋。絵図や地形図を頼りに街へ出てみよう。なぜ、ここにこれがあるのか？ 人の営み、風景の痕跡をたどると、積み重なる時の厚みが見えてくる。**好評4刷！**　一七〇〇円＋税